増補新版 ドゥルーズ キーワード89

芳川泰久・堀千晶

せりか書房

この本を手にとる人に

　ドゥルーズの思考の全体に、しかもどこからでも入ることができるような本が欲しい。リゾームについて、ドゥルーズとガタリが「たぶんリゾームの最も重要な性質のひとつは、常に多数の入口を持つことだ」と書いているのを反芻したとき、そうしたどこからでも入ることができ、どこへでも思考の逃走線を引くことができ、そうした線の多様な軌跡じたいがひとつのリゾームとなり、そしてそのリゾームが思考の逃走線を引く人によって絶えず異なるものとして生まれてくるような、そんな書物を夢想したのだった。読むことじたいが、それぞれの思考のリゾームにつながるような書物。そうした夢想をわれわれ二人は共有しつつ、しかしどのようにしたらそんな書物が可能になるかを考え、それをできるかぎり可能なかたちにしようと試みたのが、本書である。

　そうして、ドゥルーズの初期から晩年までの多様な全体にかかわる概念を選ぶという作業にとりかかった。ドゥルーズの概念の特徴は、彼自身の言葉を借りていうなら、「一つひとつの概念がすでに多数である」ことであり、ひとつの概念が、すでに複数の別の概念を自己のうちに折り込んでいる点にある。本書で選択された89の概念は、多くの概念の交差の場となり、他の概念で自己を満たすような概念であり、そのそれぞれが、ドゥルーズの哲学全体の特徴を端的に表現している。個別的に見れば、初期から晩年まで存続しつづける概念、ある時期に特徴的な概念、いったん消え去りふたたび時を置いてあらわれる概念、あるいは別の概念に引き継がれることでそれじたいは使われなくなる概念など、さまざまなものがあるだろう。しかしここで選ば

れている概念は、どの時期のどのようなものであれ、別の概念を内的に喚起するものであり、「哲学」「文学批評」「美学」「倫理」「政治哲学」などの諸領域を横断しながら、ドゥルーズの思想の体系を構成していくものである。また選択された概念相互のあいだには、いかなる上下関係も従属関係なく、すべての概念が、ドゥルーズという名をした考えることの自由を体現している。

　概念が並べられている順序は、基本的に、ドゥルーズが主にその概念を発展させた時間的な順序によっているが、同時に、概念同士のつながりのつよさにも配慮している。ドゥルーズがいくつもの年代に渡って手を加えつづけたものについては、各概念の注釈の内で言及されている著作の年代を確認すれば、おおよその年譜的な位置づけを得ることができるはずである。当然、提示された概念の順番は、絶対的なものではなく、それは概念同士が本書の内でさえ、順序にかかわらず距離を置いて共鳴しているさまを見ればあきらかになることと思う。そして、本書を読む人が、それぞれのドゥルーズ経験とともに、ドゥルーズの内に、そして外へと、あらたな思考のつながりをつくりあげてゆく一助となれば、と考えている。

　また、この本をきっかけにして、多くの人にドゥルーズの世界にふれて欲しいとの思いから、現時点で可能なかぎりの関連文献の一覧を「ドゥルーズ・ビブリオグラフィ」として巻末に掲げた。本書から、どこへでも思考の逃走線を引けるように、との思いからであり、またそれぞれの概念項目の最後には、新たなリゾームの入口を示唆しておいた。ともあれ、このようなかたちで、一つの本を二人で書くというドゥルーズ／ガタリ的な実践ができたことは、貴重な体験であり、この上ない歓びである。

目次

キーワード89
　潜在的なもの Le Virtuel　10
　持続 Durée　12
　生 Vie　14
　肯定 Affirmation　16
　力 Forces　18
　記号 Signes　20
　習得 Apprentissage　22
　視点 Point de Vue　24
　問題 Problème　26
　哲学史 Histoire de la Philosophie　28
　思考のイメージ Image de la Pensée　30
　　　　　間奏曲n−1　32
　ユーモア／アイロニー Humeur／Ironie　34
　問い Question　36
　差異 Différence　38
　反復 Répétition　40
　永遠回帰 Éternel Retour　42
　一義性 Univocité　44
　シミュラクル Simulacre　46
　不均衡 Disparité　48
　先験的経験論 Empirisme Transcendantal　50
　強度 Intensité　52
　愚鈍 Bêtise　54
　遭遇 Rencontre　56
　　　　　間奏曲n−2　58
　表現 Expression　62
　個体 Individu　64
　多様体 Multiplicité　66
　先験的領野 Champ Transcendantal　68
　特異性 Singularité　70
　構造 Structure　72
　無-意味 Non-Sens　74
　意味 Sens　76
　表面 Surface　78

セリー Séries 80
出来事（非物体的なもの）Événement (L'Incorporel) 82
　　　間奏曲 n－3 84
戦争 Guerre 88
ダンサー（表象＝上演）Danseur (Représentation) 90
アイオーン／クロノス Aiôn／Chronos 92
パラドックス Paradoxe 94
発散 Divergence 96
ノマド Nomade 98
器官なき身体 Corps sans Organes 100
書物 Livre 102
断片 Fragments 104
二人で書くこと Écrire à Deux 106
欲望（欲望する機械）Désir (Machines Désirantes) 108
流れ-切断 Flux-Coupure 110
　　　間奏曲 n－4 112
分裂分析 Schizo-Analyse 118
分子的なもの／モル的なもの Le Moléculaire／Le Molaire 120
有機的なもの／非有機的なもの L'Organique／L'Inorganique 122
自然 Nature 124
マイナー文学 Littérature Mineure 126
エクリチュール Écriture 128
厳密な非正確さ Anexactitude Rigoureuse 130
簡素さ Sobriété 132
生成変化 Devenir 134
線 Lignes 136
リゾーム Rhizome 138
　　　間奏曲 n－5 140
プラトー Plateau 142
地層 Strates 144
ダイアグラム（抽象機械）Diagramme (Machine Abstraite) 146
アレンジメント Agencement 148
領土／脱領土化 Territoire／Déterritorialisation 150
その場での旅 Voyage sur Place 152
幼年期のブロック Bloc d'Enfance 154
戦争機械 Machine de Guerre 156
逃走線 Ligne de Fuite 158

顔貌性 Visagéité　160
識別不可能性ゾーン Zone d'Indiscernabilité　162
マテリアル - フォルス Matériau-Forces　164
　　　間奏曲 n－6　166
平滑空間／条里空間 Espace Lisse／Espace Strié　170
触視的 Haptique　172
感覚 Sensation　174
歪形 Déformation　176
運動イメージ Image-Mouvement　178
時間イメージ Image-Temps　180
結晶イメージ Image-Cristal　182
歴史 Histoire　184
地図作成 Cartographie　186
此性 Heccéité　188
主体化 Subjectivation　190
　　　間奏曲 n－7　192
襞 Pli　194
概念 Concept　196
ペルセプト／アフェクト Percept／Affect　198
リトルネロ Ritournelle　200
消尽したもの L'Épuisé　202
批評と臨床 Critique et Clinique　204
スタイル Style　206
闘い Combat　208
内在 Immanence　210

appendice 「失われた時を求めて」の統一性　213

ドゥルーズ・ビブリオグラフィ　246

ジル・ドゥルーズ略年譜　318

Index 1（アイウエオ順）　320

Index 2（abc順）　322

人名索引　324

凡例

引用文は「　」を使用し、そのなかでの括弧には〈　〉を用いた。
原文の大文字は《　》を用いて表記した。
本のタイトルには『　』を用いた。
訳者による補足には、〔　〕を用いた。

ドゥルーズ著作略号一覧

　本書において、共著も含むドゥルーズの著作は、以下の略号を用いて、既存の邦訳の最新版の頁数を指示する。また、頁数のあとに付された f. は指示された頁の次頁を指す。[　]の中の数字は、フランス語原書の出版年である（複数の数字があるものは、加筆修正をともなう再版）。各文献の詳細については、巻末のビブリオグラフィを参照されたい。

AŒ [1972, 1973]：『アンチ・オイディプス——資本主義と分裂症』宇野邦一訳、上下巻、河出文庫、2006.
B [1966]：『ベルクソンの哲学』宇波彰訳、法政大学出版局、1974.
CC [1993]：『批評と臨床』守中高明、谷昌親訳、河出文庫、2010.
D [1977, 1996]：『ディアローグ——ドゥルーズの思想』江川隆男、増田靖彦訳、河出文庫、2011.
DR [1968]：『差異と反復』財津理訳、上下巻、河出文庫、2007.
DRF [2003]：『狂人の二つの体制』宇野邦一監修、上下巻、河出書房新社、2004.
EPU [1992]：『消尽したもの』宇野邦一訳、白水社、1994.
ES [1953]：『経験論と主体性——ヒュームにおける人間的自然についての試論』木田元、財津理訳、河出書房新社、2000.
F [1986]：『フーコー』宇野邦一訳、河出文庫、2007.
FB [1981]：『感覚の論理——画家フランシス・ベーコン論』山縣熙訳、法政大学出版局、2004.
ID [2002]：『無人島』前田英樹、小泉義之監修、上下巻、河出書房新社、2003.
IM [1983]：『シネマ1＊運動イメージ』財津理、齋藤範訳、法政大学出版局、2008.
IT [1985]：『シネマ2＊時間イメージ』宇野邦一ほか訳、法政大学出版局、

2006.
K [1975]：『カフカ——マイナー文学のために』宇波彰、岩田行一訳、法政大学出版局、1978.
LS [1969]：『意味の論理学』小泉義之訳、上下巻、河出文庫、2007.
MP [1980]：『千のプラトー——資本主義と分裂症』宇野邦一ほか訳、上中下巻、河出文庫、2010.
N [1965]：『ニーチェ』湯浅博雄訳、ちくま学芸文庫、1998.
NPh [1962]：『ニーチェと哲学』江川隆男訳、河出文庫、2008.
PCK [1963]：『カントの批判哲学』國分功一郎訳、ちくま学芸文庫、2008.
PLI [1988]：『襞——ライプニッツとバロック』宇野邦一訳、河出書房新社、1998.
PP [1990]：『記号と事件』宮林寛訳、河出文庫、2007.
PS [1964, 1970, 1976]：『プルーストとシーニュ』宇波彰訳、法政大学出版局、1977.
PSM [1967]：『マゾッホとサド』蓮實重彦訳、晶文社、1973.
PV [1988]：『ペリクレスとヴェルディ——フランソワ・シャトレの哲学』丹生谷貴志訳、『ドゥルーズ横断』所収、河出書房新社、1994.
QPh [1991]：『哲学とは何か』財津理訳、河出文庫、2012年.
SPE [1968]：『スピノザと表現の問題』工藤喜作、小柴康子、小谷晴勇訳、法政大学出版局、1991.
SPP [1970, 1981]：『スピノザ——実践の哲学』鈴木雅大訳、平凡社ライブラリー、2002.
SUP [1979]：『重合』江口修訳、法政大学出版局、1996.

ドゥルーズ　キーワード89

潜在的なもの Le Virtuel

「一つの生は、潜在的なものしか含まない」DRF下300

● 潜在的なもののリアリティ（過去と現在の差異）

　わたしたちの現在の状態は、無から発生してくるのではなく、「過去」から生じる。過去は、現在に「先行して存在する」現在の基礎であり、「根拠」である（ID上44f., 55-7; B, 54-6; DR上226-9, 279; IT, 135-7）。ただし、そうはいっても、「過去」は「過ぎ去っているもの」であり、現在の状態と同じように感覚され知覚されるものではない。たとえ過去が「再現」されたとしても、それは結局のところ、「別の現在」でしかなく、「過去」ではないからだ。同様に、ドゥルーズのいう過去は、「かつての現在」ですらなく、むしろ決して現在のもの、「現働的＝顕在的なもの」にはならないし、なったこともない「潜在的なもの」である（ID上55-8; B, 107; DR上113）。ドゥルーズの世界には、「現在」と「過去」という非対称的で類似することのない「二つの半身」が「共存」しており、その一方の潜在的なものは、他方の現在とは根本的に異なる位置づけとリアリティをもつのだ（ID上52-4, 下74; B, 55f., 106f., 111f.; DR上276, 下116-8）。

● 潜在的なものから顕在的＝現働的なものへ（差異と発生）

　ドゥルーズにとって、現在は存在するのと厳密に同時に過ぎ去り、過去のものになるため、眼の前のものの知覚でさえ現在というよりは過去の記憶にすでに属している（ID上88f.）。そして、形成されたばかりの過去をも含む記憶が、現在の知覚の内へとつぎつぎに浸透するこ

とを考えあわせると、現在は、過去が「極度に圧縮」され、顕在化＝現働化した尖端にすぎないということになるだろう（ID上60. Cf.IT, 136f.）。ドゥルーズにおいてはしたがって、現在が過去になるというよりもむしろ、潜在的な過去が現在になるのであり、しかもそのとき、現在に対してつねにあらたな要素をつけ加えながら現在を未来へと押し出すというかたちで、過去が現在になるのである。ベルクソンを注釈しながらドゥルーズがいうように、潜在的なものとしての「記憶は未来の機能」であり、不確定なものをたえずつけ加えながら、現在に対して「差異をもたらす」ことを本性としているのだ（ID上88f. Cf.B, 51f.）。ドゥルーズによる潜在的な過去の定義が、「自己に対して差異化するもの」であるのはそのためである（ID上84, 87）。潜在的なものは、自己に対して差異化することで、あらたな現在を産出し、そうしてあらたに生まれた「過ぎ去る」現在をつぎつぎにみずからの内に取り入れ膨張してゆくのだ。そしてドゥルーズによれば、「差異différence」を本性とする潜在的なものが、現在を産出するのは「分化différenciation」によってであり、潜在的なものは、差異のモーターを回転させながら、予見しえないものを含むさまざまな存在へと自己を分化させてゆくのである。ドゥルーズはいう、「ベルクソンにとって、分化は、自己を現実化し、現働化するもの、自己をつくりあげていくものの様態のように思われる。自己を現実化する潜在性は、同時に、自己を分化させてゆくもの、すなわち発散する諸系列を、進化のさまざまな線を、さまざまな種をもたらすものである」（ID上53. Cf.B, 39f., 111-6; DR下120-2）。

＊参照：先験的領野、不均衡、持続、特異性、結晶、生、問題、構造

持続 Durée

「小津の静物は持続し、十秒間の壺として持続を備えている」IT, 23

● 差異化する傾向を取り出すこと

　ベルクソンの読解の中からドゥルーズが獲得した哲学の方法は、経験に与えられているものを、本質的に異なる諸傾向（本性によって異なるもの）により分ける、というものだ（ID上52f., 75; B, 13-7, 24-6）。ベルクソンとドゥルーズがともに区別するのは、「同一的にとどまること」と「差異化すること」という二つの傾向であり、一方は「物質」（空間）と呼ばれ、他方は「持続」（時間）と呼ばれる。ドゥルーズはこう書いている。「持続とは自己に対して差異化してゆくものである。物質は、反対に、自己に対して差異化しないもの、自己をくり返すものである」（ID上73）。ドゥルーズにとって、これら二つの傾向、つまり「差異化」と「同一性」、「持続」と「物質」は決して対等ではない。なぜなら、差異には、「差異」と「同一性」の「差異」の区別が可能だが、同一性には、それができないからだ。二つの傾向を区別するのは、「持続」だけである（ID上50f.）。これを別の言葉でいうと、同一性が本質として取り出されるのは、「差異」によってでしかないということだ。こうしてドゥルーズにおいて、差異が第一原理として立てられ、そして同一性の可能性の条件となるのである。ドゥルーズはいっている。「もし差異全体が一方の側にあるとするなら、この側が、他方の側と自己との差異を含んでいるのでなければならず、そしてある仕方で、他方の側そのものないしその可能性を含んでいるのでなければならない」（ID上51）。ドゥルーズは究極的には、同一性という一方の傾向は、差異

というより本質的な傾向のもっとも低い程度を表現したものにすぎない、という結論にいたるだろう (ID上60, 97f.; B, 79-81)。こうして二つの本質的傾向のうちの片方が、両方の傾向の本質になるのである (ID上75)。

● 持続は、「現在-過去-未来」を、分離しながらつなげる

　持続という差異化の傾向は必然的に時間をはらんでいる。それは、現在を過ぎ去らせ、未来へと喰い込ませる (ID上60; B, 52)。ただし、持続＝差異化は過去と未来という二つの方向において異なる仕方で機能するのだ。まず過去についていえば、「現在」は存在するのとまったく同時にすでに「過ぎ去っている」ために、「現在」とその「過去」は厳密に「同時」である (B, 60f.; DR上226f.)。過去としての持続の役割はまさに、現在を「過ぎ去らせること」であり、そうすることで、現在を潜在的な記憶として保存することにある。ここで重要なのは、現在は現にあると同時に過ぎ去ってしまうため、ほとんど存在をもたず、ただ過去と未来のあいだの「分割の線」としてのみ存在するということだろう。ベルクソンは『物質と記憶』の中で「あらゆる純粋な現在とは未来を侵蝕する過去のとらえ難い進行」だと述べているが、ドゥルーズにとっても、未来を生み出すのは、過去の「持続＝自己差異化」である (Cf.IT, 53)。そして未来が本質的にそれまでにない何かを含んでいる以上、持続とともに未規定な部分があらわれる。未来への差異化とは、何かあたらしいものが過去から「分化」し、「創造」されることなのだ (ID上88f.; B, 108f.)。

＊参照：潜在的なもの、反復、差異、リトルネロ、地図作成、多様体

生 Vie

「湧き出るような一つの生」CC, 219

● 生には何ができるのか

　ドゥルーズの生をめぐる思考の核心は、生をいかなる留保もなく肯定することである。そのために彼は、「生を軽視する意志」や「生を生に対立させる意志」を批判する（NPh, 355. Cf.SPP, 49f.; F, 248）。いいかえれば、生を生がなしうることから切り離してしまうような価値を、ドゥルーズは全力で切除しようと試みるのだ。これは、ニーチェやスピノザからインスピレーションを受けた思考法である。スピノザは『エチカ』の中で、「自由な人間は死に関して考えることが何よりも少なく、むしろ生について考える」と書き、ニーチェは「生存はそれ自身によって聖なるもの」であると述べる（N, 120）。

　ドゥルーズは、「生そのもの」というよりも、生のもつ潜在的な力に焦点を当てる。果たして生の力は途中で阻害されることなく、行けるところまで行きついているのだろうか、生はその力を充全に発揮しているのだろうか、と彼は問うのだ。「一つの存在が、たとえおのれの能力の度がどうであれ、おのれがなしうることを最後までやってみることによって、〈跳躍する〉、すなわちおのれの諸限界を越え出ることがあるのか否か、ということだけが問題となるのだ」（DR上112）。どのように生を生かすか、道徳、怨恨、禁欲主義などと別れ、いかに能動的に行動するか、いかにして自己の殻を破り自己とはちがうものになるのかを彼は問うている。

● 分化し変身する生の力は、個体を越える

　ドゥルーズのいう「生」は、動物や植物の「命」ではない。「命」は、彼にとって「生」のプロセスの一部である。「生」は個体の生命に還元されることはないのである。というのも、ドゥルーズが「生」と呼ぶのは、たとえば、生物の種と種が分化するように、あるものごとと別のものごとが異なるものとして実現されてゆくプロセスのことだからである。ドゥルーズにとっては、あたかも世界自体が、細胞分裂する一つの卵のようなのだ（DR下131; MP上336-8）。ベルクソンについての初期の論考の中で、ドゥルーズは生と分化について、つぎのように述べている。「生とは、差異のプロセスである。〔…〕変化していく傾向は、生に対して偶発的ではない。それどころか、変化そのものが偶発的ではない。エラン・ヴィタール〔生の飛躍〕は〈さまざまな変異の深い原因である〉。ということは、差異は決定ではなく、生との本質的な関係において、一つの分化だということである。あきらかに、分化は生が物質側の抵抗に出会うところから来る。しかし、分化がもたらされるのは、まず、そしてとりわけ、生が携えている内的な爆発力によってである」（ID上78f. Cf.B, 105, 111; IT, 197）。注意が必要なのは、こうした、生の分化によって生み出されるものは、必ずしも有機的個体としての生命を維持しうるものではないということだ。しかし、たとえ一瞬しかつづかないものであったとしても、ドゥルーズは、あらたな生の可能性を提示するこうした分化の運動を擁護する（N, 38）。そして同時に、彼は思考の内にも生の力を注入しようとするだろう。思考に必要なのは、おのれの限界を越え出る創造的な力なのだ（NPh, 203f.; N, 34）。

＊参照：器官なき身体、肯定、潜在的なもの、批評と臨床、簡素さ、発散

肯定 Affirmation

「裁くのではなく、存在させること」CC, 277

● 何にでも「イエス」ということは、肯定ではない

「ありのままの現実」を受け入れ認めること、現状をすべて追認し黙認すること、何にでも「イエス」と答えること。これらは肯定の誤ったイメージであり、転じて、生を深く否定することになる悪しき肯定であるとドゥルーズはいう (NPh, 348-357)。というのも、「あるがままのもの」を前提とし、「現実」を受け入れるような思考、「現実だから仕方がない」という態度は、この「現実」なるものがいかなる力によって構成されているかを問うことなく、またそれを変更しようとすることもなく「現実」に妥協し、さらにはそれを追認することであり、おのれの「可能性の分野をせばめ」自己抑制する、ネガティヴな思考法だからである (NPh, 136)。ドゥルーズがいうように、「肯定するとはこの場合、荷物を背負う、引受けるという以外の何ものでもな」く、われわれはこうして背負い込んだ「荷物の重さを、現実の積極性であると感じる」だろう (NPh, 350. Cf.CC, 208-212)。「現実主義」は、現実をそのまま受け入れるというあきらめをともなう（ないしは、あきらめを強いる）。あらゆるものを肯定し、何にでも「イエス」ということの問題は、生を軽視し、活動する力を奪う否定的な思考さえも受け入れ、自己否定へと転化しうるというところにあるのだ (NPh, 352f.)。

真の肯定に到るためには、したがって、肯定だけでは足りず、抑圧的なものに対して「ノー」をいうことが不可欠であるとドゥルーズは

いう。彼は、否定の否定、否定の「自己破壊」なしには肯定はありえないという点を強調している (NPh, 143f.; N, 56)。そして否定が、「反動的諸力そのものの否定」になるとき、それはある「積極性」をもつだろう。否定的な価値の否定は、「能動的な破壊」あるいは「歓ばしき破壊」と呼ばれる (NPh, 347)。ドゥルーズにおいて否定や批判は、生の肯定や、生き生きとした思考のためにのみ語られるものである(NPh, 345f.; ID上293)。

● 肯定、軽やかな生をつくりだすこと

否定的なものの批判をへた肯定は、何をするのか。肯定は、生から重荷を取り除くことで、生を自分のなしうることの果てまで行くようにさせる、とドゥルーズはいう。「肯定するとは〔…〕生きているものを解放し、その重荷をとりのけてやることである。肯定するとは軽くすることである。生にましな価値の重荷を背負わせることではなく、生の価値であるようなあらたな価値、生を軽やかな能動的なものにするようなあらたな価値を創造することである」(NPh, 357. Cf.202-204)。ドゥルーズにとっての肯定は、「認識」の問題ではなく、「存在」の問題である。つまり、認識されえない生の力、「無意識的」な活動する力を解放することで、存在のあらたなあり方をつくりだすことこそが肯定なのだ (NPh, 92f., 334f., 340-342)。みずから変形することをいとわない生の「過剰」な力、自己に対して異なるものになることを「享楽」とするような生成の潜在的な力と、肯定は一体になるのである(NPh, 355-357, 363f.)。

＊参照：生、永遠回帰、潜在的なもの、主体化、簡素さ、非有機的なもの

力 Forces

「われわれを闘いの中に引きずり込む諸力の渦」CC, 275

● 力を読み解くこと

　ドゥルーズは、あらゆる現象の内に、力関係を見出す。つまり、哲学、科学、社会、国家、宗教、モラルなどの現象を、力によって生み出され、意味を与えられているものとして考えるのだ（N, 43）。この考えはニーチェに由来しており、たとえば『道徳の系譜学』は「道徳」や「禁欲主義」の名のもとに、生の活動を抑制しようとする意志や力、圧力がいかにはたらいているかを詳細に分析する。そして、現象が諸力によって構成されているということがあきらかになるとき、哲学の役割は、それがどのような力かを解釈することにあるだろう。つまりドゥルーズがいうように、哲学は「ある現象、ある出来事が与えられている場合、それに意味を与えている力の質を評価し、それによって、現前している諸力の関係を測定」しなければならないということだ(NPh, 113)。「医者」が「徴候」から「病」を診断するように、哲学者は「事象」を「徴候」にしながら、それを占有している「力」を解釈する、とドゥルーズは書いている。これがニーチェから引き継がれる哲学の「徴候学」である（NPh, 153, 160f.）。ドゥルーズは、力を読み解けるようになるには、繊細な感性、「別の感性」が必要であるということをくり返し述べている（NPh, 130-135, 146）。ドゥルーズにとって、力を感覚しうるようになることは、ほとんど思考の条件なのである（NPh, 133）。

● 力関係：アクティヴな力vs力を発揮することを妨げる力

　力の定義としてドゥルーズが第一に主張すること、それは、力は決して単独で存在するのではなく、複数の力のあいだの関係、力関係によって規定されるということである。ドゥルーズが述べるように、力の本質は「力と力の関係」であり（NPh, 96）、さらにいえば、力は、力同士の「関係そのものを存在とする」のだ（F, 132）。したがって、力を解釈するというときには必然的に、多元的に複数の力を考えなければならないということである（NPh, 157f.. Cf.IT, 194f.）。また、力をこのように関係によって定義するならば、力の強弱関係によって、ものごとを決定する「より強い力」と、それに従う「より弱い力」という力の強さの「量的な差異」が規定され、それに応じて「力の質」、つまりアクションを起こす「能動的な力」と、リアクションによって対処する「反動的な力」が生じてくる（NPh, 89f.）。注意する必要があるのは、「服従」することや、「中立」であることも、力の一つのかたちだということである。「中立」は力の観点からすると、中立ではなく、一つの力の行使なのだ（NPh, 91）。ドゥルーズにとって、「服従」する反動的な力の本質は、能動的な力を萎えさせ、減衰させることにある。反動性の本領は、能動的な力からいくつもの可能性を奪い、それができることを制限する点にあるのだ（NPh, 119f., 136-9）。「禁欲主義的な理想」とニーチェはいったが、「してはならない」という禁止は、まさに「反動」の典型だろう。ドゥルーズの思想のライトモチーフは、生の活動を抑制する反動的な力を現象から徴候的に読み取り、それを破壊することで、反動的な力から能動的な力への「価値転倒」を実現することにある（NPh, 146）。

＊参照：生成変化、パラドックス、闘い、生、その場での旅、永遠回帰

記号 Signes

> 「香りで殺人者を追跡する一人の老婦人」ID上177

● 記号を記号として見出すこと

　目くばせが、親しいもののあいだで合図となり、意志の伝達がうまくいかないもののあいだではサインだとすら気づかれないように、記号〔シーニュ、サイン、しるし〕は、見えるもの聞こえるものを「記号」として「読む」姿勢そのものと切り離すことができない。つまり、ある現象を、解読・解釈されるべき記号、徴候として見出すということがなければ、記号は記号としてあらわれることがないのである。したがって記号があるということは、そのこと自体で、ある方法、態度を含んでいるのであり、それはニーチェにならえば「徴候学」と呼ばれ、プルーストにならえば記号の「習得」と呼ばれることになる。ドゥルーズはつぎのように述べている。「習得することとはまず、物質、対象、存在を、解読され解釈されるべきものである記号を発するものであるかのように考えることである」(PS, 4f.)。あるいは、「現象は、仮象でもあらわれでさえもなく、自身の意味を現実的な〔現働的な〕力の内に見出す一つの記号であり、徴候である。哲学全体が徴候学であり記号学なのである」(NPh, 23f.)。

● 記号とは、考えるよう「強いる」ものである

　ただ、記号を記号として見出し、解釈するとはいっても、ドゥルーズは、記号が主体の解釈するままになるものだとは考えていない。主体のもつ知性は、記号を、「理解可能なもの」ないし「規定された意義」

といった限定的な仕方でしか解釈しないと、ドゥルーズは述べている (PS, 44)。記号が、ときに思ってもみなかった考えを主体の側に起こさせるのであれば、記号の解釈を主体に帰することはできないだろう。それは解釈する主体の自発性の枠を溢れ出ているのである (PS, 54f.)。ドゥルーズは、むしろ記号が主体に対しある「方向=意味sens」を与えながら、思考させるものだと述べている。彼にとっての記号とは精神がその効果をコントロールすることのできない刺激であり、主体に対して思考するよう「強いる」ものなのだ。フランス語における「強いるforcer」と「力force」との関係を念頭に置くと、ドゥルーズが「記号」のもつ「力」にいかに重点を置いているかが分かるだろう。彼はこう書いている。「思考は、思考することを強いる何か、思考に暴力をふるう何かがなければ、何ものでもない。思考よりも重要なこととは、〈思考させる〉ものがあるということである。〔…〕『見出された時』〔プルースト『失われた時を求めて』の最終巻〕のライトモチーフは、〈強いる〉という語である。たとえば、見ることを強いる印象、解釈することを強いる遭遇、思考することを強いる表現などである。〔…〕思考することを強いるもの、それは記号である。記号とは遭遇の対象である。けれどもまさに遭遇の偶然性こそ、思考させるということの必然性を保証するのだ」(PS, 197-9)。偶然に遭遇し、必然的に思考を刺激するもの、これが記号である。ドゥルーズ自身、たとえば映画の中に、思考に対して「衝撃を与え」、概念を形成させるような記号の豊穣な世界を見出すことになるだろう (DRF下130f. Cf.30f.)。

＊参照：習得、力、思考のイメージ、意味、先験的経験論、アレンジメント

習得 Apprentissage

「文化とは習得の運動であり、無意志的なものの冒険であり、感性と記憶と
　　思考を、必要なすべての暴力と残酷さによって連鎖させる」DR上438

● 「しるし」として読むこと

　ドゥルーズにとって習得とは、事象を、何かを表現する記号〔徴候、サイン〕として見るまなざしを身につけることであり、たとえば医学において、ある症状を病気の「しるし」として見抜く技術を獲得することである。習得とは徴候を解読できるようになることなのだ。「われわれに何かを習得させるすべてのものが記号を発し、習得の行為はすべて、記号または象形文字の解釈である」とドゥルーズは書いている (PS, 5)。

● 記号の性質にあった習得を

　このように習得は、記号の解読法を身につけることであるが、しかし、記号はといえば、一つの読み方に限定されているわけではない。むしろ記号はつねに複数の方向へと同時に引っ張られており、それにただ一つの本質的な意味＝方向を決めることはできない。「ある事象は、その事象を専有することのできる力と同じだけの意味＝方向をもつ」とドゥルーズが述べるのは、そのことを指している (NPh, 26)。同様に記号は、それ自体で、常識的なもしくは良識的な読解を押しつけるものではない (LS上19)。記号は知性がつくりあげるそうしたできあいの記号の解釈を越えて思考するよう、われわれをうながすきっかけになるものである。自分と同じことをやるよう強いる教育法との対立を

鮮明にしながら、ドゥルーズは習得についてつぎのように書いている。「〈わたしのようにやりなさい〉というものから、何も習得することはない。わたしたちの唯一の教師とは〈わたしといっしょにやってみよう〉というものであり、再現すべき身振りを提示するかわりに、異質なものの内で発展させるべき記号を発することができるもののことである」(DR上74f.)。発せられた記号は、その発信者とは「異質」な受容者の内で、独自に展開されなければならない(DR下70)。記号とは「教えられる」というよりは、各自勝手に「拾得」すべきものなのだ (PP, 312)。記号がこのように「習得＝拾得」されるものだとするなら、それは、発信者の当初の意志から独立して意味を与えられるものだ、ということになる。たとえば恋人の出した合図を拾い上げた男性は、それを彼女の意図していた意味とはまったく異なった意味に取ることがありうるし、さらには、この合図を何かのシグナルとして解釈したことがそもそも間違いであったかもしれない (PS, 95-101)。記号を習得することは、「誤読」の可能性をつねにもっており、その意味＝方向を一つに収束させることはできない (ID下228; D, 15)。それゆえに習得は模倣とは無縁の行為であり、何かの「しるし」を受け取りながら、自分なりの仕方でそれを解読し、みずから考えはじめるということなのだ (PS, 204)。何を記号として受けとめるかということまで含めて、習得は、コミカルなものでも、貧しいものでも、創造的なものでもありうる、さまざまな逸脱に向けてひらかれている。

＊参照：力、記号、発散、意味、マイナー文学、ユーモア、哲学史
＊別の訳語：DR「学ぶこと」

視点 Point de Vue

「いつもよい視点を、あるいは最良の視点を見出すこと、
　　　　　　でなければ無秩序さらには混沌しかあるまい」PLI, 39

● 視点が主体を規定する

　ドゥルーズにとって視点とは、主体がもつものではない。視点とはむしろ主体を構成し、個別化するものであり、それがなければ主体そのものがそもそも可能ではないようなものである。主体は視点の位置を占めることによって主体になるのであり、反対に、視点はそれを占める主体が実際に存在するかどうかにはかかわらず規定されうる特異なものなのだ (PS, 54; PLI, 35f., 40f.)。ドゥルーズがいうように「重要なことは、本質が魂の状態を越えるのと同様に、視点が個人を越えるということである。視点はそこに位置する者よりも高次のものであり、そこに到達するすべての者の同一性を保証する。視点は個体的〔個人的〕ではなく、反対に個体化の原理である」(PS, 123)。個体はこの視点を通して、それぞれ異なる世界を表現するのだ (PS, 54f.; PLI, 45f.)。

● さまざまな視点と発散する世界

　こうした視点の発想はあきらかにライプニッツ的なものであるが(PS, 52)、しかしドゥルーズはライプニッツにおいて、主体によって表現される世界がただ「一つの同じ」世界であると想定されていることを批判する。つまり、ライプニッツの『モナドロジー』では、さまざまな世界は、「一つ」だと想定される世界に対する「さまざまな眺望」に

すぎない。反対にドゥルーズにとっては、各視点の内にあらわれるものそれぞれが、異なる世界であり、これらの世界は「一つ」の世界に「収束」するのではなく、むしろ互いに別の世界として積極的に「発散」する。たとえこれらの世界が統合されるとしても、それは「あとから」であり、はじめから一つの世界が想定されるのではないのだ (LS上, 302; PS, 180f.)。

● 芸術：視点と本質

　ドゥルーズにとって、世界を表現するような視点を創造できるのは、芸術であり、芸術は、プルーストのいい方を借りるなら、世界があらわれてくる特異な仕方をつくりだす (PS, 52)。すぐれた作品を見たあとで、自分の周囲が以前とちがうように見えるというのは、まさに芸術のそうした効果である。ドゥルーズによればプルーストは、異なる視点それぞれに対応する断片化された世界を表現するだけでなく、異質なヴィジョン同士を「反響＝共鳴」させる術を知っている (PS, 167-173; FB, 63f.)。視点同士のこの反響は、ある視点からは見えないものが、別の視点によって見えるようになるという類のものではない。反響はむしろ、経験的な視点から先験的な《視点》への飛躍を実現するのであり、体験された土地としてのコンブレーは、「かつて生きられたためしがない光輝」を発するようになるというのだ (DR上235. Cf.326-8; PS, 170)。一度も体験されたことも見られたこともないこの光輝を生み出すものこそ、芸術作品であり、作品はみずから産出する輝く土地に満たされるのである (PS, 170-2)。

＊参照：発散、特異性、断片、ペルセプト、襞、パラドックス、分子、概念

問題 Problème

「眼の構築は、何よりもまず、
　　　　　光によって提起された問題の解決である」B, 115

● **答えではなく、問題が間違っている！**

　答えが正しいあるいは誤っている、といわれることはよくあるが、問題自身の真偽が問われること、つまり、問題が間違っているのではないか、それがよく設定されていないのではないか、と問われることは稀である。「問題自身に真偽をもちこむこと」とドゥルーズは簡潔に述べているが、この方法をドゥルーズはベルクソンから引継ぎつつ、自身の思考の中にしっかりと織り込んでいる（ID上41f.; B, 5-13. Cf.ES, 168f.; DR上419-434, 下59-68）。解答ではなく、そもそも答えようとしている問題自体が間違っていると指摘することは、誤った問題をめぐるあらゆる言説を押さえ込み、それに対して取られた立場のさまざまなちがいを無効にしてしまうような、つよい批判的な力をもっているといえるだろう。ドゥルーズがベルクソンとともにあげている偽の問題のタイプは、「非-存在」や「無-秩序」といった「否定性」をもちこむことや、本来、性質＝本性のちがうものごとを混ぜあわせて問題を構成してしまうことなどである（B, 8-10）。そして、なかでもとくに重大で執拗な誤りは、あとから生じたものでしかない解決を、まるではじめから存在していたかのように想定してしまう問題だ。つまり、実際に起こったことをもとにしてあれもこれも「可能」だったというふうに仮構される「可能性」を含む問題である。たとえば、将来、何が起こるか分からないにもかかわらず、あたかも、すでにすべて決定

されている可能性の貯蔵庫があるかのように振舞うもの、あるいは、すでに起こったことから想像して自分に訪れるはずだった何かを蜃気楼のように想定してしまうことがそれに当たる (B, 11)。これらは、すべてを想定の範囲内だったことにしてしまうか、幻想によってあらゆる問題を台無しにしてしまう思考法である。

● 問題の「解決」は、問題の「解消」ではない

　ドゥルーズにとっては、反対に、問題は、問題から出発して与えられるあらゆる解決（とそこから生まれる幻想）から、独立して定められなければならない。ドゥルーズのいう問題とは、解答を条件づけるものであって、条件づけられたもの＝解を、いかなるかたちであれ条件づけるもの＝問題に投影すべきではないのだ (DR上419-423, 429-433)。ドゥルーズがよく立てられた問題としてあげるのは、考える者にとってただ「主観的」に存在しているだけでなく、ある出来事が起こる「客観的な構造」をとらえたものである (DR下14, 66; LS上107f.)。問題＝構造は、たとえ一時的に解決が与えられたとしても、あるいはそもそも解決が与えられることがなかったとしても、それ自体は決して消え去ることがなく、時と場合に応じて問題提起をくり返すだろう。ドゥルーズは、このように存続しぶり返した問題が、与えられた解決をふたたび無効にすることすらあるという。つまり、問題を構成するあらゆる条件がふたたび浮上してくるような、そんな「機会は、問題の解を、まるで何か突然の、荒々しい、革命的なもののごとく炸裂させる」というのだ (DR下66)。

＊参照：先験的経験論、問い、特異性、構造、不均衡、戦争機械

哲学史 Histoire de la Philosophie

「わたしは哲学者に背後から近づいて、子供をこしらえてやる」PP, 17

● **哲学史とどのように向きあうか**

　ドゥルーズは、ヒューム、ベルクソン、ニーチェ、カント、そしてスピノザと錚々たる顔ぶれの哲学者についての本を書くことから、自らのキャリアをスタートさせた。フーコーは、『ニーチェと哲学』によってドゥルーズの名を知ったといわれるように、ドゥルーズによる哲学者の研究はきわめて質の高いものである。そして同時に、彼が哲学者たちと向き合う姿勢にはすでに彼独自のものがあらわれている。ドゥルーズは「哲学史の書物」と「哲学書」を区別しているが、哲学史の書物自体が、哲学の「歴史」から脱け出すための彼の方法論を示しているだろう (DRF下157. Cf.D, 31-3; PP, 16f.)。

　まず押さえておくべきなのは、ドゥルーズは哲学者の「要約」に関してすばらしい能力を発揮するということである。短い文章の内にひとりの哲学者の思考を提示してみせる手腕は、他に類を見ない。その理由の一つは、おそらくドゥルーズが対象となる哲学者にとっての問題と方法を把握することから来ているだろう。『カントの批判哲学』や『ベルクソンの哲学』の冒頭を見ればすぐに分かるように、ドゥルーズは哲学者の方法をまず示してみせる。仮に、その哲学者が、明示的に自分の方法について語っていなかったとしても、である。ドゥルーズは、哲学者が「語っていること」ばかりでなく、語らずに実際に「行っていること」に目を向けるのだ。

● 愛ゆえに歪められる「肖像」

　ドゥルーズの哲学史の関心は、ある哲学者の言葉をくり返すことよりも、むしろその哲学者に取りついて離れなかった言外の問題をとらえようとすることにあるといえるだろう。ドゥルーズは哲学者を取り上げるとき、その哲学者が実際に哲学している場所でつかまえることを目指しているのだ。したがってドゥルーズにとって、単にくり返すだけの忠実さは、その哲学者に忠実であることではない。彼は、こう書いている。「すべての哲学者はあらたな概念をもたらし、提示するわけですが、彼らは、そうした概念が応えている問題を語らないか、あるいは語りつくしてはいません。〔…〕哲学史は、ある哲学者が語ったことをもう一度語るのではなく、彼がかならずや言外にほのめかしていたこと、つまり哲学者が言明はしなかったが、しかし、彼が語っていることの内にあらわれていることを語るべきなのです」(PP, 273)。ただし、はっきりと語られてはいないが、語ったことの内にあらわれている問題をとらえる、という方法は同時に、対象となる哲学者に対して誠実であるがゆえの乖離を生むことにもなるだろう。それゆえ、ドゥルーズは当の哲学者に「背を向けることになる」ときもある。しかし、それは「つねに彼に負っている何ものかをそこから引き出す」ためなのである (ID上293. Cf.303f. QPh, 60f.)。ドゥルーズはまた、偉大な過去の哲学者たちが現代に「再活性化」されるならば、彼らの概念を、あたらしい問題に接続することもいとわない (QPh, 52f.)。ドゥルーズにとって哲学史は、哲学に反時代的なアクチュアリティを与えなおすことと切り離せない作業なのである (Cf.PP, 18)。

＊参照：反復、思考のイメージ、歴史、問題、生成変化、歪形、闘い

思考のイメージ Image de la Pensée

　　　　　　　　「思考のイメージは叫びのようなものである」PP, 301

● 人は何を思考として認めるのか

　ドゥルーズのいう「思考のイメージ」とは、哲学者も含むある時代の人間が、思考について漠然ともっているイメージのことであり、思考がそれによって、意識されることなく方向づけられているような哲学以前の前提のことである。「思考のイメージとは、方法のことではなく、何かもっと根本的で、前提としてつねにあるもの、ある座標系、ダイナミズム、方向づけのことだとわたしは理解しています」と、ドゥルーズは述べている（PP, 299）。そして、「思考学」とは、このように思考をあらかじめ条件づけているさまざまなイメージの類型研究にほかならない（LS上ch.18; MP下58-62 ; PP, 301）。

● 真理はあらかじめあるのではなく、つくられる

　ドゥルーズが批判し斥けるべき思考のイメージとしてあげているものは、大きく分けて二つある（DR上ch.3）。一つは知性や真理を自明のものやあらかじめ存在しているものと見なし、同一性を思考のはじまりに置くもの（NPh, 207f. ; PS, 195f.)、もう一つは思考を良識や常識や道徳に従属させ、意識的か否かにかかわらず既成の権力や秩序におもねるものである（NPh, 208-213; D, 29-31; MP下58-69; QPh, 95f.)。こうした思考のあり方に対するドゥルーズの批判のトーンは、ニーチェのように激しい。「抽象的普遍とみなされた真理、純粋な学問とみなされた思考が、決して誰にも害を及ぼさないことになっているのは、

困ったものだ。実際には、既成秩序と世間的諸価値はそこにたえず自身の最良の根拠を見出しているのである。〔…〕あらたな真理を産出すること、ただしとりわけ〈既成の感情をそこなわないこと〉というライプニッツの奇妙な主張は、なおも哲学に重くのしかかっている。そしておわかりのように、カントからヘーゲルにいたるまで、哲学者はけっきょく大変市民的で敬虔な人物でありつづけ、好んで文化の目的を宗教や道徳、国家の善と混同してきた」(NPh, 209. Cf.MP下58-62)。では、ドゥルーズ自身の思考のイメージとはどのようなものか。彼はまず、思考は時代の良識ではなく、つねに「反時代的」なものだという (NPh, 215; N, 41; QPh, 192-6)。そしてドゥルーズは、思考とはあらかじめ与えられているものではなく、また自然に内面から沸いてくるものでもなく、外からの暴力によって強いられることによってはじめてつくられる、ということを強調する (PS, 196-199; NPh, 216-8; DR上384-8)。つまり思考とは、恒常的な能力ではなく、「わたしたちが思考しうるようになるためには、思考に加えられなければならない暴力」が必要であり (QPh, 98)、思考させるものとの例外的な遭遇において、思考は「驚くべき出来事」として創造されなければならないというのだ (NPh, 216. Cf.MP下64-6)。こうして生み出されるのは、既成の素材を整理しなおしたものではなく、「理性的」で「人間的」なものにはほど遠い獣性を秘めた思考、整頓されたカテゴリーから飛び出しそれに襲いかかるような「反思考」だろう (DR上383-6; MP下62-4; CC, 244f.)。

＊参照：力、記号、差異、愚鈍、歴史、表面、感覚、戦争機械、内在
＊別の訳語：PS「思考のイマージュ」；MP「思考像」

間奏曲 n−1

　ドゥルーズは『差異と反復』の冒頭でこういっている。
「ひとは、おのれの知の尖端でしか書かない、すなわち、わたしたちの知とわたしたちの無知とを分かちながら、しかもその知とその無知をたがいに交わらせるような極限的な尖端でしか書かないのだ。そのような仕方ではじめて、ひとは決然として書こうとするのである。無知を埋め合わせてしまえば、それは書くこと(エクリチュール)を明日に延ばすことになる。いやむしろ、それは書くことを不可能にすることだ。」(財津理訳)
　知っているから、書く、のではない。それでは、知っていることが文字にコピーされただけにすぎない。では、知らないから、書く、のだろうか。たぶん、そうかもしれない。とはいえ、知らないことを根拠に、知らないからこそ何でも書ける、というのとはちがう。そのように書かれた何でもとは、ほとんどの場合、「無知を埋め合わせ」ることにしかならないからだ。
　そこには「おのれの知の尖端」がいっさいかかわっていない。そうした尖端とは、知と無知を分かちながら、しかし同時に知と無知を交わらせるような尖端である。分かちながら、交わること。だからこそ「極限的な」という形容が付くのだ。尖端とは、そうした不可能に見えることが可能になるところなのだ。そして書くということじたい、分かちながら、交わる、ということの遂行にほかならない。その意味で、書くということは、いかなる場合においても、尖端において書くことなのである。
　知と無知を分かちながら交わらせること。だがそれは、決して矛盾でも対立でもない。分かちながら、交わる、という行為を、矛盾や対立としてとらえるとき、われわれはそのような知の構造と階層性のうちに身

を置き、そこで考えていることになる。対立するものを止揚してやまない弁証法がそうであり、二項対立に依拠する構造主義がそうだ。あるいは、パパ-ママという二項のもとに主体を置こうとする精神分析がそうだ。対立、矛盾とその超克という知の傾きこそ、西欧の知のかたちであって、ドゥルーズはむしろ、そうした知とのあいだで、まさに、分かちながら、交わることで、自らの差異の思考を開始したのではなかったか。

　ドゥルーズは、「ベルクソンにおける差異の概念」（『無人島 1953-1968』所収）で、「差異こそは真の開始点である」と告げながら、こういっている。「かくして、性質の差異は、それが形を成す時、まさに極限的な二つの度合の潜在的共存となるのである。それら二つは両極であるから、互いの間を行き来する二重の流れは、中間的な諸々の度合を形成する。」（前田英樹訳）

　ちなみに、度合とは、「差異そのもののさまざまな度合」であって、度合の差異ではない、とドゥルーズは強調している。度合のちがいが、差異を形成しないのは明らかだろう。だが、いま注目したいのは、その点ではない。そうではなく、差異が成立するとき、二つの度合は、両極でありながら潜在的に「共存」している点であり、その共存を介して、両極のあいだに、そこを行き来する「二重の流れ」が生成している点である。

　そう、「知の尖端」とは、知と無知という両極が潜在的に「共存」する地点であり、そのときその尖端ではじめて可能となる「書くこと」とは、それゆえ、分かちながら、交わる、という「二重の流れ」による生成という出来事にほかならないのである。そうした生成を欠くかぎり、書くことは常に何かの複写でしかないだろう。

ユーモア／アイロニー Humeur／Ironie

「やさしさが感じとれる瞬間でさえも
〈危険〉だと思われる笑いと微笑み」D, 26

● 笑う思想家ドゥルーズ

　ドゥルーズは、よく笑う思想家である。コミカルだから笑うというよりは、よろこびを感ずることによって笑わざるをえないという状態を彼は愛する。好きな作家の本を読むということは、それがいかに「悲劇的な」ものに見えたとしても、ドゥルーズにとって笑いと切り離すことができない。彼はこう語っている。「笑うことなしにニーチェを読む人たち、よく笑い、しばしば笑いそしてときに狂ったように大笑いすることなしにニーチェを読む人たち、彼らはニーチェを読んでいないようなものです。〔…〕分裂的な笑いないし革命の歓喜こそ偉大な書物から出てくるものであって、われわれのちっぽけなナルシシズムから来る不安や罪悪感から来る恐怖などではありません」(ID下239f. Cf.K, 85; FB, 59)。笑いはドゥルーズにとって、つらい現実を笑い飛ばす（だけで済ます）ためのものではない。笑いはむしろ、この現実から、いかにわずかであれ、実際に抜け出すことができたとき起こってくるものなのだ。「コードが撹乱されるとき、笑わずにいることなど不可能です」とドゥルーズが述べるのはそのためである (ID下240)。規範から逃れるものを生み出す笑いには二つあり、それをドゥルーズはユーモアとアイロニーと呼ぶ。

● 笑いを製造するサドとマゾッホ

　ドゥルーズのいうアイロニーとは、一般的な規範や法に従うのではなく、「より高い原理へと法を乗り越え、法に二次的な力しか認めまいとする運動」のことである (PSM, 109)。ただし、この乗り越えは、法に権威を与えているであろう《善の理想》の方に向かうのではない。ドゥルーズがサドに言及しながら向かうのはむしろ《悪》の方であり、法を立てることなくそれを廃棄する制度、「アナーキー」の方である (PSM, 100f., 110f.)。たとえ「ほとんどゼロに還元された」あいだしかこの無法状態がもたないとしても、そしてそのあとにまた必ず別の法が立てられることになるとしても、「その短い崇高な時期＝契機は、あらゆる法との本性の差異を示す」ことで、規範の外に出ることによる笑いの瞬間を生み出す、とドゥルーズはいうのだ (PSM, 111)。「上昇」によって特徴づけられるサドの「アイロニー」とは反対に、マゾッホの「ユーモア」は法からその結果へと「下降」するとドゥルーズはいう (PSM, 104, 111)。マゾヒストは、法が与える罰（結果）を進んで享受するが、しかし、罰を与える者は父権＝法ではなく、「女性」である。マゾヒストは、罰を与える者である父権＝法を追い払うために、みずからすすんで「女性」と契約を結び、自分を鞭打たせるのだ (PSM, 153f., 159.)。そして鞭の苦痛の持続のなかで自我は、自己の内なる父権＝超自我をも否認する (PSM, 29f., 78-84. Cf.ID 上281f.)。つまり、マゾヒストのユーモアの本領は、自分をあえて女性に鞭打たせながら、〈父〉を否認し、その「適法性＝妥当性に異議を申し立て」ること、罰に「服従することで反逆する」という倒錯性にあるのだ (PSM, 43, 113. Cf.DR 上34f.; CC, 117)。

＊参照：マイナー文学、断片、肯定、主体化、闘い、批評と臨床

問い Question

「存在論的な射程をもつものとしての問いの構想」DR下78

● 問いのかたち:「何?」ではなく、「いつ、どこで、どのように?」

ドゥルーズは問いを何よりも大切にした人であり、哲学における問いのかたちの変革を探求した。とりわけ「〜とは何か?」という本質へと向かう問いの形式とはちがう仕方で、問いを立てることが彼の問題である (NPh, 154-8)。つまりドゥルーズは、対象の変化のあらゆる局面につねに妥当する「本質」ではなく、偶然に満ちたものごとが、実際に「いつ」「どこで」「どのように」あらわれるのかを、「出来事」として問いかけるのだ。ドゥルーズは、カント、そしてプラトンにおいてさえ《理念＝イデア》とは究極の本質ではなく、それが「偶発事」として「どのような場合に」出現するのか考えなければならないと述べている。「問われているのはもはや、《理念》は一なのか多なのか、あるいは同時にその二つであるのか、といったことではありません。実詞として用いられた〈多様体〉は、《理念》がそれ自体で、抽象的な本質よりもはるかに偶発事に近くなるような領域を指し示しており、そこで〈理念〉は〈誰が?〉〈いかにして?〉〈どれくらい?〉〈どこで、いつ?〉〈どのような場合に?〉といった、真に時空的な座標を描くような問いの諸形式によってしか決定されえないのです」(ID上199f. Cf.DR下59-62, 81f.)。この引用と同時期に執筆された『差異と反復』はこうして、出来事の多様体としての《理念＝イデア》を記述することになる (DR下17-32, 47-51)。

● 書くごとに、問いを立てる

『差異と反復』に限らず、ドゥルーズは書くたびごとに、独特の仕方で問いを立ててゆく。たとえば、ベルクソンとともに取りだされる「他のものではなくなぜこれなのか？ なぜ持続のこのような緊張なのか？ 別の速度ではなくこの速度なのはなぜか？」などの問いは、抽象的な本質ではなく、あるものがそのものであるのはなぜかを考える姿勢を示している (ID上46f.)。またガタリとともにドゥルーズは、書物を「機械」としてとらえ、それがいかに機能するのか、と問いかける。書かれたものの背後に「隠された意味」や作者の「意図」を見出すのではなく、機械としての作品が特定の効果をいかにして「生産」するのかを探るのだ (PS, 160-162; AŒ上15-18; K, 171-173; PP, 50f.)。そしてさらに、「ある至高の自由、ある純粋な必然性を与えてくれるような」老年期になって、はじめて立てることができるような問いが、「哲学とは何か」だという (QPh, 7)。一見哲学の「本質」を求めるかのような「〜とは何か？」という問いにも、ドゥルーズとガタリは「状況」や「時刻」といった要素をつけ加えることを忘れてはいない。彼らはこう書いている。「答えが問いを引き継ぐということだけではなく、さらに、答えが、問いの時刻、機会、状況、問いの風景と登場人物、問いにとっての条件と未知のものを決定するということまでもが必要であった」(QPh, 9)。ドゥルーズにとっての「問い」とは、こういってよければ、出来事を具体的に見るための「レンズ」であり、このレンズを介した視点の内に、本質主義に抗する、彼独特のマニエリスムがあらわれている (SPP, 30f.)。

＊参照：問題、反復、特異性、概念、エクリチュール、先験的領野

差異 Différence

「直観とは差異の享楽である」ID 上 65

● 差異についての誤解

　ドゥルーズによれば、差異を考える際に陥りやすい誤りとは、同一物としてすでに特定できるようになっているものをもとにして、差異を規定することである。たとえば、「A」というものを基準にして、「Aとは異なるもの」として差異を取り出したり、「A」と「B」をもち出して「AとBとの差異」などと述べたりする場合がこれに当たる。このとき、差異は同一性との関係で定義されることになるだろう。「差異」を考えるはずであったにもかかわらず、結局「同一性」が基盤に据えられてしまうのである（DR 上 84f., 98）。

● 同一性は、効果であって原理ではない

　では、これとは反対に、同一性を経由することのない差異とはいったいどういうものなのか。まず、ドゥルーズは同一性を、出来上がりきったものとして考えるのをやめる。そして、同一性という観念や、同じものとして認知される個物が、どのようなプロセスによってつくりあげられたのかを問うのだ（DR 上 334-7）。同一性は「二次的なもの」「生成したもの」にすぎない、とドゥルーズが述べるのも、あらゆる同一性に対して、それを結果として産出する過程を考えることができるからにほかならない（DR 上 121f.）。重要なのは、同一性が、生成のプロセスの途中で生まれる一つの「結果＝効果」にすぎず、決して前提にも原理にもなりえないということだ。そしてみずからが産出される

プロセスの内でとらえられた同一性は、自己自身に対して異なったものになることを、むしろ本質としている。同一性は、ただそうであるように見えるだけの視覚的な特殊効果であり、正確に同じ状態が、観念としてであれ、物体の状態としてであれ、再現されることはない。反復が差異をともなわずに、なされることはないからである (ID上91; NPh, 363-5; DR上194-202)。

● 差異だけが存在する

　ドゥルーズが上記のような、同一性に基づかない生成変化というモチーフを得ているのは、ベルクソンからである。ベルクソンは、「変化の下には変化する物はない」、変化の背後にその変化の基体となるような実体は存在しない、と明確に述べている（『思想と動くもの』）。ときに動いたり動かなかったりする物などなく、あらゆる物は一瞬たりとも「同じもの」に留まることのないさまざまな運動や変化が寄り集ったものなのだ (ID上97-99)。これはあらゆる事象を、打ち寄せては消えゆく強度の波から考えることだといってよいだろう (DR上164-6; LS下217)。恒常的なものをもたず、同じ波を二度と産み出すことのない広大な差異が、ドゥルーズの世界ではゆらめいており、たとえ、いつも同じに見えるものでさえ自己に対する差異を含んでいる (DR下351)。ドゥルーズにとって、存在するのは「差異」「変異」だけであり、異なるのは差異のさまざまな「度合」である (ID上97; B, 103f.; DR上117, 下189-191)。物が動くのではなく、物の存在そのものが運動であり、差異なのだ。

＊参照：強度、反復、不均衡、シミュラクル、永遠回帰、運動イメージ

反復 Répétition

「どんな差異があるの？〈ちょっと反復してごらん〉」DR上292

● 「反復されるもの - その反復」という図式を捨てる

　反復について通常考えるときには、反復されるものと「その」反復という二つの要素が想定されている。反復されるものが変化してしまえば、それは「反復」とは呼ばれないのだから、反復はこの場合、反復されるものに変更を加えるというよりは、反復されるものを同一のものに留めつつ、それを時間的あるいは空間的にだけ区別しうるようにすることである（DR上76-82）。この場合、同一に留まりながら反復されるものが「はじまり」としてまず指定され、この「はじまり」の規定を変更することなく繰り返すのが反復である。つまりドゥルーズのいうように、「境界が、最初の一回と反復そのもののあいだに打ち立てられているのだ」（DR下326）。ドゥルーズにおいて、この「はじまり」と「その反復」のペアは解体される。なぜかといえば、すぐあとで述べるように、彼にとって二度、三度とくり返されるものに劣らず、一度目のもの自体「反復」にほかならないからである（DR下327f.）。ドゥルーズは、「はじまり」と「その反復」のあいだではなく、「起源」さえもすでに「反復」であるとしながら、反復のタイプのあいだに「境界」を見出すのだ（DR上76f., 下327f.）。ドゥルーズは、マルクスの『ルイ・ボナパルトのブリュメール十八日』に言及しつつ、過去・現在・未来を、形式的に異なる三つの反復として論じている（DR上245-259, 下325-333）。

● 過去・現在・未来という、三種の反復

　まずドゥルーズのいう過去は、ある行動が自分にはできない、自分には行動するための準備や条件が「欠けている」と感じられるときに、引きあいに出され、反復されるものだ (DR上249, 下329f.)。ただしそれは成功した行動のモデルとしての過去の「事実」ではなく、過去においてある行動を可能にし、条件づけていた「構造」である。ドゥルーズは、過去と同様の仕方で構造を割りふるものが、時代も環境も変わった現在に潜在しているのなら、それは現在の行動、変化のベクトルを条件づけるだろうというのだ (DR上249f., 276-280, 284-8)。つぎに現在での反復とは、構造の中に位置づけられる過去の理想的な人物をモデルにして、その人物と自分を「同一化」することで、行動を実際に可能にすることである。これをドゥルーズは、過去の人物に仮装するという意味で、「着衣の反復」と呼ぶ (DR上250, 下329f.)。ドゥルーズにとって重要なのは、構造の割りふりという条件づけと、理想的な人物への同化によって可能になる行動が生み出す「結果」は、構造自体に変動をもたらし、過去のモデルを無用にする、ということだ。つまり、行動によって産出される出来事は、過去の構造が現在へと「循環」することを妨げ、行動する者が過去の人物と「同一」の役割を担うことを不可能にするような、「絶対的にあたらしいもの」をもっている (DR上250, 下330-3)。「未来」とドゥルーズが呼ぶこの「絶対的にあたらしいもの」の次元は、過去と現在に対してつねに「過剰」な部分であり、この過剰さだけをくり返し「反復」する。未来において反復されるのは、いつも差異だけを指し示すような、回帰する不均衡のみなのだ (ID上260-7)。

＊参照：永遠回帰、差異、潜在的なもの、リトルネロ、マイナー文学

永遠回帰 Éternel Retour

「永遠回帰はすべてを回帰させるわけではない」LS下221

● 何も回帰させない回帰

　永遠回帰をめぐる古代以来の解釈は、同じものが永遠に回帰するというものであり、この見方がニーチェの永遠回帰にも投影されることがある。ここにあるものはかつて存在していたものであり、わたしたちはまったく同じ世界を際限もなく永遠に体験しつづける、というわけだ。ドゥルーズがニーチェの永遠回帰に関して、何よりも斥けるのはこうした解釈である（N, 64; DR下339f.）。

　ドゥルーズにおいて、永遠回帰とは「同じものの回帰」なのではなく、反対に、同じものが決して回帰しないということを意味している。くり返されるのはつねに異なるものであり、「異なるということ」が恒常的なのである。いいかえれば、生成し変化することが「同じ」に留まり、自己自身と差異化しつづけることが「永遠にくり返される」ということだ。このモチーフは『ニーチェと哲学』から『差異と反復』『意味の論理学』にいたるまで一貫している（NPh, 363-5; N, 64f.; DR上121f.; LS下153）。つまり先にあらかじめ「同じもの」があってそれが回帰するというのではなく、「差異が自己を差異化しつづける」という形式だけが反復されるというのだ。ドゥルーズは『差異と反復』の中でつぎのように述べている。「永遠回帰は《同一的なもの》の回帰を意味しえない。というのも、それは反対に、あらゆる先行する同一性が廃棄され解消されるような世界（力への意志の世界）を前提としているからである。回帰とは存在であるが、ただしそうであるのは、

生成の存在としてだけである。永遠回帰は〈同じもの〉を回帰させることはない。そうではなく、回帰は生成するものについていわれる唯一の《同じもの》を構成するのである。〔…〕回帰とはしたがって唯一の同一性であるが、しかし二次的な力能としての同一性であり、差異の同一性、異なるものについていわれ、異なるもののまわりをまわる同一的なものなのである」(DR上122)。

● **永遠回帰の二つの側面**
このような永遠回帰の概念は、ドゥルーズにおいて、相互に切り離すことのできない二つの側面をもっている (NPh, 140-5; DR下333-351)。まず一方で、永遠回帰は、自身を差異化するもの、生成変化するものだけを徹底的に肯定することで「異なるものについていわれる同一的なもの」(「存在の一義性」)をつくりあげる。永遠回帰を語ることができるのは、生成についてだけである (N, 63f.)。他方で永遠回帰は、「一度きり」しかあらわれない「同じもの」を回転する円環の「遠心力」によって振り飛ばす、といわれる(永遠回帰の「選別的側面」。N, 67)。つまり回帰は、「永遠に」回帰しうるものである生成だけを選び取るとドゥルーズはいうのだ。永遠回帰は、同じことは二度と起こらず、「差異」だけが「永遠」でありうるという思想を表現している。それが意味するのは、世界が変化し、異なるものになり、多様な相を見せるようになることを根底から肯定することにほかならない。

参照：リトルネロ、反復、潜在的なもの、アイオーン、差異、一義性、内在

一義性 Univocité

> 「あらゆる生き物のための唯一の亡霊」LS下14

● **存在とは意味である。意味は、一つか複数か**

「一義性」とは、意味が一つであることだが、ドゥルーズの議論はとくに、「存在」が一つの意味しかもたないという「存在の一義性」へと向かう（DR上121; DRF下95f.）。これに対するのが、存在の「多義性」である。存在が多義的になるのはどのような状況かといえば、それは存在者に、分類のます目を当てはめて考える場合である。つまり、はじめにいくつかのジャンル＝類を立て、その類の同一性の下に互いに差異をもつさまざまな種を置き、それをさらに細分化するといった仕方でつくる分類の中に、生物や事物や人間を割りふっていくときだ（DR上93-105）。なぜ存在の意味が複数かというと、「存在」をすべての種を統合する最高の類であるかのように扱うと、種と種のあいだの差異が「存在する」ということができなくなるからである（DR上99f., 103f.）。たとえば、動物という「類」の中で、犬と猫という「種」を区別するときに、「犬と猫の差異は動物である」とはいえないように、「存在」が「類」だとすると、「種」のあいだの差異が「存在」するとはいえなくなる。「種差が存在する」というためにはしたがって、存在は類であってはならず、それぞれの種が独自に、異なる存在の意味と関係をもたなければならない。ドゥルーズがこうした「存在の多義性」の問題点として指摘するのは、多義的になった存在の意味が序列化されることで、あるカテゴリーに入る存在者と別のカテゴリーに入る存在者のあいだに階層（「存在の類比」）が生じてしまうということであ

る（DR下347f.; SPE, 36f., 44）。つまり、ある存在者は別の存在者よりも高い（ないし低い）意味をもつことになり、存在の意味のレヴェルで不平等が発生するのだ。

● 異なるものについてのみいわれる、たった一つの存在

　反対に、存在が「一義的」になるためには、存在の領域を分割するのをやめなければならないだろう（DR上110）。それを完成させたのはスピノザであり、彼は、存在を数的に区別することのない「形式〔形相〕的区別」の理論をつくりあげた（SPE, ch.1, 40-2, 58）。たとえば「延長」や「思考」という属性は存在の形式だが、延長をもつのがAであれBであれ、延長という「形式」の意味自体は変化することがない（属性の一義性）。これはつまり、「延長物AとBの差異は延長である」ということができないように、延長という「形式」による区別は、存在を（AとBといった）複数の存在に分割することができず、形式は、その数がいくら増えようと、分割のないたった一つの存在を指し示すということだ（DR下349; SPE, 24, 353; SPP, 123; PLI, 77）。スピノザ＝ドゥルーズはこうして、存在はただ一つしかなく、区別されるさまざまな存在者は唯一の「実体」の変形した「様態」にほかならないというのだ（SPE, 107）。諸様態は、同一の形式の下で、思考し存在する力能のそれぞれに異なる特異な度合をもつだろう（DR上120f.）。しかし力能の度合の差異にもかかわらず、各様態が表現するのは、唯一同じ存在であり、多彩な存在者に優劣をつけずに、たった一つの意味でいわれる存在である（DR上113）。

＊参照：内在、表現、特異性、襞、ノマド、平滑、多様体、器官なき身体

シミュラクル Simulacre

「永遠回帰とシミュラクルのあいだには深い絆があって、
　　　　一方を抜きにして、他方を把握することはできない」LS下152f.

● モデルをもたないコピーしか存在しない

　「シミュラクル」とは、「見せかけ」のことであり、もっといえば、モデルとなるもの、イデアに似るよう見せかけるもののことである。ドゥルーズはこの概念をプラトンから借用しているが、そのプラトンは、シミュラクルとは、ある視点から見ればよいが、別の視点から見れば「似ていると称されるその当のものに似ても似つかぬようなもの」だと述べている（『ソピステス』）。プラトンにおいて「シミュラクル＝見せかけ」と区別されるのは、「コピー」である。それはモデルとなる対象の大きさ等の比率を模倣したものであり、この模倣の正確さによって、よいコピー／悪いコピーという優劣の序列がつけられる。シミュラクルの方はといえば、コピーのようにモデルの比率を写しとろうとすることはなく、ただ、視覚的な効果としてのみモデルに似る、うわべだけの模造品である（LS下139-141）。

● シミュラクルは同一性を必要としない

　ここでのプラトンの意図は、ドゥルーズの指摘するように、イデアそのものではなく、善いイメージ（コピー）と悪いイメージ（シミュラクル）を選別することであり、こうして選別することで「シミュラクルを抑圧すること、シミュラクルを底に鎖で繋いでおくこと、シミュラクルが表面に上昇して到る所に〈潜入する〉のを阻止することが

眼目である」(LS下139)。しかし、なぜそうすることがプラトンにとって不可欠なのか。答えはシンプルである。それは、シミュラクルが、イデアを頂上におく体系の外に出てしまっているからであり、イデアとの類比関係によってあらゆる存在者を規定しようとする試みから抜け落ちてしまっているからである(LS上17)。シミュラクルは、理想や「真実にはおさらばをして」製作される、とプラトンはいっているが、シミュラクルの存在を認めるということは、モデルとの「同一性」や「類似」を分けもつチャンスなど一度もなかった純粋に「似ていないもの」「異なるもの」が存在するということを認めてしまうということなのだ (LS下138)。だからこそ、シミュラクルのみを肯定するということが、始源に「同一性」を置き、それとの「類似」に基づいて存在者を規定する立場=プラトン主義を「転倒」することを意味するのである (Cf. CC, 217-9)。ドゥルーズはいう、プラトン主義において、「われわれは先行する相似性や同一性から出発して差異を思考するように促されるが、反対に、後者〔転倒されたプラトン主義〕においては、われわれは、相似性や同一性さえをも底の不均衡の産物として思考するよう促されるのであって、ここでは世界の二つの読み方が眼目なのである」(LS下147f.)。あらゆるモデルを廃棄し、「モデル-コピー」という「垂直」の関係を取り除くこと、すべての存在者を既成のモデルとの比較や類似によって測定するのを止めること、そして互いに不均衡なものだけを「水平」に関係させること、これがシミュラクルのはたらきなのだ (DR上196; LS下148f.)。

*参照：差異、肯定、不均衡、簡素さ
*別の訳語：DR「見せかけ」

不均衡 Disparité

「われわれは暗き先触れを不均衡なものと呼ぶ」DR上322

● システム内部に緊張を生む不均衡

 「不均衡」の概念についてドゥルーズは、「個体化」や「特異性」などと同様に、ジルベール・シモンドンから大きなインスピレーションを受けている（『個体化とその物理生物学的発生』）。シモンドンのいう「不均衡」とは、一つのシステムの内に含まれる二つないし複数の要素が互いに両立不可能な状態にあること、この要素間の不和が解決されることなく緊張関係が保たれていること、そしてさらにいえば、システムそのものが自己自身と両立しえなくなっていることを指す（Cf.DR下195, 206-9; ID上180f.）。不均衡は、シモンドンが「準安定性」と呼ぶものの構成要素である。準安定性とは、つまり、システムの見た目の安定性の下に、不和と異和が「ポテンシャル」として潜んでいる状態であり、少しの力関係の変化や、不和に火をつけるものが投げ込まれることによって緊張が弾けるよう、「潜在的なレヴェル」において不均衡が配置された状態のことだ。シモンドンにとって、そしてドゥルーズにとって、世界は多かれ少なかれこの潜在的な不均衡を保持している。というのも、物理的、生物的、心理的、社会的などあらゆる種類の運動を生起させるのは、不均衡によって構成されるポテンシャルだからであり、それがなければ、世界は凍りつき微動だにすることはないだろう（DR上190, 下180f.; LS下147f.）。不均衡の配置こそ、元の状態に対して変化を「強いる」出来事を引き起こすのであり（Cf.DR上316f.; PS, 176）、脳内でシグナルとなる電気が走るためにさえ、電位

の不均衡がなければならない（DR下145; LS下147; QPh, 352)。

● **不均衡、あるいは解消なき不和**

　ドゥルーズにとっての問題は、不均衡の解決ではなく、不均衡状態によって構成される「潜在的なレヴェル」を第一のものとして考えることであり、この「ポテンシャル」に対して特有のリアリティを付与することにある。ドゥルーズは、不和の解消から生じてきたもののあいだの「対立」と、そのものとして維持される「不均衡」を厳密に区別しながら、こう書いている。われわれが「対立に直面したりあるいはそれに陥ったりするたびごとに、そのような状況にはいったいどのような前提があるのかと問わなければならないのである。〔…〕力の対立、あるいは形態の限定がはっきりとあらわれるためには、まずはじめに、不定形でポテンシャル的な多様体としてみずからを定義し規定するようないっそう深い実在的な〔リアルな〕エレメントがなければならない。対立が大雑把に仕立て上げられるのは、重なりあったパースペクティヴ、交流する距離と発散と不均衡、異質なポテンシャルと強度からなる繊細な媒質〔環境〕においてなのだ。まず問題なのは、同一的なものの内に緊張を解消することではなく、多様体の内にさまざまな不均衡を配分することなのである」(DR上147)。ドゥルーズにとっては、不均衡こそ、あらゆる運動や構造の変動を発生させるエレメントなのだ。

＊参照：シミュラクル、問題、潜在的なもの、差異、流れ、遭遇、感覚
＊別の訳語：DR「齟齬」；LS「不均等性」；ID「不調和」

先験的経験論 Empirisme Transcendantal

「経験論は、出来事と他者しか知らない」QPh, 87

● 「この」経験の条件は何か

「先験的〔超越論的〕」とは、ある経験が与えられるための条件を考えることであり、ドゥルーズの「先験的経験論」という用語は、経験の条件を考えるということを意味している。この「先験的」という用語はカントのものだが、ドゥルーズとカントのちがいは何かといえば、カントが「あらゆる可能な経験の条件」を考えたのに対して、ドゥルーズは「現実の経験の条件」、それもたった一つの経験についていわれる条件、自分が条件づけるものよりも大きくない条件を思考しようと試みる点にある(B, 21)。たった一つのものへと向かうという着想は、1956年にすでにつぎのように表明されている。ある事象が与えられる「理由は個体まで行かなくてはならず、真の概念は事物にまで、理解は〈このもの〉にまで達しなくてはならない」(ID上71)。「あれ」でも「それ」でもなく、ただ「このもの」についてだけいわれる条件を考える、というのが、ドゥルーズのいう「先験的経験論」ないし「高次の経験論」である。

● 経験とその条件の関係

では、一つの状態を形成する条件とは何か。ドゥルーズは、強度の差異であるポテンシャル・エネルギーが、感覚や思考などの事象の状態を与えるものだと考えている。たとえば、対流が温度の差異によって、ある状態を引き起こすようにである。「先験的経験論」はしたがって、

温度の差異のような、表象しえない特異な差異をめぐる思考であることになるだろう（表象しうるのは温度の目盛りであって、熱の差異ではない）。ドゥルーズはこう書いている。「実際のところ、経験論が先験的になり、感性論が必当然的な学科になるのは、わたしたちが感覚しうるものの内に、感覚されることしかできないもの、感覚されうるものの存在自体を直接把握するときである。すなわち、差異、ポテンシャルの差異、質的に多様なものの理由としての強度の差異を直接把握するときである。差異において、現象は閃き、記号としてくり広げられ、運動は〈効果〉として産出される。差異の強度的な世界において、質はおのれの〔充足〕理由を見つけ、感覚されうるものはおのれの存在を見出すのだが、このような世界こそまさに高次の経験論の対象なのである」(DR上164)。

『差異と反復』における大きな問題は、「経験の条件」（強度の差異）が、感性的「経験」としてどのようにあらわれうるか、ということである (DR上381-8. Cf.MP中252-5)。差異は個別的な感覚を生み出すエネルギーであるから「感性に感覚するよう強いるもの」だろう。しかし実際に感覚されるのは差異が実現する質や延長といった事象であり、感覚を与える条件それ自体は経験的に感覚されることはないため、それは「感覚されえないもの」である。「先験的経験論」とはつまり、「経験を強いるもの」でありながら「それ自体は経験されえない」ものからなる、思考しがたい領域に身を置くことなのだ。

＊参照：先験的領野、強度、特異性、愚鈍、内在、此性、遭遇

強度 Intensité

　　「雷は相異なる強度のあいだで炸裂する」DR上320

● 強度の本質は、その量的な度合である

　強度量〔内包量〕と外延量の区別は、ドゥルーズにとって終始、本質的なものでありつづける。外延量は、長さなど空間的な延長にもとづく量であり、その性質を変えることなく、1mを1cmに、それを1mmに…といった具合に、無限に分割していくことができる (DR下184f. Cf.NPh, 96-101)。一方、強度量とは、温度や速度、力の度合や色の度合、感覚や感情の度合など空間的な延長をもたない量のことだが、その特徴は、足したり、引いたり、割ったりする操作を加えるたびに、性質を変えるということにある (DR下185f.; SPE, 200-4; LS下215-9; MP下265f.; FB, 77f.)。一つの強度の特異な本質はその量的な度合であり、量を変えるということは強度の本質を変えるということに等しいのだ。たとえば、ある白の度合と別の白の度合は、外延量のように足しあわせることはできず、もし二つの度合を混ぜることで別の度合になるならば、それは別の白である (SPE, 200-2)。強度においては、量の差異がそれぞれの量を互いに「異質」で「特異」なものにするため、量的度合に触れるようなあらゆる操作が、強度の本質的変動を引き起こすのである。ドゥルーズはこう書いている。「一つの温度は複数の温度から合成されたものではないとか、一つの速度は複数の速度から合成されたものではないと指摘されるとき、これがいわんとしているのは、どの温度もそれだけですでに差異であるということであり、そして、あらゆる差異はそれと同じレヴェルの差異によって合成されているの

ではなく、異質な諸項からなる諸セリーを巻き込んでいるということである。ロニーが示していたように、等質な量というフィクションは、強度においては消え失せてしまうのだ」(DR下185)。

● 強度は、個体化のエネルギーである

一つの強度の度合がもつ単独特異な価値は、強度が自己自身の内に抱える「即自的な不等性」、即自的な差異によって規定される (DR下170)。つまり、一つの強度はつねに不均衡な〈E-E'〉を含む状態にあり、その内のEがまた〈e-e'〉という別の不均衡を含んでいるというように、強度は「無限に二分化され、際限なく共鳴＝反響してゆく」のだ (DR下146. Cf.上316f.; ID上180f.)。この不均衡はテンションを生み、システムの状態を変動させ個体化を実現する「ポテンシャル・エネルギー」を発生させるだろう。つまり、感覚しうる延長と質を個体化するよう促すのは、強度のあいだの不均衡であり、不均衡を「解決」するべく、器官や知覚などが実現されるのだ (DR下160f., 206-217)。強度は、感覚されうる事物が発生する以前の、前個体的で、潜在的なものであり、差異化されたエネルギーの状態としてのみ規定されるものである (DR下192-4)。これは逆にいうと、純粋な強度は個体のように、感覚され経験されるような延長や質をもたないということだ。したがって、強度の経験があるとするなら、それは感覚を揺さぶる試練であり、経験的なものの消失する感性の限界をしるすものだろう (DR上372-7)。

＊参照：器官なき身体、遭遇、プラトー、愚鈍、特異性、潜在的なもの

愚鈍 Bêtise

「思考に固有の動物性、つまり思考の生殖性」DR下279

● 思考するよう「強いられる」こと（考える「わたし」にひびが入る）

　考えること、思考することは、あって当然のあたり前の能力であるかのように、ふつう思われている。けれども、ドゥルーズは、主体が自分で自発的に考えるという一般的な信念に対して、疑いを差しはさんでゆく。ドゥルーズは「強制されることで人ははじめて思考する」と述べながら、主体がみずから望むことによって実現される「意志的な思考」というイメージを斥けるのである。彼はこう書いている。「意志的な思考にかわって、思考することを強いるすべてのもの、思考することを強いられるすべてのもの、本質しか思考できない無意志的思考が存在する」(PS, 202. Cf.DR上384-390)。「思考する」という能力の内には自発性がないということ、思考はそれ自体では考えることができないということ、ドゥルーズが「愚鈍」と呼ぶのは、こうした思考の「亀裂」であり、「無能さ」のことである (DR上400-6. Cf.NPh, 207-221; IT, 232-5; F, 178)。

　ドゥルーズによれば、思考のこの愚鈍さは、何らかの外的な原因による偶然ではなく、むしろ思考の「構造」によるものだ (NPh, 211; DR上392f., 402)。つまり、デカルトのように「わたしは考える物である」と述べながら、思考を自我の自発的な能力にすることは、ドゥルーズにとって、もはや構造的に不可能なのである (Cf.DR上237-240, 下278-281; CC, 68-72)。彼において重要なのはむしろ、思考の基礎としての自我の底が破れることで、「考えることができない」という状態に

たえず取り憑かれ、考えることといえば「何事かを思考するのに成功するということただそれだけ」になったアントナン・アルトーのような存在だ（DR上392. Cf.MP下64-6）。ドゥルーズはいう、「思考が、それを生み出す衝撃（神経、骨髄）に依存するということが真ならば、思考はただ一つのことしか、つまり、われわれはまだ考えていないという事実しか、全体を考えることと同じく自分自身を考えることの不可能しか、石化し、脱臼し、崩壊した思考しか、考えることができない。いつも来たるべきものである思考の存在、まさにこれこそハイデッガーが普遍的な形式の下で発見するものだが、しかしそれはまたアルトーが、もっとも特異な問題、彼に固有の問題として生きるものでもある」(IT, 234)。

● **思考させるのは「思考されていないもの」である**

アルトー、そしてハイデッガーやドゥルーズにとって思考するとは、すでに確立されている方法論を実行することやカテゴリーに対象を割りふっていくことではないし、また、ある素材を洗練させ発展させることでもない（DR上392）。なぜなら、思考することとは、自分の無能さを思い起こさせるような、いまだ未規定なものと対峙することであり、思考は、いまだ明確に分化されていないものに引きずり込まれ強いられることによってしか、考えはじめないからだ（DR上89f., 401-3, 下278f.）。愚鈍さとはこの意味で、真に思考しはじめようとするときに遭遇するような、思考にとって大きすぎる底無しの世界を前にした戦慄でもあるだろう（Cf.DR上401-3; FB, 24f.）。

＊参照：記号、遭遇、思考のイメージ
＊別の訳語：NPh、DR「愚劣」

遭遇 Rencontre

「見出し、出会い、盗むこと」D, 21

● 偶然の出会いが、感性をはたらかせる

　ドゥルーズのいう「遭遇」の対象は、記憶力や想像力や知性の枠内に収まるようなものではない。遭遇とは、むしろ、それらの能力に限界をつきつけるものとの望まざる出会いであり、記憶には忘却を、知性には無能力をそれぞれあきらかにする (DR上386)。遭遇の対象とはしたがって、各能力にとっての闖入者であり、それが「しるし〔サイン、記号〕」となって、それぞれの能力によっていまだ把握されていない存在があることを示すのだ (PS, 200f.; DR上373f.)。思考や記憶力、想像力や感性が、すでに出来上がっているみずからの獲得物を捨てて、真に起動しなければならなくなるのは、この「しるし」との「暴力的」といってよい遭遇によってである (DR上372)。ドゥルーズはいう、「世界の中には、思考するよう強いる何ものかが存在する。この何ものかは、根本的な遭遇の対象であって、再認の対象ではない。〔…〕遭遇の対象は、反対に、感官の内に感性を現実に誕生させる。〔…〕遭遇の対象は、質ではなく、しるし＝記号である。遭遇の対象は、感覚されうる存在ではなく、感覚されうるものの存在である。遭遇の対象は、所与ではなく、それによって所与が与えられるものである」(DR上372f.)。ドゥルーズにおいて遭遇は根源的な不和であり、この不和は、感覚「させる」ものであり、同時に、感覚「されるべき」ものなのだ。遭遇の対象は、それが覚醒させる能力によってしかとらえられないものであり、その能力によっても、限界において「超越的」に把握

されるだけのものである（諸能力の「超越的行使」。DR上381f.; ID上128f.）。

● 感性から記憶、そして思考へ（不調和による交流）
　遭遇の対象は、感性、記憶、想像力、思考のそれぞれの能力を限界へと張り出させるばかりでなく、この限界において、諸能力を関係させるとドゥルーズはいう。カントの『判断力批判』において、想像力（構想力）にはとらえられない無限が「崇高」の感情を与え、この無限を理性が引き継ぐように、限界に到る諸能力は、「苦痛をともなう緊張、矛盾、分裂」を引き起こす「不調和」とともに互いに関係し、ついには能力のあいだの差異をとどめたまま「調和」するようになるというのだ（「不調和的調和」。Cf.PCK, 105f.; DR上388f.; ID上126-130）。諸能力の対象は決して同じではないし、その機能も異なるが、しかし、遭遇によって一つの能力がみずからの限界に直面させられることによって他の能力が要請され、諸能力のあいだに交流が生まれる（DR上374f.）。そしてドゥルーズにとって、諸能力の遭遇対象は、それぞれ様態こそちがえ、すべて「差異」を本質としている（DR上374-7, 384-7）。たとえば感性が遭遇するのは、再認しえない強度的差異であり、記憶が遭遇するのは忘却と切り離せない潜在的過去であるといった具合だ。これらの差異は、それぞれの能力に独自の対象を与えながら、各能力を覚醒させると同時に、諸能力を不和によって予定調和なしにつなぐのだ（DR上156f.）。

＊参照：愚鈍、思考のイメージ、記号、先験的経験論、批評と臨床

間奏曲 n−2

　ドゥルーズは『千のプラトー』（宇野邦一、豊崎光一他訳）の最初の文を、こんなふうに書いている。

　「われわれは『アンチ・オイディプス』を二人で書いた。二人それぞれが数人であったから、それだけでもう多数になっていたわけだ。そこでいちばん手近なものからいちばん遠くにあるものまで、なんでも手あたりしだいに利用した。見分けがつかなくなるように巧みな擬名をばらまいた。なぜ自分たちの名をそのままにしておいたのか？　習慣から、ただもう習慣からだ。今度はわれわれ二人の見分けがつかなくなるように。われわれ自身ではなく、われわれを行動させ感じさせ、あるいは思考させているものを、知覚できなくするために。（……）人がもはや私と言わない地点に到達するのではなく、私と言うか言わないかがもはやまったく重要でないような地点に到達することだ。」

　二人で書くとは、どういうことか。二人で書くことで、多数となり、「われわれ二人の見分けがつかなくなる」とは、どういうことか。二人で書くとは、単に「おのれの知」を二人ぶん合算することではない。知の量を倍にしたところで、多数とはならない。多数になるとは、端的にいえば、生成変化するということであり、それは、一人で書く際にもいえるのだが、同じ『千のプラトー』でドゥルーズは、〈つながること〉として、こういっている。

　「われわれは文学者を引き合いに出しすぎると言って非難された。しかし、ものを書くときに唯一の問題は、文学機械が機能するためにはいかなる別な機械とつながれうるか、そしてつながれるべきかということなのだ。クライストとすさまじい戦争機械、カフカととてつもない官僚機

械……」

　機械という語に、違和感があるかもしれないが、それを大げさに考える必要はない。それは、いわゆる主体を無意識の主体として組織しなおすために、かわりに主語の「それ＝エス」を据えた精神分析的な文脈を脱却し、しかも人間と事物の垣根さえとっぱらって、〈つながること〉を可能にするために差しだされた概念なのだから。ドゥルーズは『アンチ・オイディプス』（宇野邦一訳）の冒頭で言っている。

　「〈それ〉はいたるところで機能している。中断することなく、あるいは断続的に。〈それ〉は呼吸し、過熱し、食べる。〈それ〉は排便し、愛撫する。〈それ〉と呼んでしまったことは、何という誤謬だろう。いたるところに機械があるのだ。決して隠喩的な意味でいうのではない。連結や接続をともなう様々な機械の機械がある。〈器官機械〉が〈源泉機械〉につながれる。ある機械は流れを発生させ、別の機械は流れを切断する。乳房はミルクを生産する機械であり、口はこの機械に連結される機械である。」

　一方には、常に流れを生産する機械があり、他方には、この機械につながり、その流れを切断し、その流れ＝エネルギーを摂取する機械がある。まさに乳房と口のように。そしてこの接続がつぎつぎに新たな機械とのあいだで繰り返される。ドゥルーズが「欲望機械」と呼ぶものは、そのようなプロセスをもつのであり、彼が「ものを書くときに唯一の問題は、文学機械が機能するためにはいかなる別な機械とつながれうるか、そしてつながれるべきかということなのだ」というとき、書くこととは、そうした文学機械が対象との接続をおこなう際の、流れの発生と切断の運動そのものとしてあるだろう。

　文学機械が何らかの対象（機械）とつながるとき、そこには書く主

体など保たれるはずもない。そこには「ただ一方を他方のなかで生産し、もろもろの機械を連結するプロセスだけがある。(……) 私と私でないもの、外なるものと内なるものとの区別は、もう何も意味しないのだ」(『アンチ・オイディプス』)。だからドゥルーズが『千のプラトー』の冒頭で、「われわれは『アンチ・オイディプス』を二人で書いた」、「そこでいちばん手近なものからいちばん遠くにあるものまで、なんでも手あたりしだいに利用した」と言うとき、それは、文学機械としてのわれわれは、いちばん手近なものからいちばん遠くにあるものまで、なんでも手あたりしだいに接続した、と言っているに等しいのだ。そうした接続を繰り返すからこそ、「私と言うか言わないかがもはやまったく重要でないような地点に到達する」のであり、われわれは多数となり、見分けがつかなくなり、ましてそこでは書く私の識別など意味をもたないのである。二人で書くとは、まさにそのようなプロセスとしてあり、書くことそのものは、そのような生成変化としてあるのだ。

　ところで、ドゥルーズは『千のプラトー』で、きわめて魅力的な生成変化のプロセスの例を挙げている。そこでは、もはや機械とはいわずに、脱領土化と再領土化というタームで二重の流れが指示され、接続のプロセスがもたらす多様化はリゾーム(地下茎)という概念で指呼されているけれど、二人で書くことが、いかにそれぞれの書く私を多様化するプロセスであるかを、蘭と雀蜂のつながり(生殖関係)によって差しだしている。

　「蘭は雀蜂のイマージュやコピーを形作ることによって自己を脱領土化する。けれども雀蜂はこのイマージュの上に自己を再領土化する。とはいえ雀蜂はそれ自身の生殖機構の一部分となっているのだから、自己を脱領土化してもいるのだ。しかしまた雀蜂は花粉を運ぶことによって蘭

を再領土化する。雀蜂と蘭は、非等質であるかぎりにおいてリゾームをなしているのである。蘭は雀蜂を模倣していて、何か意味する仕方（真似、擬態、おとり、等々）で雀蜂の似姿を再生していると言うかもしれない。しかしそれは地層の水準において言えることにすぎない。———一方の層における植物的組織がもう一方の層における動物的組織を模倣しているという形で、二つの層の間に平行関係があるというわけだ。これと同時にまったく別なことが問題になっているのだ——もはやまったく模倣などではなく、コードの捕獲、コードの剰余価値、原子価の増量、真の生成変化〔なること〕、蘭の雀蜂への生成変化、雀蜂の蘭への生成変化があって、これらの生成変化のおのおのが二項のうちの一方の脱領土化ともう一方の再領土化を保証し、二つの生成変化は諸強度の循環にしたがって連鎖をなしかつ交代で働き、この循環が脱領土化をつねによりいっそう推し進めるのだ。そこには模倣も類似もなく、一個の共通のリゾームからなる逃走線において二つの異質な系列が炸裂しているのであり、この共通のリゾームは意味にかかわるどんなものにも帰属せず、従属もしない。」

　ドゥルーズの口癖を真似れば、これは隠喩ではない。概念の形象なのだ。だから「われわれは『アンチ・オイディプス』を二人で書いた。二人それぞれが数人であったから、それだけでもう多数になっていたわけだ」というフレーズをもじって言えば、われわれは蘭と雀蜂となって『アンチ・オイディプス』を書き、『千のプラトー』を書いた、ということにほかならない。

表現 Expression

「表現主義の夢遊病者」IT, 233

● 包むこと、包みこまれること

　ドゥルーズにとって「表現」とは、表現の外にあらかじめ存在している（主観的な）アイディアなり、（客観的な）事物なりを、別のもので「代理表象」することではない。彼がくり返し述べるのは、反対に、「表現されるものは、表現の外には存在しない」ということである。たとえば、『プルーストとシーニュ』ではこう書いている。「それぞれの主体は、絶対的に差異のある一つの世界を表現する。そしておそらく、表現された世界は、それを表現する主体の外には存在しない」(PS, 53)。これはつまり、ある絵画によって表現される世界は、その絵画の外には存在しないということだ。ドゥルーズにとって芸術作品は、作品がなくとも存在している外的世界を写しとり再現するものではなく、むしろ芸術がなければ考えられもしなかったであろう特異な世界を存在させるものである (PS, 52, 55)。ドゥルーズはここでさらに、言葉を逆さに折り返すようにして、表現されたものの内に表現は存在する、とつけ加える (Cf.PS, 54; DR上139f.; SPE, 190f., 355f.; LS上200-2,下235f.; PLI, 42-7, 120)。このことが意味するのは、世界を表現するものは、世界に対して超越しているのではないということだ（たとえばダンサーが自分のつくりだす時間と空間の「外」で踊るのではないように）。つまりドゥルーズにとって「表現」と「表現されるもの」は互いに包みこみあうような関係にあるのである。世界を包みこみそれを外にくり広げる表現と、表現に包みこまれながら同時に表現を包

みこんでいる世界の双方は相補的であり、そこでは、折り重なり、包みこみ、くり広げるという運動が、複雑に絡みあっているのだ (PS, 56; SPE, 179f.)。

● 表現、あるいは内在のプロジェクト

ドゥルーズは、さまざまなかたちでこの「表現的な関係」を見出し変奏していく。スピノザにおいて、神はそれを表現し構成する属性の形式の外には存在しないが、この形式は構成される神の属性である (SPE, 346)。『意味の論理学』では、意味はそれを表現する言葉の外には存在しないが、言葉は表現された意味によって設立されると書く (LS上50f.)。これらすべてに共通するドゥルーズのモチーフは、まず、「表現」と「表現されるもの」はまったく似ていないということだ (Cf. SPE, 355)。言葉は、意味の模倣ではないし、視点は世界に類似すべくもない。つぎに、表現を、「ある起源的なものの表現」という考え方から断ち切ることである。というのも、表現される原因ないし起源は、表現の内にしか存在せず、表現によって構成されるからだ。これは同時に、モデルを表現の外に置き、それを表現に対して卓越したものにする姿勢をも斥けることを意味するだろう。超越的な「外」を、「内」に巻きこんでゆくことは、表現に固有の機能なのだ (SPE, 176-8)。表現が模倣、因果、超越を拒絶するということ、これは表現を内在に結びつけることを可能にする (SPE, 173, 184-191)。包み、包みこまれる運動の「眩暈」の内で、表現は、あらゆる超越の形態を斥けるのである (SPE, 185)。

＊参照：内在、視点、襞、生成変化、意味、シミュラクル、一義性

個体 Individu

「競走馬と農耕馬のちがいは、農耕馬と牛のちがいよりも大きい」MP中199

● 関係、微粒子、変様＝触発能力からなる個体

　ドゥルーズは個体を、三つの要素——関係、微粒子、力能——によって定義している（SPE, 205-215; SPP, 75f., 115-118, 206-217, 221f.）。こうした個体についての考え方は、スピノザの『エチカ』の読解から得られたものだ。個物の特徴を決定する第一の要素としての「関係」とは、たとえば、「机」という個体を構成する分子間の「運動と静止、速さと遅さの関係」のことである（Cf.CC, 292f.）。ここでは関係の内に入る「もの」ではなく、それらのあいだの「関係そのもの」が問題になっていることに注意しよう。二つめの要素は、ある関係のもとに実際に入ってくる「もの」だが、それはスピノザ、そしてドゥルーズにおいては、「微粒子状」のもの、「分子状」のものとして考えられている（「単純物体」）。この分子があって、はじめて個体は「現実に存在する」ようになるのだが、しかし、分子は単独ではかたちも性質ももたず、ある関係の内に入ることによってのみ、特性をもつ個体になる、とドゥルーズはいう（SPE, 212）。つまり個体はつねに、他の微粒子との関係でのみ意味をもつ、ということだ。

　そして三つめの要素は、こうした分子間の関係に応じて個体が取りうる力能の度合であり、それは能動的側面と受動的側面、つまり他者を変様＝触発する力と他者によって変様＝触発される力に分化する。腕はある素材をどこまで折り曲げることができるか、その素材はどこまでもちこたえられるのか、といったことがそれにあたる。変様＝触

発する能力も変様＝触発される能力も限界をもっており、その限度以上に変化させられてしまえば、個体は許容範囲を越えて、破壊されるか、あるいは別のものになってしまうだろう。より「強い」個体とは、外からのより大きな力に耐える柔軟性あるいは可塑性をもつものだと、ドゥルーズはいう（SPE, 227. Cf.SPP, 207-213）。

● 「何であるか」ではなく、「何をなしうるか」

　スピノザ＝ドゥルーズ的な個体観において重要な点は、個体が一つの閉じた統一体として取り扱われることがなく、それがつねに外部との関係で把握されるという点にある。個体を縁取る輪郭は絶対的なものではなく、さまざまに変様＝触発するポテンシャルを秘めているのだ（SPE, 227）。そしてドゥルーズがくり返し強調するのは、ある個体を知るには、その個体が何によってどこまで変様＝触発され、どのように他のものを変様＝触発しうるか、実験し試してみなければならないということである（SPE, 231f.; MP中198-200）。ある個体、ある物体＝身体はもてる能力を尽くし、自分のなしうることの限界にまで到っているのか。個体が力を最大限に発揮することを妨げているものは何か、自己の限界を超えさせる力といかにして遭遇するか（DR上111-3; SPP, 53f.）。ドゥルーズにとって問題なのはつねに、他者と関係する個体であり、またその個体がみずからをどのような仕方で、どのような力能で満たすのか、ということなのだ（SPE, 225; CC, 271f., 283f.）。これはある個体を閉じさせ、その範囲内でなすべき「義務」を与える道徳的思考とは無縁の思考法である（SPP, 217）。

＊参照：生成変化、此性、肯定、ペルセプト、遭遇、内在、地図作成

多様体 Multiplicité

　　　　　「星雲のような混沌あるいは多様体」DRF下147

● 「一」でも「多」でもない、「多様体」

　ドゥルーズのいう「多様体」は、単に「多様な」要素がひしめいている状態ではないし、多様な要素を内に含む一つの「統一体」でもない (B, 40-5; DR下45f.)。いくら多くの構成要素が集まっていても、諸要素が互いに独立して規定されるものであるかぎり、それは多様体ではないし、また、多くの要素を含む多様体をどこで分割しても以前と性質を変えず同質的なものであるなら、ドゥルーズのいう多様体ではないのだ(B, 34; DR下184f.; MP下266-8; PP, 95)。「多」という言葉は「一」という言葉と同じように、あまりに一般的で曖昧であり、どのようなものも「多様だ」と「形容」してしまう「ゆるすぎる網」だとドゥルーズはいう (B, 41f.; DR下46)。

● 多様体は、時間によりそい、分割されると変化する

　曖昧な「形容詞」としての「多様な」に対して、ドゥルーズにとっての「多様体」は、具体的なものに適合する「実体」ないし「実詞的なもの」であるといわれる (DR下45f.; MP上78; DRF下171)。多様体は、「いつ」「どのように」「どこで」「どれだけ」などの単独的なものを指し示す条件にしたがうとき、つねに別のものに変化するのだ (B, 39; DR下46)。それというのも、ドゥルーズのいう「多様体」は、時間の内での差異化としての「持続」だからである。

　「持続」とは、潜在的な過去がたえず現在に浸透しながら、未来へ

と向かうことによって形成される、「過去-現在-未来」という折り重なる異質な諸次元の連続的な流れのことだ。持続は、その定義からして、必然的に諸要素と諸次元を共存させる異質混交の多様体を形成することになるだろう。そして持続の特徴は、要素の単なる寄せ集めとはちがって、時間的に「分割されつづける」ということであり、さらには、分割されるとき本性を変えるということにある (B, 39)。ドゥルーズとガタリは、ベルクソンが区別した「多様体の二つのタイプ」の重要性を強調しつつ、『千のプラトー』でつぎのように書いている。「〔ベルクソンの〕『意識に直接与えられたものについての試論』以来、持続は多様体の一タイプとして提示され、計量的な、または大きさの多様体に対立するものとされてきたからだ。つまり持続は分割不可能なものではまったくなく、それぞれの分割に際して、本性を変えずにはおのれを分割することがないものである〔…〕。これに対して等質的な延長としての多様体においては、分割をつねに望むだけ押し進めることができるが、一定なままの対象の内では何も変化しない」(MP下266. Cf.QPh, 215; DRF下215)。ドゥルーズにとってはあらゆる事象、つまり「一」でさえも多様体であり、それは時間の中でたえず、過去と未来という二つの方向へ分割されながら本性を変えるのである (DR下47)。この多様体のモデルから出発するとき、空間概念も変更を迫られることになるだろう (B, 46f.; DRF下165, 171)。不均衡なもの同士の「距離」は、「長さ」とはちがって、エネルギー量の変化をともなわずに分割されることがない内包的＝強度的な空間多様体なのである (DR下186; MP下265)。

＊参照：持続、強度、不均衡、結晶、構造、ペルセプト、内在、平滑空間

先験的領野 Champ Transcendantal

「わたしというかいわないかがもはやまったく重要でないような地点」MP上15

● 意識は「わたし」のものではない

　意識、そして意識の経験について、ふだん、わたしたちはどのように考えているだろうか。おそらく、意識とは「わたしの意識」であり、「わたし」から発するものだと考えられているのではないか。そして、ある事物の意識による経験は、「彼女」と「彼」のあいだで異なるにもかかわらず、同じ事物に属するものだと想定されているのではないか。ドゥルーズが、サルトルの『自我の超越』を引き継ぎながら批判するのは、こうした思考法である（LS上180f., 186f.; QPh, 86f.）。まず「わたし」というものは、サルトルの用語でいえば「意識」の対象であり、意識によって「結果的」に構成されるものである。また事物も同様に、意識の対象だろう。この意味でサルトルは、意識に「先立っていかなる考えも抱くことはできない」と述べている。この考え方を押し進めてゆくと、「わたし」という「対象」から、意識が出てくるように考えるのは矛盾していることになる。というのも、意識以前に、「わたし」なるものは存在していないのに、この存在していないものから意識が出てくることになるからだ。常識的な考え方を転倒させる結論がここから出てくるのだが、意識というものは、「わたしの意識」といった人格性＝人称性を帯びたものではなく、むしろ本質的に人格をともなわない「非人称的」なものであるだろう。サルトルやドゥルーズが「先験的な領野」と呼ぶのは、あらゆる「わたし」の経験に先立ち、それを規定するこうした非人称的な場のことである。ドゥルーズはいっ

ている、「意識」は、「総合的な人称的意識の形態も主観的同一性の形態ももたない、非人称的な先験的な領野に呼応しているだろう。そこでは、主体はつねに構成されるものである」(LS上180)。ドゥルーズがサルトルを批判するのは、サルトルがこの「非人称的なもの」を「意識」と呼ぶことで、みずから斥けたはずの統一性をふたたび、この場の中に導入する点にある (LS上182注5; DRF上296)。ドゥルーズにとって、「非人称的なもの」は同一性や統一性の基準を欠いた「特異なもの」であり、「意識」の形態すらもたない純粋な「思考」なのだ (DR上400-6; LS上191)。

● 「わたし」という、無意識的で非人称的な習慣

では「非人称的なもの」から「自我」はどのようにして出てくるのか。「習慣」によって、とドゥルーズは述べる (QPh, 87; DRF下264f.)。ただし、ドゥルーズのいう「習慣」とは、非人称的な場での刺激に応じて身体＝物体が形成されることであり、たとえば眼が、光という刺激をとらえる「習慣」をもつものとして形成されることだ (DR上218f., 264f.)。眼がつくられるのは当然、視覚経験の条件だが、この条件の形成に意志は能動的に関与することはない (DR上269)。ドゥルーズのいう「自我」とは、まさにこの見る眼や、感覚の場となるその他のあらゆる器官や部分であり、「習慣」をもつ花や岩石などあらゆるもののことである (QPh, 356-9)。習慣の数だけ自我があり、身体の内には無数の無意識的自我がひしめいているのだ。

＊参照：先験的経験論、一義性、愚鈍、問題、特異性、内在、自然
＊別の訳語：LS「超越論的な場」；QPh「超越論的野」

特異性 Singularité

「特異性とは一般性ではなく出来事であり、出来事の滴である」PLI, 113

● 個体を前提とせずに、個体の発生の場を規定すること

　ドゥルーズの哲学全体は、もろもろの存在者（事物の状態、意識、生物の種や個体など）が、どのように発生し、分化され、個体化されるかを考えることを問題として掲げている。その思考に大きなインスピレーションを与えたのは、ドゥルーズと同時代の哲学者シモンドンだ。個体化の原理をめぐる議論の問題点として、シモンドンが指摘するのは、個体の発生のプロセスが、「すでに構成された個体」を出発点にして、それを分析するなり、あるいはそこから遡及するなりして、「前‐個体的な状態」を考えようとするという点にある（ID上179）。こうして前個体的なものの特質に、あとから来る個体の特質がもちこまれるか、あるいは、個体を発生させるものが、現に存在している個体を発生させ変化させるものとしてしか価値をもたないことになるだろう（LS上186f., 192f.）。ドゥルーズにとって重要なのは、個体化されたものからではなく、前‐個体的な潜在性そのものから、個体化、そして個体を把握することである。このときに予想される反論は、ドゥルーズも指摘しているように、識別されるあらゆる個体を取り去ってしまえば、「未分化の深淵」しか残らない、というものだろう（LS上187, 192-4）。しかし、ドゥルーズが強調するのは、前‐個体的な潜在性は、たとえ個体がなくとも十全な仕方で規定される「リアリティ」をもつということだ（DR下113-5）。

● 理念的で、前-個体的な出来事＝屈折

　ドゥルーズにおいて前個体的な場は、相互関係によってのみ意味をもつ諸要素によって規定される。つまり、それぞれ独立に値を指定しうる「x」と「y」のような要素ではなく、「dy/dx」のように「微分的＝差異的」な「相互関係＝比」においてのみ規定されうる要素のことだ（DR下22; ID下70）。ドゥルーズは、数学的な例だけでなく、言語学において音素を規定する示差的＝微分的関係や、エネルギーを規定するポテンシャルの差異、あるいは社会における分業を規定する生産関係と所有関係などの例を挙げている（DR下51-59, 99f.; LS上187f.; ID下73）。そして、「特異性」ないし「特異点」と呼ばれるのは、この微分化＝差異化された場において、規則的でない振舞いが起こる点として、客観的に決定される地点のことだ。たとえば曲線が折れ曲がり接線が引けなくなる点や「尖点、結節点、渦状点、渦心点」「溶解点、凝固点、沸点」であり（LS上104. Cf.PLI, 27-32）、また、一つの個体の際立つ分岐点としての「オイディプスは母と結婚する、父を殺す、スフィンクスを葬る」といった「出来事」である（ID下72. Cf.PLI, 103f., 110f.）。重要なのは、経験しうるxやyに対し、dy/dxは考えることができるだけの「理念的」な「構造」だということ、そして、（感性や悟性によって）経験されうるものに「分化différenciation」しなくとも、dy/dxは十全に「差異化＝微分化différentiation」され、理念的に規定されているということだ（DR下48-51）。特異点は、構造のこの微分的関係に対応する客観的なリアリティをもつために、個体化されたものに依存することなく、前-個体的な場に配分されるだろう（DR下48-50, 124f.）。

＊参照：構造、先験的領野、出来事、強度、発散、視点、潜在的なもの

構造 Structure

「構造主義は重大な革命である」MP中156

● 想像的でも現実的でもない、記号＝象徴の世界

　「何を構造主義として認めるか」と題された論考の中で、ドゥルーズは、構造のいくつかの基準を定める。その一つめは、構造は、現実的でも、想像的でもなく、象徴的ないし記号的なものであるということだ (ID下62)。構造は「感覚可能な形態とは何の関係もないし、想像の形象とも、理解可能な本質とも何の関係もない」のだ (ID下64)。たとえばラカンの無意識の構造化において問題なのは、現実の父や想像上の父ではなく、シンボルとしての父であり、そのかぎりでイメージや身体をもたない父（ファルス）なのだ (ID下62f. Cf.AŒ上114-7)。身体や事物が構造をもつのも、これらが徴候や記号として活動すると見なされるかぎりのことである (ID下61)。

　よく知られているように、構造主義は言語学を震源として生まれた (ID上60)。ソシュールは、言葉とそれが意味する観念を、それ自体は言葉でも観念でもない要素間の示差的関係によって定義する。記号において問題なのは、音素間の「示差的＝微分的関係」とその関係の内で規定される「位置」ないし「特異性」の空間なのだ (DR下100f.; LS上101; ID上65, 69-71)。構造主義の基本的な原理は、関係がそれぞれの位置の役割を規定すること、そして、「場所がそれを占めるものに先行する」ことである (ID上69)。位置が、その場所に入るものの機能と意味を規定するのであって逆ではない。

● 構造と発生。あるはずのところにない手紙

　こうしてドゥルーズは、示差的関係からなる潜在的な構造からそれに対応する現実的なものが現働化されるといいながら、「構造」と「発生」を和解させるだろう（LS上198-224）。構造には、相互作用するような物体もイメージもなしに進行する「静的な発生」と、分化のプロセスに内在する「時間性」があるのだ（LS上101; ID下75f.）。ドゥルーズは、この発生は二つの方向、「種」と「部分」つまり、（身体＝物体の言語を含んだ意味での）「言語の種」と「言語の部分」へ向かうという（ID下76）。そしてまたあらゆる構造は、構造を反復する複数のセリー（系列）に組織されるだろう（DR上316; LS上76; ID下80）。たとえば、ドゥルーズは『盗まれた手紙』のラカンによる分析を引いている。「手紙を見ない国王――手紙をあからさまに放置することで、それだけうまく手紙を隠せたと喜ぶ女王――すべてを見ていて、手紙を取ってしまう大臣（第一のセリー）。大臣のところで何も発見しない警察、手紙をあからさまに放置することで、それだけうまく隠したと喜ぶ大臣――すべてを見て、手紙を取り返すデュパン（第二のセリー）」（ID下81f.）。この場面で「盗まれた手紙」は、複数のセリーを横断することで、各セリー内で人物に役割を分配し、第一と第二のセリーを関係づける（ID下87; Cf.PS, 93-5）。固有の位置＝意味をもたない「手紙」は、セリー内の各位置に「地位」の異なる人物をかわるがわるはめ込みながら、セリーの内に差異を導入するのだ。構造の変動と再分配の因子となるのは、つねに動きつづけるこの過剰なる位置の空白であり、その移動が、構造の「微分的関係を変化させる」のである（ID下87, 97）。

＊参照：無-意味、特異性、分裂分析、ユーモア、セリー、アレンジメント

無-意味 Non-Sens

「無-意味とは、〔…〕意味の不在に対立するものである」LS上135

● 意味の空白と空白の意味

　ある語Aについて調べることを想像してみよう。もし説明にAとだけ書いてあるなら、それは何も説明したことにはならないだろう。そしてさらにAという語が複数の意味をもつ場合、Aという語は単独では自分がどの意味を表現したいのかをいうこともできない（たとえば「クラブ」という語は、それだけではグループ、ゴルフの道具、トランプの模様などのどれを意味するのか分からない）。そのために、Aの説明には通常、B、C…が用いられる。そして、この説明の中のCの意味を調べると、つぎはD、E…が出てくる。こうして無数の語が「Aの意味を指示するBの意味を指示するCの意味を…」という風に、無限に連鎖してゆくだろう。ドゥルーズがいうように、「意味を授けられるすべての名前の標準的な法則は、まさしく名前の意味は別の名前によって指示されうるということ」であり、また、「名前の意味でもって、名前が入り込む二者択一を決定することはできないということである」(LS上128f.)。

　この規則は双方とも、語は自分の意味を指し示すことができないということに由来する。別のいい方をすると、ある一つの語を発するということは、別の語によって指し示され、裁断されるべき一ないし複数の意味を余白として発生させるということだ。一つの語は、「あるべきものがそこにない」というかたちで自分の意味の空白を生み出すのである (Cf.LS上83-5)。こうして意味の系列には、偶然にではな

く必然的に、決定不可能にとどまる未規定の空白がつきまとうのであり、この空白は、言葉があらたに発せられるたびにずれてゆく。空白は、意味が書き換えられ、構造が変動する場所だが、つねに移動する場所であるために、そのアイデンティティを定めることも、それに一つの意味＝位置を割り振ることもできないだろう（LS下93f.; ID下85, 97f.）。しかしもし仮に、動きつづけるこの尖端に名を与えるとするなら、それはドゥルーズがいうように、「無‐意味」ということになる。というのも、通常の語は自分の意味の空白を語ることができないが、〈無‐意味〉という語は「無‐意味」を意味するため、自分の意味を自分で正確に指示するからである（LS上128）。

● **意味を吐き出す幽霊**

ただしそうはいっても「無意味」に内容はなく、それは空虚というかたちしかもたずに浮遊する「幽霊」のようなものだ（「形態と空虚の同一性」LS上240, 下14）。けれども、意味の空白を意味する無意味は、あらゆる意味の背後にとりつき、意味の領野全体に遍在しながら、あらたな意味の裁断を規定する。ドゥルーズは未来へ向けて転がりつづけ、意味の構造変動の尖端となるこの空虚についてつぎのように書いている。「空虚は、意味や出来事の場所であり、意味や出来事は、場所だけが〈生起する＝場所をもつ〉ところで、それ固有の無‐意味とともに創作されるのだ。空虚そのものは、パラドックス的要素、表面の無‐意味、つねに移動する運しだいの点であり、そこから意味としての出来事が湧き出してくる」（LS上240f.）。

＊参照：パラドックス、永遠回帰、アイオーン、存在、意味、出来事

意味 Sens

「パントマイムの倫理が、必ず意味の論理につづく」LS上257

● **言葉でも、イメージでも、物体でもない、非物体的な意味**

　「意味」をめぐるドゥルーズの規定、それは意味が表現されるものであり、それを表現する言葉なしには存在しないということだ（LS上50f.）。意味は言葉の外には存在しない効果であり、そのかぎりでの意味は命題の「内に立つ〔存立する〕」何ものかであるといわれる。とはいえ、意味が、それを表現する言葉と混同されることはない。なぜなら、言葉は音声にしろ文字にしろ「物体」だが、意味といえば「非物体的」なものだからである。また同様に、意味は言葉によって指示される事物でもない（LS上50f.）。意味は、事物や精神といった対象の状態についていわれるものだが、物体ではない意味はそうした対象に対して外部に留まるのだ（「外-存在」）。ドゥルーズは、「物理的実在も心的実在もなく能動も受動もしない、動ずることのない〔非情な〕もの、非物体的なもの」こそ意味だといっているが、つまり意味は、知覚される実体をもたないだけでなく、想像しうるイメージも保持していないのである（LS上48）。

　ところで、わたしたちが日常的に「意味」と呼んでいるのは、ドゥルーズのいう「意義〔意味作用〕」であり、たとえ「意義」がなくとも「意味」は存在している。たとえば「丸い正方形」に「意義」はないが、「意味」はあるようにだ。ドゥルーズは「意味」が占めるポジションを明確化するべくつぎのように書いている。「矛盾する対象を指示する命題は、そのものとしては意味をもつのである。しかしながら、その命題の指

示は、いかなる場合においても、実現されえない。〔…〕不可能な対象、すなわち、丸い正方形、延長なき物質、永久運動体、谷なき山などは、〈祖国なき〉対象であり、存在者の外部にあるが、外部において正確で判明な位置を有している。不可能な対象は、〈外-存在〉に属し、事物の状態の中では実現不可能な理念的な純粋出来事に属する」(LS上74)。

- 意味は、対象や自我の同一性や論理的一貫性を必要としない

意味は、実在する事物や論理的に整合的な意義から独立に規定されるばかりでなく、意味を表明する主体からも独立し、これに依存することがない。それはつまり、「言葉で自己表現し自己表出して、おのれのなすことを語る主体」に矛盾することも、「言葉が指示する〔対象の〕同一性」を裏切る発散をも意味は語りうるし、語りえなければならないということだ (LS上145)。意味の性質がよく浮かび上がるのはむしろ、こうしたパラドックスを通したときなのだが、対象の実在や論理的な一貫性に対して無関心なこの意味の振舞いは、ドゥルーズによって極端なところまで押し進められる (LS上139f.)。つまり意味の領野(「先験的領野」)においては、たとえ「経験的」には矛盾するとしても、相反する意味は互いに排除しあうことなく、むしろ意味相互の「隔たり」によってそのまま肯定されるのである (LS上296-306)。そして反対に、対象や自我の同一性、意義の論理的一貫性は、そもそも同一性も一貫性ももたないさまざまな意味が収束するときに、はじめて発生してくるものなのである。

＊参照：出来事、表面、表現、無-意味、先験的領野、発散、ダンサー

表面 Surface

「表面への機銃掃射、おお、サイケデリア」LS上280

● **単なる物質から、言葉を区別する境界面（言語の設立）**

　言葉は物質を介して表現するものであり、物質がなければ言葉は存在することはないだろう。文字や声や手など、用いられる素材のちがいはあるものの、言語は物体によって表現されるものだ。しかしそうはいっても、物質だけでは言語を設立するのに十分ではない。なぜなら、単なるノイズや紙の上のインクの染み、平面状の突起や単なる手の動きから、言葉が区別・分離され、「言葉」として認識されることがなければ、それは表現をなしえないからだ。ドゥルーズが「意味」と呼ぶものは、何よりまず、言葉と事物のあいだのこの境界——「表面」——を創設するものである。彼はこう述べている。「意味は、意味を表現する命題とも、命題が指示する事物の状態や質とも混同されることはない。意味はまさしく命題と事物の境界である」（LS上51）。この「境界」あるいは「表面」は、言葉＝命題を単なる物質から区別することによって、言語を立ち上げる条件となるのだ。

　ドゥルーズの議論が複雑な理由は、物質と言葉を切り分ける意味それ自体が、切り分けられたものである言葉によって表現されるということにある。つまり「表現されるもの」（意味＝表面）によって、「表現」（言葉）がつくりあげられるとドゥルーズはいうのである。彼が書いているように、「表現されるものが、自身の独立性において、言葉あるいは表現を設立する。〔…〕意味こそが、それを表現するものを実在させる」のだ（LS上289）。「表現されるものによって、表現がつくら

れる。しかし、表現なくして、表現されるものは存在しない」というドゥルーズのいい方は、論理的な循環をともなっているように思われるかもしれない。しかし、ドゥルーズにとって問題なのは論理を循環させることではなく、言葉を一気に設立すること、意味の圏域へと「一気に身を置く」ことである (B, 58f.; LS上62f.; IT, 137f.)。というのも、物体と区別される言葉＝表現が設立されることと、意味＝表現されるものが出来することは、表面の誕生という一つの同じ出来事にほかならないからだ。ドゥルーズは、「表面には意味の論理のすべてがある」と書いているが、言葉の設立に到るためには、段階を徐々に踏んでゆくのではなく、物体的な秩序から、記号的な表面へと飛躍することが必要なのだ (LS上170)。

● **表面の破綻＝言語の崩壊**

ところで、言葉と事物を区別する表面が崩れるとどうなるのか。上に述べたことを反転させれば分かるように、意味は、言葉を単なる物体から分けているこの薄皮が破れてしまえば崩壊してしまう。使い慣れているはずの文字がただの線にしか見えないときのように、物質の世界が騒々しさを取り戻し、言葉を切り分けていた境界が無効になれば、意味の世界は引き裂かれるだろう (LS上159f.)。ドゥルーズが述べているように、意味は、それを表現する物体の世界につねにさらされており、意味は物体によって「くわえ取られるリスクがつねにある」のだ (LS上173)。

＊参照：意味、表現、器官なき身体、生成変化、識別不可能性ゾーン

セリー Séries

「初原的な両性具有は、発散するセリーの連続的法則である」PS, 99

● 特異で目立つ特徴をもつシリーズ

　セリー（系列、シリーズ）とは、ある際立つ特徴から出発して形成される、諸要素の集合のことである。たとえば、ドゥルーズがいうように、ベーコンの絵画には、「磔刑のセリー〔シリーズ〕、法王のセリー、肖像画や自画像のセリー、叫ぶ口や微笑む口などの口のセリー」が存在している(FB, 35)。そしてたとえば「叫ぶ口のセリー」の内で口が徐々に「叫び」から「微笑み」へと変化していくならば、叫ぶ口のセリーから微笑む口のセリーへの転換が起こることになるだろう。一つのセリーは、ある特徴（「叫び」）から、転換点となる別の特徴（「微笑み」）があらわれるところまでつづき、この転換点において、叫びと微笑みという二つセリーが、それらを統合する一つのセリー（たとえば「口」のセリー）に収束しうるか否かが決定される（Cf.LS上77, 104f.; PLI, 149）。もし収束可能でないならば、そこから別のセリーが発展してゆくだろう。

● セリーの変奏、あるいは反復と差異

　ドゥルーズは、セリーの内に、差異と反復という主題の統合を見ている (PS, ch.6)。つまり、一つのセリーを規定する特徴的で特異な差異と、セリー内でのその反復である。明白なことだが、差異と反復の双方がなければ、一つのセリーが形成されることはない。というのも、反復がなければセリーが存在しないのはもとより、反復は、特徴的な

差異を反復するものだからである (PS, 60f.)。このときドゥルーズにとって重要なのは、反復される差異は、異なるさまざまな事物や作品の内に具体化されるたびに、(微小な) 変異をくり返すということだ。一つのセリーを特徴づける、置き換えることのできない「本質」は、反復されるたびにみずからを「偽装」し、あらわれるのは、このくり返される「偽装」だけなのである (DR上60-2, 281-8)。この偽装の仮面をいくら剥ぎ取っていったとしても、あるセリーの起源となる「オリジナル」に到達することはなく、ウォーホルのキャンベルのスープ缶のシリーズのように、セリー内のあるヴァリエーションの背後には、別のヴァリエーションがあるだけだろう (DR下324. Cf.上64-9)。

これは逆からいうと、反復される差異は、反復がなければあきらかになることはない、ということを意味している。なぜなら反復されセリー化＝シリーズ化されることによってのみ、特異な差異の存在が浮かび上がるからであり、ドゥルーズがいうように「反復の中でこそ反復されるものが形成され、しかも隠される」からである (DR上61)。同様のことは、「構造」について、つまり「微分的＝差異的関係」と「特異性」によって規定される「構造」についてもいえる。ドゥルーズにおいて、構造の存在が確証されるのは、複数のセリーのあいだに反復が見出されるときであり、たとえば、まったく領域の異なる「言語学的セリー、経済学的セリー、生物学的セリー」のあいだに、ある時代を特徴づける差異のしるしが反復されるときなのだ (ID下80f. Cf.DR下48-59; LS上76-86; PP, 133f.)。

＊参照：反復、無意味、差異、構造、パラドックス、地層、書物

出来事（非物体的なもの）
Événement (L'Incorporel)

「あらゆる〈出来事〉はいわば何も起こらない時間の中にある」PP, 324

● 出来事とは、非物体的な意味の変化である

　ドゥルーズのいう出来事とは、「動詞」（「〜になる」「〜を切断する」など）によって表現される「意味」の変形のことだ（LS上23, 51; PLI, 92f.; QPh, 264）。意味は言葉とちがって、「物体」ではないため、出来事の変形は、「表面的」で、「非物体的な変形」といわれる（ちなみにドゥルーズが物体的な変形の意味で用いるのは、「偶発事 accident」だ。LS上51, 56, 152-9; MP上174-8）。「〜である」タイプの命題（「木が緑である」）もまた意味をもつが、しかし、それは「変形」ではなく、主語の「恒常的な属性」や「固有性」を表現してしまうことになるだろう（PLI, 92）。またドゥルーズのいう出来事は、非物体的なものであるため、実際に目の前に見えている物体としての木が何色であるか否かにも無関心である。ドゥルーズは、「木が緑化する」や「肉を切る」などの命題を好んで引くが、これらの「動詞」を含む命題が表現しているのは、いわば、ある事物をかつての状態から切り出し区別する厚みのない意味の切断線である（LS上23f., 56; MP上183-5; PP, 96f.）。非物体的でしかない「出来事以上に、物体に親密で本質的なものがあるだろうか」とドゥルーズは述べているが、それというのも、出来事が、物体に起こる生成変化そのものを表現しうるからだろう（LS上23）。出来事＝意味は、あるものが変化し自己に対して異ったものになる、厚みのない非物体的な瞬間を表現するのだ。

● 出来事は、いかに身体＝物体と交差するか

　ドゥルーズは『意味の論理学』において、出来事を純粋に「表面的」で「非物体的なもの」として取り出したが、『千のプラトー』ではむしろ、非物体的な意味が、身体＝物体（corps）にいかに「介入」するかに焦点を当てる（MP上165-187）。ドゥルーズとガタリは、たとえば法廷での有罪宣告の例をあげているが、有罪宣告は、被告の地位を、「非物体的」にかつ「瞬時」に、被告から受刑者に変える（たとえ冤罪であったとしても）。この非物体的変形は、判決を聞いたあとで、被告が血相を変えるなどの身体の変化とは区別されるものだ。そして、この有罪宣告は、被告の身体の扱い方に「介入」し、収監による行動の制限や外部との接触の制限などの仕方で、身体と身体、身体と物体のあいだの関係を変容させるだろう（MP上174, 185）。「もう子供じゃないんだよ」や「もう年なんだから」といった言表についても同様である（MP上175）。意味＝出来事は、非物体的なものであるために、ボールが壁にぶつかるように身体＝物体に衝突することはないが、しかし、身体＝物体相互の関係、運動の速度や範囲など、身体のあり方（「存在様式」）を変形させることで、一定の身体の状態を呼びよせたり、回避させたりするのだ（Cf.LS上23; MP上184-6; PLI, 92）。これは当然、言表だけの問題ではなく、社会内でのさまざまな要素と機能の振り分けと配備がなければ実現されることはないだろう。

＊参照：意味、アレンジメント、襞、顔貌性
＊別の訳語：PP「事件」

間奏曲 n-3

　思いつくままにドゥルーズの本を手に取ると、小さなことが気になる。そんな個所を、ランダムに引用しよう。

　「地理学者たちによれば、島には二種類のものがある。(…)大陸島は、偶発的な島、派生的な島である。(…) 大洋島は、始源的、本質的な島である。(…) これら二種類の島、始源的な島と大陸から出た島とは、大洋と大地との間の深い対立を示している。」(「無人島の原因と理由」前田英樹訳)

　「人間学は、人間についての言説であろうとする。人間学は、それ自体、人間の経験的言説を前提にしており、そこでは語る者と語られるものとが切り離される。一方には反省が、他方には存在があることになる。このように理解された認識は、事物の運動ではないような運動であり、対象の外にとどまる。」(「ジャン・イポリット『論理と実存』」松葉祥一訳)

　「本能と呼ばれるもの、制度と呼ばれるもの、これらは本質的には、満足をえるための異なった手段を示している。あるときには有機体は、その本性に合った外部刺激に反応しながら、外部世界から、自己の傾向性や欲求を充足させるためのさまざまな要素をとり出してくる。これらの要素は(…)。また、あるときには主体は、みずからの傾向性と外界との間に、独自の世界を確立〔制度化〕することによって、数々の人為的な充足手段をつくりあげる。これらの手段は(…)。」(「本能と制度」加賀野井秀一訳)

　「レーモン・ルーセルの作品がポーヴェール社から再版されつつあるが、そこには二種類の書物が含まれる。一つは〈詩の書物〉であり(…)。他方のいわゆる「手法」を用いた書物では(…)、その二つの文の間隙

に描写と数え上げからなる世界が丸ごと一つ生じることになる。そこでは二つの意味に理解された言葉たちが二つの異なった生を生きたり、別の言葉を与えるために分解されたりするのである。」(「レーモン・ルーセル、あるいは真空嫌悪」鈴木雅雄訳)

「差異の観念は、ベルクソンの哲学にある光を投げかけるはずだが、また逆に、ベルクソニスムは差異の哲学に対して最大の貢献をもたらすはずである。そのような哲学は、いつも二つの平面上で働いており、そのうちのひとつは方法論的、もうひとつは存在論的になる。一方では(…)。だが、他方では(…)。方法論的、存在論的なこれら二つの問題は、どこまでも互いを照らし合う。その内のひとつは、性質の差異の問題となり、もうひとつは差異の性質の問題となる。ベルクソンにおいて、私たちはこれらの問題が繋がり合うところに出会い、一方が他方に移行するところを取り押さえる。」(「ベルクソンにおける差異の概念」前田英樹訳)

以上の引用は、どれも『無人島1953-1968』からのものだが、そうしたことはどうでもよい。じつは、気になった個所は『無人島』に収められた論考に限らないのだから。

「消尽したもの、それは疲労したものよりずっと遠くにいる。(……)疲労したものは、ただ実現ということを尽くしてしまったのにすぎないが、一方、消尽したものは可能なことのすべてを尽くしてしまう。疲労したものは、もはや何も実現することができないが、消尽したものは、もはや何も可能にすることができないのだ。」(『消尽したもの』宇野邦一訳)

ところで、以上の引用をするとき、あえてそこで語られる内容には踏み込まないようにしたのだが、極端をいえば、そこで展開される議論の内容はどうでもよいのだ。だが、これらの引用がすべて、各テクストの冒頭に置かれたものだという点は、どうでもよくはない。何かについて

考えはじめるとき、ドゥルーズはしばしば、差異を形成する二つのものを差しだす、という点において、冒頭と二つのものは互いに関与的かもしれない。

 だが、注意しよう。ここで、似て非なるものを見分ける視力が要請されるのだ。見分けなくてはならないのは、こうした差異を設営する言説が、似ているように見えても決して二元的論理ではないという点である。あえて、議論の内容に踏み込まなかったので、そのようには見えにくいかもしれないが、たとえばベルクソンとともに差異を語りはじめる際に、「性質の差異」と「差異の性質」という二つの問題を布置しながら、すぐさまドゥルーズが、ベルクソンにおいて「これらの問題が繋がり合うところ」に出会い、「一方が他方に移行するところ」を取り押さえるようとしている以上、そこには「繋がり」や「移行」という流れが明視されている。

 ドゥルーズは、『千のプラトー』の序に「リゾーム」論を置いたが、そのなかで、リゾームという概念との対比において、二分法・二元的論理について、こう批判している。

 「一が二になる——この定式に出会うたびごとに、それが毛沢東によって戦略的に口にされたものであろうと、また最高に「弁証法的に」理解されようと、われわれは最も古典的で最も反省的な思考、最も古くさく、最も疲弊した思考を前にしている。自然はそんなやり方はしない。根それ自体もそこでは直根〔回転する根〕であり、側面的、循環的といった、より多数の分岐をもっていて、二分法的なものではない。精神は自然に遅れている。（……）精神的現実としての本、イマージュとしての〈樹木〉または〈根〉は、〈一〉が二になり、ついで二が四になる……という法則をたえず発展させる。二元論理は根としての樹木の精神的現実をな

す。」（宇野・豊崎他訳）

　さらには『襞　ライプニッツとバロック』（宇野邦一訳）の冒頭においても、「バロックの線とは、無限にいたる襞である。そして何よりもまずこの線は二つの方向にそって、二つの無限にしたがって、襞に差異を与える。あたかも無限は、物質の折り目（replis）と、魂の襞（plis）という、二つの階層をもつかのようである」と語りつつ、ライプニッツの世界を「窓のある下の階と、窓がなく暗い上の階からな」る二階建ての「バロックの館」としてドゥルーズが想定するとき、「やはりこれはライプニッツがいつも肯定する何か、二つの階、二つの迷宮の間、物質の折り目と魂の襞の間の接続と交通を表現する、一つのやり方にちがいないのだ」というように、そこでは二つの階というアレゴリーが「接続」や「交通」を表現するための差異であることが分かる。

　そして「接続」というとき、あるいは「繋がり」というとき、そこには生成変化が企図されている。つまり、ドゥルーズは、一見、二分法的に見える言説を使いながら、差異を設営し、そして引用につづく部分で、新たな視点を加えつつその差異をさまざまに変奏し、開かれたまま多様（リゾーム）化させることで、差異の両極のあいだで生成変化を可能にし、二つの異質な系列(セリー)を炸裂させているのである。そうした書法の行使者が、だからその実践を通して、二つの異質な系列をすすんで布置し炸裂させようとするのは、きわめて当然のことといわねばならない。

戦争 Guerre

「いまだに戦争に属しているのか、
　　　　　あるいはすでに平和に足を踏み入れているのか」PP, 7

● ドゥルーズと戦争

　ドゥルーズはコンスタントに戦争に言及しつづけた哲学者である。『シネマ』の上巻と下巻の区切りとなっているのは第二次世界大戦であり、時に応じて、ヴェトナム戦争、湾岸戦争、そしてパレスチナ問題に言及する論考を書いている (ID下287; DRF下63, 209, 281)。またガタリとの作業では「戦争機械」という概念を発展させているのに加え、ドゥルーズは、敵を「テロリスト」とみなすことのもつ政治性や戦略性について、巨大になった国家に対して「ゲリラ」的な戦略がもつ意味、それに「戦争が全世界に関わるなどと語り」ながら「戦争を利用する者たち」の欺瞞について、鋭敏な意識をもっている (DRF下67; MP下137, 148-151; LS上265)。

　何がこれほどドゥルーズを戦争へと駆り立てたのか、さまざまに推測してみることはできる。たとえば、1925年生まれという「世代」のせいであるとか、あるいは、彼の兄が第二次大戦中の対独レジスタンス活動の渦中、強制収容所送りになり、二度と帰ってこなかったという家族の逸話などである。しかし、世代も伝記も、ひとりの哲学者がある概念を発展させるのに十分な理由にはなりえないだろう。ドゥルーズは生い立ちと作品を結びつけることをつねに拒絶していた。戦争は、そうした外的な要素とは別に、ドゥルーズの哲学そのものの中で、《出来事の中の出来事》ともいうべき重要な位置を占めている。彼は

いっている、「なぜあらゆる出来事がペスト、戦争、傷、死といったタイプなのだろうか」、と (LS上263)。

● **出来事としての戦争。生々しい傷の裂開**

　出来事についてドゥルーズが述べているところによれば、戦争ははじまりと終わりがはっきりとしないものである (LS上184; QPh, 263)。「まだ起こっていない」ものであるかと思えば、「もうすでに起こってしまって」いて、後戻りできなくなっているような何か、といったらよいだろうか。これは宣戦布告のような年表上の「はじまり」をいくら調べても戦争をとらえることはできないということだ。またドゥルーズは、戦争が「あるひとりの人間に関わるのか、それともあらゆる人間か」、「どちらが仕掛けたか」などにかかわらず、一つの「出来事」だというだろう (LS上69-71)。そしてこの一つの出来事が、参加者たちの身体に、それぞれまったく異なる仕方で具体化され刻みつけられるというのである。たとえば、兵士であれば、身体を貫通した銃の傷として《戦争》が肉に刻み込まれ、子供であれば、爆撃の音への恐怖や散らばった死骸のイメージとして刻まれる、というように (LS上183f., 258)。戦争のことを思考するとき、ドゥルーズはつねに、英雄的で美しい死の物語とは無縁の「断末魔」を聴取可能にし、どの戦争でも変わることのない生々しい「傷」を顕現させてやまない (LS上259f.; QPh, 269f.)。「戦争」の概念を欲するとは、それをめぐるあらゆる欺瞞を告発し、「未来の、そして過去の戦争に抗して戦争を欲すること」なのである (LS上259f.)。

＊参照：出来事、闘い、問題、生成変化、マイナー文学、戦争機械

ダンサー（表象＝上演）
Danseur (Représentation)

「愛と死の危険な条件において、
　　　　　　　ダンサーはフロアとともに機械となる」AŒ314

● 出来事は身体を欲する

　ドゥルーズは、非物体的＝非身体的な出来事を思考した哲学者だが、同時に、「出来事は身体＝物体をもたなければならない」とドゥルーズがたえず主張していることを忘れてはならないだろう（LS上279f.; PLI, 147-150; IT, 263; QPh, 299）。たとえば、ドゥルーズはストア派の賢者について、つぎのように述べている。「賢者は、純粋な出来事を、その空間的-時間的実現とは独立に、永遠真理の内で把握する。すなわち、出来事を、アイオーンの線にしたがって、永遠に来たるべきものであると同時に、つねにすでに過ぎ去ったものとして把握する。しかしまた、同時に、同じ一撃によって、賢者は出来事の受肉を意志する。すなわち、事物の状態と自己自身の身体において、自己自身の肉体において、非物体的な純粋出来事が実現されることを意志する」（LS上255）。ドゥルーズにとって、このような「出来事の身体」とは、舞台上で各瞬間に賭けて踊るダンサーの身体であり、マイム師、役者の身体である（LS上280, 292f.）。ではいったい、ダンサーによる出来事の「表象＝上演」とはどのようなものか。

● 時間を抱く身体

　ダンサーは瞬間の緊張を高め、張りつめたものにする。いまここだ

けでしか可能でない踊りの一回性を指の先にまで行き渡らせながら、ダンサーは自分の身体の「いま」をつぎつぎに、過去そして未来へと同時に送りこんでゆくのだ。ダンサーとともにある時はたえず過ぎ去り、その身体は刻々と変化するだろう。ドゥルーズの表現によれば、ダンサーの身体は「未来と過去が分割される点で捉えられる純粋な瞬間」にあり、ダンスのそれぞれの瞬間は未来と過去の分裂そのものを内に抱いている（LS上256）。ダンサーはこの分裂の瞬間に生きることで、「現在」において捉えられることを拒絶し、現在にありながら現在をもたない、という表現の「縁＝エッジ」に到るだろう（LS上254, 292）。ドゥルーズにとって、「非物体的」な出来事が、身体＝物体によって実現されるのは、張りつめた身体が現在を回避し現在を空白にするようなこのエッジにおいてだけである（LS上293）。つまり、出来事を具体的に「上演」しながらも、現在において捉えられることを逃れる部分がダンスにはあるのだ（出来事の「反-実現」。LS上280, 292; PLI, 180; QPh, 263-272）。

「非物体的＝非身体的な出来事」と、「物体＝身体」は性質を異にするために、出来事が身体によって「再現」されることはない。しかし、出来事はダンサーやマイム師によって「上演」されなければならず、そしてまた上演の方は出来事を含むのでなければ生き生きとしたものとはならないだろう、とドゥルーズはいう（LS上252-4, 292）。この意味でもダンサーは、「物体＝身体」と「非物体＝非身体」の接するエッジに位置しているのである。

＊参照：出来事、アイオーン、線、器官なき身体、持続、先験的経験論

アイオーン／クロノス Aiôn／Chronos

「〈何かが起こった〉ということにする、
　　　　　　　この無とは一体なんだろうか」MP中65

- **時間の二つの読み方、アイオーンとクロノス**

　ドゥルーズにとって、時間の読解は過去・現在・未来という三つの次元に対応して分割されるのではない。存在するのは、まず、「時間についての同時的な二つの読み方」、「一方が他方を補完しそして排除するような、時間の二つの読み方」であり、その一方が現在（クロノス）、他方が過去と未来への分裂（アイオーン）である（LS上22, 118）。クロノスとは、ふつうの意味での「いま」であり、体験の「現在時」である。目の前に現に存在しているもの、物体や観念といった活動するものの時間、物体のもつ物理的な時間はクロノス＝現在である（LS上21f., 284）。現在は、こうした顕在的な物体や観念と不可分であり、これらは中身、内容となって時間を「満たす」ことができる、とドゥルーズはいう（LS上283）。

- **出来事の時間アイオーンは、現在＝現前を回避する**

　「クロノス＝現在」に対して「アイオーン」は、現在を避ける「出来事の時間」、中身のない「空虚」な時間であるといわれる（LS上287f.）。このドゥルーズの言葉の意味を理解するためには、生成の性質について考える必要がある。生成は「いま」にとどめておくことができず、必ず過ぎ去る。「いま」と思ったときには、それはもう「いま」ではなく、すでに過去へ向かい、未来に突き刺さってい

るのである。現在はそれが存在するのと厳密に同時に過去になり、またそのとき、時間は未来へと向かっている。現在が生じることと、それが過去と未来という二つの方向に一気に分かたれることは、一つの出来事なのである。ドゥルーズがアイオーンと呼ぶのは、現在が過去と未来へと分裂するまさにその純粋な瞬間のことであり、それ自体は決して現前することのないこの分割そのものである（LS 上 118f., 287; MP 中 210f.）。

出来事の「現在時」はアイオーンの分割によって、起こると同時に「現在」でなくなり、現在は「空虚」になる。「何かが起こった」のは分かるが、「何」が起こったのかが分からず、それをイメージとしても回復しえないというのが、アイオーンの時間を生きるものに固有の現象なのだ（MP 中 63-7）。この意味で、アイオーンは、現在がそのまま保存されるとする思考を妨げる装置としてはたらいている。現在において起こるあらゆる偶発事は、発生するそのときから、同じものとしてくり返すことができないよう、アイオーンという時間形式によって差異化され、破砕されているのである（LS 上 119）。

また、このアイオーンによってはじめて、現在に従属することのない、潜在的な過去と予期しえない未来の特質を思考しうるようになるだろう。そして過去が蓄積され、記憶というよりは忘却に属する潜在的なものを形成するのと同時に、未来は「異なること」しかくり返すことのない尖端、差異のみを反復する時間の刃となるのである（DR 上 245-9）。

＊参照：無‐意味、出来事、永遠回帰、線、発散、内在、マテリアル

パラドックス Paradoxe

「パラドックスこそ哲学のパトスあるいは情念である」DR 上158

● オーソドックスに爆薬を仕掛けるパラドックス

　ドゥルーズは、哲学を道徳化しようとするあらゆる傾向、あらゆる手法に反旗をひるがえす。「良識」と「常識」を暗黙の前提に据える「ドクサ〔臆見 doxa〕」は、彼にとって、「考えている」といえるようなものではないのだ（DR 上358, 360f.）。ドゥルーズのいう「常識〔共通感覚、共通の意味＝方向〕」とは、「見られ、触れられ、想起され、想像され、理解される…のは同じ対象だ、ということ」、つまり、異なる諸能力に共通する同一の対象が一つ存在するという「前提」であり、同時に、この一つの対象に関係づけられる諸能力が主体において統一をなしているという「前提」である（DR 上356f.）。「一つ」の対象を諸能力が、そしてさまざまな人間が「再認」するための条件を構成するのは、この常識であろう（DR 上360f.）。またドゥルーズのいう「良識〔善き意味＝方向〕とは、あらゆるものごとには、決定可能な一つの意味＝方向があると肯定すること」である（LS 上16）。良識は、さまざまな事象に対して持ち分を割りあて、そこから出てこないよう要請するものであり、そうすることによって良識は不和を中和し、結果を「予測」しうるものにするとドゥルーズはいう（DR 上357f., 下150f.）。良識は枠におさまらない何かが、決められた領域からはみ出し「行動を起こす」ことを望んでいないのである（DR 下152）。

　ドゥルーズのいう「パラドックス」は反対に、「良識」や「常識」、「再認」や「再現」からなる「オーソドックス」から外れる運動を描くエレメ

ントであり、予測などには決してとらえることのできない思考の危険なる対象——差異と出来事——を顕示するものだ。それは「良識」と「常識」、道徳化された思考に爆薬を仕掛けるのである（DR上353-364, 下158; LS上19）。

● 同時に二つの意味＝方向へと向かうもの

パラドックスの特性は、「一度に二つの意味＝方向を肯定すること」であり、その典型的な例が生成変化である（LS上15-8）。生成変化とは、「現在が未来になる」と「現在が過去になる」という二つの方向の同時性であり、「アリスがいまより大きくなる」と「アリスがいまより小さくなる」が生成変化においては一つの出来事をなすのだ。この生成変化のパラドックスは、意味のパラドックスに引き継がれることになるが、それというのも、ドゥルーズにおいて意味は、「～である」ではなく、「～になる」（動詞）によって表現されるからである（LS上70）。生成変化と同様に、すべての「意味は、つねに二重の意味〔二方向〕」であり、「神は存在する」と「神は存在しない」、「より若くなり、かつ、より老いるようになる」という相容れない方向へと同時に向かうのだ（LS上70）。ところで、意味は、それを実現するものが実際に存在するか否かにかかわらず規定されるため、意味の二方向への分裂を妨げるものはない（LS上18f.; QPh, 242）。「意味のパラドックス」においては、この分裂を中和する「良識」も、対象や主体の同一性を設定する「常識」も存続せず、同一性は異なる意味＝方向へと発散するのである（Cf. LS下210-4）。

＊参照：意味、出来事、遭遇、発散、構造、アイオーン、思考のイメージ

発散 Divergence

「収束し、発散し、あらゆる可能性を含む時間の網目」PLI, 108

● 一つの世界への収束か、複数の世界への発散か

「発散」は、ドゥルーズがライプニッツから継承しつつ、ライプニッツに反するところまで発展させた概念である。まず「緑化する」や「罪を犯す」「誘惑に抵抗する」といったさまざまな「意味」ないし「出来事-特異性」だけからなる世界を想像してみよう (LS上202; PLI, 45, 105)。これらの出来事は、どのような主体や事物において具体化されるのかが規定されていない、前-個体的で潜在的な状態にある (LS上201; PLI, 46-8, 113)。そしてドゥルーズによれば、ライプニッツの偉大さとは、出来事を具体化する個体に依存することなく、諸々の出来事のあいだの関係を定めたことにあるという (LS上297f.; PLI, 107)。この関係の一方のタイプは、互いに両立可能で一つの世界に「収束」する出来事の系列であり、無数の出来事-特異性が、たとえば円錐の頂点のような一点に向かって「収束」するとき、「一つ」の世界が構成されるという (LS上200f.; PLI, 214-6)。他方のタイプは、極限に向かって収束せず「発散」する出来事の系列であり、このとき、出来事は互いに両立不可能な「複数」の世界に分岐するというのだ。たとえば、「アダムが罪を犯す」と「アダムが罪を犯さない」という二つの出来事は、二つの世界へと発散する (PLI, 103)。なぜなら、「罪人でないアダム」と「アダムが罪を犯した世界」は両立不可能であり、「アダムが罪を犯さない世界」と「アダムが罪を犯す世界」は共可能的ではないからだ。このとき「アダムが罪を犯さない」ということは、そ

れ自体では何ら矛盾ではなく、単に「罪人でないアダム」が、「アダムが罪を犯す世界」とは「別の世界を包摂している」だけだろう (PLI, 103. Cf.IT, 182)。

● ポジティヴに発散すること

　ドゥルーズがライプニッツを批判するのは、ライプニッツが、神によって選別された唯一の世界と両立しえない出来事を排除するという否定的な目的で「発散」を理解したことである (DR上149f., 194f.; LS上299)。つまり、収束が一つの世界を形成するのに対し、発散は、この世界からの排除を意味するのだ (PLI, 236)。この一つの世界が「神学の要請」としてあることによって、出来事のフィールドの一つのタイプにすぎない収束に、あらゆる出来事が従属させられることになるだろう (LS上299)。反対に、ドゥルーズは、発散をポジティヴなものに転換し、非共可能的な分岐のあいだの隔たりをそのものとして肯定するべきだという (LS上299f.)。この肯定的な発散をもっともよくあらわすのは、ニーチェ、ジョイス、プルースト、ベケット、ボルヘスなどの主に十九世紀末以降の作家たちだ (DR上194-6; LS上206-211, 302; PS, 180f.; PLI, 108f.)。発散において問題なのは、すべてを見渡すことができる一点（結末）に収束する物語ではなく、視点ごとに別の風景、別の物語が発散する作品である (LS下146)。このとき、「分岐、発散、非共可能性、不調和」は全般化し、複数の別の作品ではなく、一つの作品世界の内で実現されることになるだろう (「ネオ・バロック」PLI, 142-4. Cf.LS上236f.)。

＊参照：出来事、特異性、永遠回帰、表現、構造、時間イメージ

ノマド Nomade

「狂った配分──ノマド的で瞬間的な配分、戴冠せるアナーキー」DR下151

● 境界をつくらずに空間を生きること

　ドゥルーズの考える遊牧民＝ノマドは、砂漠や草原といった空間に住む者たちのことであるが、彼は「砂漠」や「草原」に独特の意味を与えている。ドゥルーズにとっての砂漠ないし草原の特徴とは、ある土地が塀や柵に囲まれるなどして誰かの所有地にはなってはいないということであり、大地に境界がないということである（DR上449注6）。あらかじめ領土を画定された土地に人や家畜を割りふっていくのとは反対に、境界のない土地空間のあちらこちらに散らばってゆく民、草原に住みながら大地を所有地に分割することのない民、ドゥルーズがノマドと呼ぶのはそんな人たちのことなのだ。ドゥルーズとガタリは「ノマド＝遊牧民」とは異なる「定住民」との対比を鮮明にしながら、つぎのように書いている。定住民の「機能とは、閉じられた空間に人間を配分し、各人に持ち分を割り当て、部分間の交流を規則にしたがわせることである。ノマドの行程は反対のことを行う。〔…〕それは、境界も囲い込みもない空間における、分割なき、特殊な配分なのだ」(MP下70)。この意味で、ドゥルーズのいうノマディスムとは、空間の住み方、ある場を占拠する仕方のことであり、空間にみずからを配分する様式のことである（MP下70, 76-8, 249）。

　定住民は、ノマドとは反対に、土地を分割しそこに人を割り振ってゆくという居住様式を特徴としている（DR上110f.; MP下69-72）。つまり、まず誰かに帰属する土地をつくり、その領域を維持しながら空間に住

みつづける者たちである。「定住民」的な思考は、さまざまなところに見出すことができる。たとえば、音楽や文学などのジャンル分けなどはその典型だが、あらかじめ用意されたジャンルに割りふるべく作品をつくることと、ジャンルの境界などないところでそれぞれが特異性をもつよう作品をつくることのあいだには、大きなちがいがあるだろう。

● われわれのノマドは、今日いかなるものか？

　ドゥルーズによるノマドの定義でもっとも有名なのは、ノマドが「移動」せず、「むしろ動かないもの」であるということだ（MP下71; PP, 277）。彼にとってノマドは「その場」にとどまるものなのである。したがって、ドゥルーズ的なノマドにとって重要なのは、「どこに向かうか」ではない。ドゥルーズの発する問いは「今日われわれのノマドとはどのようなものか」である（ID下245）。肝心なのは、空間を占める者が、自分がいる「その場」を実際に境界が無効になる場所にすることができるかであり、「いまここ」を、自分の領域として主張することのないオープンな空間にできるかということなのだ（ID下244f.）。たとえ瞬間的にであったとしても、誰のものでもない「ノーマンズ・ランド」をひらき、垣根のない歓待の空間をつくること（MP中279）。ドゥルーズが「ノマド」と呼んでいるのは、自己固有の領土や持ち分を主張することなく、さまざまな他者を受け容れるひらかれた空間をつくろうとするすべての者のことである。

＊参照：平滑、領土、戦争機械、生成変化、一義性、その場での旅

器官なき身体 Corps sans Organes

「きみ自身の器官なき身体を見つけたまえ」MP 上 310

● 自／他の境界を撤去すること、強度的な揺らぎになること

 「わたし」の身体と、他の身体＝物体が区別されない状態とはどのようなものだろうか。つまり、自己と他者、外部と内部を分けるあらゆる境界が失われ、外部の身体が内部に侵入し混ざり合う状態である (LS 上 159)。そのとき、「わたし」の身体の内には、「わたし」と区別されることなく他者がそのまま存在することになるだろう。「自我」の領域は、それを侵すあらゆるものから区別されないため、「わたし」はもはや「鉱物」や「花」など「わたしでないもの」でしかなく、「わたし」の主体性もアイデンティティも存続する余地はない。それが有機的に組織された身体が崩壊し、「木が、柱が、花が、杖が、身体を貫いて伸びる」のが感じられる分裂症的瞬間である (LS 上 160)。このとき「わたし」と「その内に入ってくる木」という主体／客体の区別がそもそもなくなり、ただただざまざまな感覚、「気分」の流れ、揺らぎだけが存在するようになるだろう (LS 下 216-9; AŒ 上 48f.)。そして「わたしは花になる」や「わたしは神になる」といったさまざまなかたちの感覚のブロックが、その強度の度合を変化させながらつぎつぎに通り過ぎてゆくばかりになるだろう (AŒ 上 44f.; MP 上 76)。ドゥルーズが、アントナン・アルトーの「器官なき身体」という言葉を借りて表現するのは、これら強度のみが循環する場としての身体＝物体のことであり、強度はその上で、「多数の身体＝物体を横切り多数の身体の中で他のすべての強度に浸透する」ものとなるだろう (LS 下 217)。器官なき身体に

おいては、すべてがこの未分化の流れ、強度の流体から考えられるのである（MP上312-4）。

● **器官なき身体とは、卵である**

　ドゥルーズとガタリは、器官なき身体の強度の連続帯とは、卵のようなもの、つまりそこから出発して有機体のあらゆる形態が発生してくるような場所だと述べている（MP上336; DRF上26）。器官なき身体は、あらゆる構成物を、この卵からの発生物と見なすのである。重要なのは、「卵の中の形成を予定されている地帯は、そこに導入される器官と少しも似ていない」ということだ（AŒ上46）。器官なき身体が、そこから発生してくる器官のイメージに似ることはないのである。そしてまた、この卵は、ある有機体「以前」に存在しているのではなく、有機体と厳密に「同時」であることに注意が必要だろう（MP上336）。いいかえれば、「あたかも胎盤の断片をかかえ」ているかのように、われわれはそこから何かあたらしいものが発生してくる場所をつねにかたわらに保持しているということだ（MP上336）。器官なき身体が示しているのは、世界は完全に安定し静止しているのではなく、また無秩序なのでもなく、あるきっかけがあればふたたび分化を開始し環境を変化させるような「無数の準安定的な停止状態」にある、ということなのである（AŒ上45）。器官なき身体とは、すでに形成されたものとは異なるものを生み出しうるこの「実験の場」、いまだ実現されておらずかたちももたない変化への潜在的な力に与えられた名にほかならない（MP上336-9; FB, 43-5）。

＊参照：非有機的なもの、強度、欲望、先験的領野、プラトー、感覚

書物 Livre

「爆弾的な書物は、いつまでもその起爆力を失わない」SPP, 24

● **書物のあたらしい形式の探求**

　ドゥルーズは、彼が「自分のために書いた」という『差異と反復』の時期から、「書物」のあり方についてさまざまに言及するようになる。ドゥルーズを突き動かすのは、「旧来の仕方で書かれた哲学書などもはや誰も読まないのではないか」という危機の意識である。哲学以外の領域を見渡せば、文学、映画、絵画といった諸芸術に加え、科学が「形式的革新」を成し遂げている一方で、哲学は「古きスタイル」を保ったままではないのか、とドゥルーズは自問するのだ（ID上296f.）。たとえば彼はこう語っている。「われわれは昔ながらのやり方では、もはや哲学の本を書くことができなくなるだろうとはっきり感じています。それらの本は、学生はもとより、本を書いている人々の関心さえ引かないでしょう。だからこそ、わたしは皆が多少の変革を模索していると思っているのです」（ID上296. Cf.DR上18）。こうして、ドゥルーズは、（自分の）書物のあり方に関する考察を深めながら、さまざまな形式を提起していくことになる。

　『差異と反復』ではドゥルーズは、「哲学の書物は、一方では、一種独特な推理小説でなければならず、他方では、サイエンス・フィクション〔知の虚構〕のたぐいでなければならない」といいながら、それぞれの概念が推理小説の登場人物のようにある局所的な状況に介入し問題を解決するべきだと述べる（DR上15. Cf.PP, 283f.; ID上297）。また、

書物を「章」ではなく、さまざまな「セリー」によって構成した『意味の論理学』では、音楽ないし「ポップ・アートに見られるような（微細なヴァリアントを反復することによる）セリー産出のテクニック」を試したという（ID上303. Cf.DRF上85）。

● 書物をプラグにつなぐこと

『意味の論理学』の翌年に出版される『プルーストとシーニュ』第二版でドゥルーズは、有名な「書物＝機械」論を提示し、書物の問題はそれが機能するかどうかだと述べる（PS, 161f.）。そのためには書物は自閉したものであってはならず、読者を通じて書物の外部にある社会機械と欲望する機械にプラグを接続し、思考を刺激するシグナルを交換、交流させなければならないだろう。肝心なことは、書物が「あなたにとってどう機能するのか。もし機能しないならば、もし何も伝わってこないならば別の本にとりかかればいい。この別種の読書法は強度による読み方であり、つまり、何かが伝わるか、伝わらないかだ。〔…〕これは電気に接続するタイプの読み方である。〔…〕一冊の本は、はるかに複雑な外部の機械装置の内の小さな歯車にすぎない。そして書くということは、その他もろもろの流れの内の一つにすぎず、他の流れに対していかなる特権ももたない」（PP, 21f. Cf.D, 13）。「リゾーム」というある種の書物論を序論としてもち、書物の形式としても極まった『千のプラトー』が受け継ぐのも、この外部と接続された書物という考え方である（MP上23-5, 53-9）。ドゥルーズは、世界の内に書物を置き、書物のあらゆる点に欲望を還流させるのである。

＊参照：二人で書くこと、問い、強度、エクリチュール、リゾーム、セリー

断片 Fragments

「断片を、たえずあたらしい断片化に導く能力をもつこと」AŒ上24

● 「全体」に統合されえないもの

　ドゥルーズのいう断片に固有な性質は、いかなるかたちの「全体性」も「統一性」も経ることなく、部分的でありつづけるということだ (PS, 178)。この意味で、あらかじめ統一されているものを分割しても、それは彼にとって断片ではないし、足しあわせると一つの全体へと有機的に組織されるようなものも断片ではない (PS, ch.8)。「わたしたちは、もはや起源にあった統一性も、これから先の目標としての全体性も信じない」と述べながら、ドゥルーズとガタリは、「たとえ失われたものであっても起源的な全体性に依拠することがなく、また結果として生じてくる来たるべき全体にも依拠することがない諸断片」と書いている (AŒ上83. Cf. 下201)。

　ドゥルーズがこうした断片として念頭に置いているのは、たとえば、小説を構成する諸部分である。ドゥルーズにとっての現代的文学作品とは、知性によってあらかじめ統制され方向づけられた言葉ではなく、さまざまな方向へと異なるリズムで分散してゆく文字通り「散文的」な言葉なのだ。彼がプルーストの『失われた時を求めて』について語っていることは、そのことを見事に示しているだろう。「『失われた時を求めて』の諸部分が、不均衡で、共通の尺度がなく、ばらばらであって、さらにそれに断絶、間隙、空隙、間歇がともないこの作品の究極的な多様性を保証しているという、まさにそこから出発しなくてはならない」(PS, 129)。ドゥルーズにとっての作品のパーツは「有機的」

に連関させられるものではなく、「それ自体散逸した機械の散逸した作動部品」なのだ（AŒ下201）。

● へだたりによって、つながること

「共通の尺度がない」諸断片に対して、それらを統合するような視点や基準を立てることはできないのだが、では、こうした断片同士はどのように相互的に関係するのか。上の引用にあるように、断片のあいだには「断絶」や「空隙」が存在している。この問いへのドゥルーズの答えはシンプルなもので、彼は、断片は「つながり＝拘束の不在によってつなげられる」というのだ（AŒ下330）。共通点ではなく、ちがうということ、差異によって関係するということといってもよい。ドゥルーズにとって、作品の部分と部分ばかりでなく、物と物、人と人は、「それら自体の差異が相互関係にほかならないような諸断片」なのである（AŒ上83）。「つながり＝拘束の不在によってつながる」断片というドゥルーズの構想は、社会や共同体をめぐるものにまで及んでいる。断片同士の関係を考えることは、ドゥルーズにとって人と人のつながりのあり方——友愛や自由——を思考することなのである（CC, 124-130, 181f.）。たとえば『批評と臨床』ではアメリカ文学を論じながら、はっきりと「独身者たちの共同体」「群島としてある世界」に言及している（ロレンスを通した、ドゥルーズの《アメリカ》。CC, 176, 180）。断片化は、「あらたな結合のために、諸部分の結合をほどくこと」であり、つながりをつくりあげることと不可分なのだ（EPU, 29）。

＊参照：記号、視点、マイナー文学、器官なき身体、流れ、有機的なもの

二人で書くこと Écrire à Deux

「われわれは『アンチ・オイディプス』を二人で書いた」MP上15

● 出会いとひらめき

　ドゥルーズとガタリは、1969年春に手紙を交わしはじめ、同じ年の6月に共通の友人の仲介で、リムーザンで出会う。コンタクトをとったのは、すでに『差異と反復』と『意味の論理学』を読んでいたガタリの方で、一緒に作業をするよう提案したのは、ドゥルーズである。こうして、一人でいることを好み、膨大な量の作業をこなすドゥルーズ（穏やかな「丘」ないし「避雷針」）と、多くの仲間とともにいるのが好きで精力的に活動するガタリ（動きつづける「海」ないし「稲妻」）という異質で対照的な二人からなる、多産な「機械」が、出会いからほどなくして形成されることになる（DRF下57f., 60. Cf.D, 33f.）。二人での具体的な作業は手紙を送りあうことからはじまった（PP, 33f.; DRF下59）。ドゥルーズとガタリの伝記に引用されている手紙によれば、『アンチ・オイディプス』の核になるアイディア、つまり精神分析の家族主義批判や、資本主義と分裂症の関係は、69年の夏前の時点ですでに定まっている（Cf.PP, 33）。

● 往復の中で生殖し増殖させること：友愛

　二人での作業は、いくつかの同時に進行するプロセスからなっている。基本的に毎週火曜日の午後にドゥルーズの家での直接の会合があり、このとき一方が語り、他方は黙って聞きながら、曖昧な点、掘り下げるべき点、他領域への関係・分岐などを指摘し、問題を練り

上げる (PP, 33f.; DRF下59f.)。出てきた問題や概念は、各自（あるいは片方）がもち返り、それをめぐってばらばらにテクストを書き、できたものを相手のところに送る。受け取った方は、伸ばすべき点をマークし、書き足し、相手の議論を補佐するような材料を探し、相手にふたたび返し、テクストを循環させる。つまり、手紙を交わし、話し合いの機会をもち、一方が概念を提起し、双方が概念の同じ理解に達せずともテクストを書きはじめ、それを交換する。そしてテクストに互いに手を入れながら、別の道筋を挿入し、逸脱させ、線を伸ばし、ふたたび話し合い、問題を限界までもたらし、あらたな概念で裁断しなおし、ふたたびもち返って一人でまた書き、それを送る…という具合である (D, 34f.; PP, 251-4; DRF下59f.)。二人の作業の「分担」についていえるのは、ガタリの証言によれば、最終的な「仕上げ」の作業と本全体のおおまかな方向づけはドゥルーズが行い（このとき当然ベケットにおけるように、「ドゥルーズ」の内で「ガタリ」が語ることを考慮する必要がある）、ドゥルーズの証言によれば、ガタリは共著の中の特異な概念の多くを提案した（いうまでもなくどちらが「はじめに」提案したにせよ、概念を練り上げる作業は二人のものである）、ということだ (D, 33-8; PP, 20)。しかし、重要なのは「分担」を決定することではなく、二人で書くプロセスの途上で、彼らが「〈著者〉であることをやめ」、ドゥルーズ「と」ガタリの「あいだ」のどちらのものでもない空間で概念が自律的に動きはじめたことだろう。二人を連結／分離する「あいだ」の力によって概念はリゾームになるのだ (D, 34; DRF下60)。

＊参照：此性、概念、自然、書物、消尽、リゾーム、エクリチュール

欲望(欲望する機械)
Désir (Machines Désirantes)

「《それ》はいたるところで機能している」AŒ上15

● **欲望は、欠けているものを欲することではない**

ドゥルーズとガタリが「欲望」の概念にもたらした根本的な発想の転換とは、欲望は、自分に欠けている何かを欲することや欠如の埋め合わせをすること(「欲求」)ではない、とはっきり述べたことにある(AŒ上55. Cf.DRF上180)。ふつう日常的に「欲求不満」といわれるものは、彼らのいう「欲望」ではない。この「欲求」と「欲望」の区別は重要なのだが、ドゥルーズとガタリにおける「欲望」とは、「自分に欠けているものを望むこと」ではなく、「わたし」が望まなくとも、発動している社会的プロセスであり、あらゆる種類の結果=効果を生産するプロセスのことである(AŒ下136; K, 115)。

● **欲望という名の機械**

ドゥルーズとガタリは、欲望が実際にはたらき、ある効果を産み出すためには、さまざまな部品と歯車から構成され、実際に産出を可能にする社会的な機構、つまり彼らが「機械」と呼ぶものが必要だと考える。ドゥルーズとガタリは「欲望は、機械の歯車と部品、機械の能力=権力と厳密に一体である」と述べながら、「欲望」と「機械機構」とを明確に関連づけている(「欲望する機械」K, 115)。

このような機械の例として、ドゥルーズとガタリは、消費を煽る社会のメカニズムを取り上げる(AŒ上60-63)。たとえば、雑誌に掲載さ

れていたものに向けてつい手を伸ばしてしまうときに、はたらいている欲望の機構は、「わたし」のものというよりは消費社会の装置だといった方が適切である。「流行」「ブーム」「人気No.1」に乗り遅れたら大変だとばかりに不安をかき立て、「欠如への深刻な恐れ」へと追い立てるTVや広告は、社会的な機械の歯車であり、同様に、ある商品をつかんでしまう手もこの機械の部品の一部に組み込まれている（AŒ上61; D, 13）。ドゥルーズとガタリのいう「欲望」とは、わたしの「欲求」に関係なく回転しているこうした社会的な機械機構のことであり、それがわたしの内に「欠如」さえも生産するようはたらいているというのだ。ドゥルーズとガタリにとってはまさに「他の何ものでもなく、ただ欲望と社会的なものが存在する」のであり、人間は社会的機械に接続され、縦横に横断されているのである（AŒ上62）。「欲望」を考えることが重要なのは、「わたし」はつねによりよいものを望んでいるはずなのに、実際には自分を抑圧するものを選んでしまうという不条理は、個人の「欲求」を規定し産出する欲望のレヴェルを考えなければ説明しえないからだ。ドゥルーズとガタリは、消費社会に加えて、貧困や暴力、ひどい政治体制に反発せずそれに甘んじ、「自発的」に加担さえしてしまうといった現象を挙げているが、「欲望」の分析の目標はこうした「欲求」では説明しえない現象を生み出す機械機構を解明し、生を解き放つ可能性を模索することにある（AŒ上62f. Cf.SPP, 23; MP下215-222）。

＊参照：アレンジメント、ダイアグラム、差異、断片、器官なき身体
＊別の訳語：K「欲求」／AŒ「欲望機械」

流れ-切断 Flux-Coupure

「肛門と吸血鬼になった専制君主」AŒ下29

● 流れは断片を生産し、断片が流れを産み出す

　ドゥルーズの基本的な考え方の一つは、社会全体、生産行為全体を貫通する、欲望ないし生産のエネルギーが存在するということである（AŒ上15, 34）。個別で特殊な労働や欲望ではなく、「労働そのもの」や「欲望そのもの」があり、それが社会や無意識全体を横断しているというのだ（AŒ下159f.）。これをドゥルーズとガタリは「流れ」と呼ぶ（AŒ上72-4）。つまり、あらゆる欲望と生産から抽出することができる、一つのエネルギーの流れである。またそれに加えて、ドゥルーズとガタリは、生産することは、生産されるものを流れから切断し、分離することであると述べている（AŒ上21-23; ID下188; MP中114f.）。生産の流れは、物品、作品、器官などの生産物を、他のものから区別され分離されたものとして産み出すというのだ。そして、流れから分離された断片として生産されたものは自分の番になると、また別の効果を生産するものとなる。生産されたものである道具が、転じて、生産に用いられるように、生産物は生産に直に接続されるのだ。つまり、ドゥルーズとガタリにとって、生産は、生産される対象を流れから分離してゆくことと一体であり、切断された生産物はあらたな生産の流れを別のかたちで生み出してゆくのである（「生産の生産」）。

　『アンチ・オイディプス』は、生産することと生産されたもの、「流れ-切断」が、こうして一つの秩序に総合されてゆくさまを、つぎのように描き出している。「切断は、連合する流れから何かを採取する

働きをする。たとえば、肛門とこの肛門が切断する糞の流れ。口とミルクの流れ、そしてまた空気の流れと音の流れ。〔…〕切断は連続に対立するどころか、連続を条件づけ、切断されるものを理念的な連続性として含み規定する。〔…〕機械が流れの切断を生産するのは、この機械が、流れを生産するとみなされる別の機械に接続されるかぎりにおいてのみである。そしておそらく、この別の機械がまた現実に切断となるのだ」(AŒ上73. Cf.AŒ下202f.; DRF下143)。乳房からミルクを採取する口は、音を区切って語り、食物を砕き、息をつまらせるなど、異なるさまざまな機能をもちうる。流れから分離されたものであり、流れを切断するものでもある生産物は、どの流れと接続されるかによって意味と機能を変えるのだ（AŒ上15, 76, 78）。

● 社会は流れを生みつつ抑制する

　社会の中にはさまざまな流れ-切断が存在しており、ドゥルーズとガタリは、資本や労働の流れ、資源、人口、食料、都市化の流れなどを挙げている（AŒ下24, 28-31; MP下207-9, 236）。そして彼らは、現代の資本主義社会は流れの中でさまざまな分岐を生み出す機械装置でありながら、同時に、この流れ-分裂を抑圧すると述べている（AŒ上69f.,下61-3）。つまり、現代社会は自分の「傾向」をもっともよく表現する者たち（自由な労働者や精神病者など）を生み出しながら、同時に、その者たちが社会の中に流入することを拒み、周縁へと押しやるというのだ（AŒ下87-90; PP, 47f.; ID下137f.）。

＊参照：分裂分析、アレンジメント、主体化、肯定、闘い、領土

間奏曲 n−4

　ドゥルーズは、地層ないし地層化という点で両義的である。あるいはむしろ、示差的というべきであり、そうした差異は、その両極のあいだに一種の流れを呼ぶためかもしれない。あたかもドゥルーズとガタリという名を廃棄するための〈われわれ〉に、切れ目を入れ、新たなる接続を可能にするかのように。そうした切断と接合は、単なる二分法・二元論を廃棄する概念としての地層および地層化と、われわれを「最も直接的に拘束」する有機体としての地層および地層化のあいだで可能となっている。そしてこの二つの異なる地層は、同じ『千のプラトー』の二つの章のあいだに露頭を見せている。

　後者の地層については、『千のプラトー』の6章「いかにして器官なき身体を獲得するか」において、「有機体は身体でもCSO〔器官なき身体〕でもない。それはCSOの上にある一つの地層、つまり蓄積、凝固、沈殿などの現象にすぎない」といわれ、「CSOは叫ぶ。おれは有機体を強いられた。不当にもおれは折り畳まれてしまった。おれの体は盗まれた。神の裁きは、CSOをその内在性からはぎとり、これに有機体、意味作用、主体をでっちあげる。まさにCSOが地層化されるのだ」といわれるときの、地層ないし地層化にほかならない。ドゥルーズは、そのように形成された「三つの大きな地層」として、「有機体、意味性、主体化」をあげているが、ひとことでいえば、それは反リゾームを形成する地層化なのだ。

　これに対し、同じ『千のプラトー』の3章「道徳の地質学」で示される地層ないし地層化は、西欧の知を支配してきた二分法・二元論を多様化するものとして考えられている。その意味での地層とは、「〈一〉が二になり、ついで二が四になる」という二分法を、その概念イマージ

ュである〈樹木〉から、まさにその対極にあるリゾームへと生成変化させる作用であり概念ということになる。

　ドゥルーズはそうした地層化の一例を、言語学のフィールドに見いだしている。たとえばソシュールの、シニフィアンとシニフィエという二分法（というか、「専制的なシニフィアン的体制」といってもよい）を多様化するものとして、イェルムスレウの思考を、こんなふうに「地層」ないし「地層化作用」として差しだすのだ。

　「そこで彼が引き合いに出すことにしたのは（……）デンマーク人でスピノザ主義地質学者のイェルムスレウである。ハムレットの末裔たるこの陰鬱なプリンスはまた、言語学をも研究対象としているが、それはまさしくそこから「地層化作用」を掘り起こしてくるためなのだ。イェルムスレウは、資料、内容と表現、形式と実質という観念によってある解読格子の全体を構成するにいたった。そのようなものが「地層」strataなのだ、とイェルムスレウは言った。この解読格子にはすでに、形式-内容という二元性と手を切っているという利点がある。というのも、表現の形式があるように、内容の形式というものもあるからだ。イェルムスレウの敵たちはそこに、シニフィアンとシニフィエという、信用を失った概念を命名し直す方便しか見なかったが、問題はそんなことではない。そしてイェルムスレウ自身の意図に反して、この解読格子は言語学上とは別の射程、別の起源をそなえている。（……）内容と呼ばれるのは、形式化された素材のことであり、したがってこれはその実質と形式の二つの観点からとらえなければならない。（……）表現と呼ばれるのは、機能的な構造のことだろうが、これはこれでやはり二つの観点からとらえなくてはならない。」

　ここでも、「二つの観点から」というように、二重に二つの方向に逃

走線が引かれている。こうした言葉でドゥルーズが語っているのは、イェルムスレウの試みは、ソシュールのシニフィアン・シニフィエという二分法を地層化しているということである。それは、内容と表現という二分法で完結してはいない。内容と表現のそれぞれに、形式と実質という新たな層が折り込まれる。内容と表現は、二重分節というかたちをとりながら、形式と実質によって地層化される。内容の実質と内容の形式、表現の形式と表現の実質というように。こうした地層化が、単に「〈一〉が二になり、ついで二が四になる」という二分法でないのは、「内容と表現とは、決して対応もしなければ符合もしない。この両者は、互いに他を前提しつつ同形的であるというにすぎない」からだ。そしてここでは、地層化こそが、二分法をいわばリゾーム化する概念であり、二元性を多様な襞のなかに折り込むものとして考えられている。

器官なき身体を有機体化する地層と二分法をリゾーム化する地層。ドゥルーズとガタリは、こうした二つの地層を差しだしているが、ドゥルーズがフーコーの〈知の考古学〉を見事に切りだすとき、彼は『フーコー』のなかの、フーコーの死後に書かれた章の冒頭で、後者のイェルムスレウ的地層を援用している。

「地層は歴史的な形成物、つまり実定性あるいは経験性である。地層は「堆積層」であって、物と言葉、見ることと話すこと、見えるものと言いうるもの、可視性の地帯と、解読可能性の領野、内容と表現によって形成されている。私たちはこの最後の用語をイェルムスレウから借用する。しかし、全く異なる意味でそれらをフーコーに適用するためである。なぜなら、内容はもはやシニフィエとは一致せず、表現もシニフィアンと一致しないからである。」（宇野邦一訳）

どうしてイェルムスレウを適用するのか。それは、それじたい地層で

あるイェルムスレウの内容と表現という地層を通すことで、フーコー的な知を地層化するためである。いや、それはすでに地層としてあるのだが、その地層ぶりを可視のものにするための作業なのだ。そしてドゥルーズは、すぐさま新たな分割をおこなってみせる。

「大変厳密な新しい分割が必要となる。内容は、一つの形態〔形式・引用者補〕と一つの実質をもっている。例えば、監獄とそこに監禁されるもの、囚人たちである（……）。表現もまた、一つの形態と一つの実質をもつ。例えば刑法、そして言表の対象としての「犯罪行為」である。表現の形態としての刑法が一つの発話可能性の領野（犯罪行為の言表）を定義するように、内容の形態としての監獄は一つの可視性の場を定義する。（「一望監視方式」、つまり見られることなしに、たえずすべてを見ることができるような場）。」

ドゥルーズは、イェルムスレウ的地層を用いながら、フーコー的知における言表と可視性を、言表可能なものと可視的なものを、新たな「可変的な配分」のうちに一種の地層としてとりだすのである。その取り出し方が、フーコーの二つの著作（『狂気の歴史』と『監獄の誕生』）と、その二つの著作のあいだに別の二つの著作（『レーモン・ルーセル』と『臨床医学の誕生』）を置く（じっさいこの別の二著作は先の二つの著作のあいだで書かれている）ことでなされていて、さながら、表現と内容に、形式〔形態〕と実質という「二つの部分」を布置することで二分法を地層化するイェルムスレウの仕草をなぞるかのようだ。

「この例〔「一望監視方式」を指す〕は、フーコーが『監獄の誕生』のなかで行なっている、地層についての最後の偉大な分析によるものだ。しかしすでに『狂気の歴史』もこのことに触れていた。古典主義時代において、保護院は狂気の可視性の場として登場し、同時に医学は「非

理性」についての基礎的な言表を定式化した。この二つの本のあいだに、同時に書かれた『レーモン・ルーセル』と『臨床医学の誕生』がある。一方は、どのようにしてルーセルの著作が二つの部分に分かれるか、つまり異様な機械による可視性の発見と、奇抜な「過程」による言表の生産とに分かれるかを示している。もう一つの本は、全く別の領域で、臨床医学と病理解剖学とが、どのように、「可視的なものと言表可能なもの」のあいだに可変的な配分を生じさせるか示しているのだ。」

　そして重要なのは、「可視的なものと言表可能なもの」のあいだの、この「可変的な配分」のあり方であり、その変化こそが、フーコー的な〈歴史〉観に、つまりは〈考古学〉にかかわるのである。その変化を、ドゥルーズは、いみじくも「一つの地層から別の地層へ」の「配分の変化」ととらえている。

　「一つの時代は、それを表わす言表や、それを満たす可視性に先だって存在するのではない。これらは二つの本質的な側面なのである。一方で、おのおのの地層、おのおのの歴史的形成は、可視的なものと言表可能なものとの再分配をともなう。再分配は地層そのものについて行なわれるのである。他方で、一つの地層から別の地層へと、分配の変化がおきる。なぜなら、可視性そのものが様態を変更し、言表そのものが体制を変更するからである。例えば、「古典主義時代」において、保護院は、中世やルネッサンスのそれとはまったく異なった狂人についての新しい見方、見せ方として現われた。そして医学の方も、法律、規制措置、文学などとともに、新しい概念としての非理性に関する言表の体制を作り出した。(……)そして後に、別の条件のもとで、こんどは監獄が、罪の新しい見方、見せ方となり、犯罪行為は、新しい言い方となる。言い方と見方、言説性と明白性、おのおのの地層は、二つの組み合せからなり、

一つの地層から他の地層へと移るたびに、二つのものの変化、それらの組み合せの変化がある。フーコーが〈歴史〉に期待するものは、それぞれの時代における、可視的なものと言表可能なものとのこのような規定である。」

ドゥルーズはいっている。こうした「地層化の二つの要素、つまり言表可能なものと可視的なもの、言説的形成と非言説的形成、表現の形態と内容の形態に関する一般理論をつくりあげる」のが〈知の考古学〉である、と。その意味で、フーコーの〈考古学〉は結果として、〈歴史〉から新たな生成をいかに可能にするか、という試みでもあるだろう。それは〈歴史〉の地層化による新たな〈知〉の編成といえるかもしれない。

フーコー的「考古学の義務」とは、「どんな言語学的な単位とも混同されることのない表現の真の形態を発見する」ことであり、それはシニフィアンの秩序には収まらない。同様に、内容の形態ともいうべき可視性は、シニフィエの射程には収まらない。それゆえ考古学者は、一方で言表を取りだし、他方で可視性を取りだしながら、「一つ一つの地層に固有の「明白性」をとりださなければならない」。

しかしながら、フーコーは、そうした「地層とその二つの形態とは別の、もう一つの次元」を視野に収めている。その「第三の次元」こそ、地層化されないものとしての権力であって、それゆえそこからフーコーにとっての〈抵抗〉の問題が見えてくるのである。

分裂分析 Schizo-Analyse

「分裂分析は無意識のまったく別な一状態に到達する」MP上45

● **分化し、領域を横断し、多義的になること**

　ドゥルーズとガタリは、社会や無意識、生産や欲望のダイナミズムをつねに強調しているが、その運動をあきらかにし、推進させるには、このダイナミズムの特性を分析する必要があるという。ドゥルーズとガタリが『アンチ・オイディプス』において「分裂分析」と呼ぶのは、こうしたダイナミズムの「分析装置」のことである（ID下262, 267）。彼らのいう欲望の生産行為は、生物、言語、社会、意識、芸術、経済、政治などさまざまな領域で差異を産出してゆく。そして分化されたもの同士は、種類を異にするものや不調和なものであっても領域横断的に接続され、また、分化されたものは、接続の仕方に応じてさまざまな意味をもってゆくであろう（AŒ上72-82, 下252. Cf.DR下51-9, 73-5）。ドゥルーズとガタリが資本主義社会から取り出す生産のダイナミズムの究極的な傾向は、徹頭徹尾、「分裂」、「横断的な接続」、「多義性」に捉えられており、「分裂分析」の課題は、こうした運動を解き放ち、「欲望が分裂の道を描き、分裂と一体をなす」さまを描ききることにある（AŒ下136f., 301）。彼らふたりにとって、社会や認識の既存の構造からはみだすものをつくりだすポテンシャルは、この欲望が分裂するプロセスの中に秘められており（AŒ下60f.; ID下189）、芸術的な創造、社会のあり方の革命や科学的な発見などは、歴史の中に切断・分化・分裂を生み出し、思考や生のあらたな接続回路をつくることに存して

いる（AŒ上223f., 下297-309）。

● 分裂を抑止するものの批判

　分裂分析は、生産と欲望がもつ分裂と接続の力を、決められた枠組の中に閉じ込めてしまう考え方に対して批判を行い、それを取り除こうとする（AŒ下308）。「破壊」という表現をしばしば用いていることから分かるように、分裂を統合しようとするものに対するドゥルーズとガタリの批判のトーンは激しい。たとえば、彼らは「破壊すること、破壊すること。分裂分析の課題は破壊を通じて、まさに無意識の清掃そのもの、掻爬（そうは）そのものを通じて行われる」と述べている（AŒ下177. Cf.190, 271f.）。『アンチ・オイディプス』の中で、欲望のプロセスを妨げるものとして挙げられているのは、自我、法、資本主義の公理など多岐にわたる。そしてなかでも重要なのが、無意識の問題をすべて「パパ-ママ-わたし」からなる三角形の家族主義に押し込めることで、抑圧の装置に加担してしまう「精神分析」であろう（AŒ上96-98）。精神分析は、欲望に欠如の象徴、「ファルス」を導入し、その欠如との関係で「男」と「女」の役割を排他的に分配し、それぞれの性が従うべき理想を設定するのだ（AŒ上113-118）。「分裂分析」は反対に、両性具有的に「男性の中の雌」と「女性の中の雄」を見出すことで、精神分析が排他的に割りふった両性を交差させる（AŒ上135f.）。これによれば、「異性愛」の内にも「同性愛」が存在しており、つねにわれわれは「横断性愛者」なのである（PS, 150-4）。

＊参照：流れ-切断、先験的領野、リゾーム、肯定、器官なき身体
＊別の訳語：MP「分裂者分析」；PP, ID「スキゾ分析」

分子的なもの／モル的なもの
Le Moléculaire／Le Molaire

> 「分子状の線の爆発であり、アマゾンの闖入」D, 221

● **分子／モルは、必ずしも大きさの問題ではない**

　ドゥルーズとガタリの用いる、分子／モル、ミクロ／マクロなどの一連の用語は、大きな組織に対する小さな個体といった、大／小を指すものでは必ずしもない。分子／モルは彼らにとってむしろ、ものの見方のちがい、方法論的なちがいを表現するものであり、個体がいくら小さくとも、それが一つのユニットを形成するなら、それは「モル状」である。ドゥルーズとガタリは分子／モルという「二つの形態は、小さい形態と大きい形態のように、その規模によってのみ区別されるほど単純ではない」と書きながら、そのことに注意を促している（MP中 111）。そしてまた分子的なものも、「たしかに細部で作用し、小規模な集団を経由するとしても、モル状組織と同様に、社会領野全体と共外延的」であり、それは単に小さいものではない。

　ドゥルーズとガタリが「モル的なもの」と呼ぶのは、「統一化され同一化〔身分特定〕されたモル的集合」のことである（AŒ下 199）。たとえば、男／女（性）、富裕／貧困（階級）という具合に二元論的に構造化されたもの、ある集合内での等質性や全体性が前提されたもの、特権的な中心の周囲に形成される組織などがあげられるだろう（AŒ下 199, 234; MP上 42f. 79f., 中 105-8, 128f. 133）。

● どこを経由してゆくのか分からない分子状のうわさ

　分子的なものは、反対に、統一化に対して散逸していくもの、構造から漏れ出てゆくもの、変化に捉えられているために同定しえないものだとドゥルーズとガタリはいう（AŒ下199; MP中234-259）。彼らは印象的な例として、「微視的社会学」の創始者であるタルドを引いている（MP中117-9. Cf.PLI, 150-2, 188）。タルドは、社会の成員のあいだにひろがってゆくさまざまな「小さな模倣」の波及を取り上げ、それによって人間同士の類似といった「巨視的」な現象を考えようとした（DR上455f.）。それはつまり、表立って言葉や数字、意識などによって表象されるような「巨視的レヴェルの〈きっちりとしたかたち〉は、いつも微視的レヴェルに依存」しているということである（PLI, 152）。たとえば、うわさは、社会のどの地点を通過しているのか特定されることなくミクロのレヴェルで広まることで、ある事物やグループについての表象の形成に関与する（IT, 314, 318f.）。そして、いったん流布しはじめるとうわさは、それを流しはじめた人々や中継した人々が制御することのできない自律性とリアリティを獲得し、階級や年齢、性別などの「モル的」な境界を超えて波及するだろう（こうした分子状の性質に関してドゥルーズとガタリは「女性」を特権化している。Cf.MP中241-9）。注意すべきなのは、ドゥルーズとガタリは、分子状の流れが単純に「よい」といっているのではない、ということだ（AŒ下246; MP中110-2, 120-4）。情報源が定かにならないうわさが、消費を一方向に向かわせる戦略の一部になり、ある特定の個人や社会集団を排除する道具になるなど、分子的なものは権力の微視的な実行にいつでもなりうるのだから。

＊参照：分裂分析、リゾーム、生成変化、逃走線、識別不可能性ゾーン

有機的なもの／非有機的なもの
L'Organique／L'Inorganique

「あらゆる有機的な生とは異なる、
　　　　執拗で依怙地で御しがたい、生きることへの意志」CC, 274

● 「有機的に統一する」ということの意味

　ドゥルーズにとって、「有機体organisme」は、諸部分を一つの全体や統一性に結びつけ、諸部分を全体に従属させるよう「組織化するorganiser」ものである。ドゥルーズが述べているように、有機体は「それぞれの部分が全体をあらかじめ規定し、全体が諸部分を規定する」ものであり、諸部分は統一性をかたちづくるように互いに関係づけられているのだ（PS, 127）。この規定に関して、ドゥルーズが念頭においている哲学者の一人は、ヘーゲルだろう（Cf. CC, 126）。ヘーゲルは自分の体系の発展を有機的な進展と重ね合わせているのだが、その彼によれば、「有機的なるものとは〔他者への〕関係においても己れ自身を維持するもの」であり、自己を「目的」として生成するものである（『精神の現象学』）。つまり「有機体」とは、他者ではなく自己を目的とする組織であり、有機的なものが自己を維持するために、他者がそこに取り込まれることになるだろう。有機体がこのように定義されるとき考えなければならないのは、有機体に取り入れられる方の他者や、有機的全体を形成するにいたらない断片の方である。なぜなら、統一性をつくるための妨げとなる余分な部分は「輪郭を丸め」られ、断片は全体的なものの利害と一致させられることになるからである（AŒ上83. Cf.ES, 40f., 56-61; PS, 196f.; MP上325-7）。ドゥルーズが有機体を批

判する理由の一つはここにある。

● 生の力は、有機体におさまりきらない

　ドゥルーズは「有機体」に対してつねに批判を行なっているが、そのときに批評的な装置として出てくるのが「器官なき身体Corps sans Organes」であり、「非有機的なものinorganique」である (LS, ch.13; AŒ下200f.; MP, ch.6; FB, 121f.; QPh, 307; CC, 269-271; ID下156)。「非有機的なもの」を論じるドゥルーズは、有機体の枠組から溢れ出してしまう生の逸脱や脱線を、いかなる仕方であれ、有機的全体に関係づけることはない。統一性をもたないために、「一つ」の対象にすらならない断片的なものを、ドゥルーズはそれ自体として肯定するのだ。彼がはっきりと述べるのは、一つの目的をもって生きる有機体でなければ生きられないなどということはまったくなく、むしろ、生は「非有機的であるほど生き生きとする」ということだ (MP下295)。生は全体が一つの目的を目指して協力しあうようなものではなく、反対に、そのような目的に統合されることのないさまざまな逸脱や飛躍をつぎつぎに噴出させるものである。ドゥルーズはいう、「すべてが生き生きとしているのは、すべてが有機的で組織化されているからではない。反対に、有機体とは生を横領し＝ねじ曲げるものなのだ」(MP下295)。重要なのは、「非有機的で萌芽的な強度の生、器官なき力強い生、器官がないほどに生き生きとする《身体》、有機体のあいだをすり抜けるすべてのものである」。

＊参照：器官なき身体、生、線、ノマド、強度、断片、生成変化、闘い

自然 Nature

「自然と人工のちがいがぼやけてきた時代における、
　　　　　　　　　　　　　ある種の自然哲学」PP, 314

● 人工と自然。一つの生産プロセス

　ドゥルーズとガタリは、自然と人工の区別を行わない。というのも、「人間の手が加えられている」という意味での「人工的なもの」は、あたかも人間が自然の外にいるかのように想定してしまうからだ。反対に、ドゥルーズとガタリは、人間と自然が一つの生産プロセスをなし、そのプロセスとともにさまざまなものを産み出す、と主張するのである。彼らは、つぎのように述べている。「ここでは自然 - 人間の区別も存在しない。〔…〕自然は、人間を生産するとともに、人間によって生産されるものである。人間は万物の王者ではなく、むしろ、あらゆる形態やあらゆる種類の深い生と接触し、星々や動物さえ引き受け、〈器官機械〉を〈エネルギー機械〉に接続することをやめず、彼の身体の中には樹木があり、口の中には乳房、尻の中には太陽があり、人間は宇宙のさまざまな機械を永遠に担っている。〔…〕自然と人間は、相互に対面する二項のようなものではなく、むしろ唯一の同じ本質的な実在であり、生産するものと生産されるものは一体をなしているのだ。プロセスとしての生産は、あらゆる観念的なカテゴリーをはみだすものであり、欲望を内在的原理として一つのサイクルを形成している」(AŒ上20f. Cf.SPP, 240; DRF上254)。ドゥルーズとガタリの《自然》は、《機械》と一体をなす一つの生産プロセスなのである。

● **自然＝機械の異種混交のオペラ**

　ドゥルーズとガタリは、しばしば「自然という機械」の「音楽的」な側面を強調する（MP中311f., 357-361）。動物行動学者のユクスキュルを参照しながら、ある生物の行動の内に、別の生物が「モチーフ」として含まれることで、遺伝的な関係や種の同一性などを欠いた生物同士が知らぬ間に一つのハーモニーやメロディーを形成している、とドゥルーズとガタリはいうのだ（QPh, 310-4）。たとえば、クモが巣の糸をはるときに、あたかも蠅の大きさや行動を「念頭においているかのよう」であるということや（MP中324）、蘭が雀蜂のメスの姿形にとどまらず色や大きさ、香りまで類似する花を咲かせることで、雀蜂のオスを引き寄せ、雀蜂をあたかも蘭の生殖器官のように仕立て上げてしまうことなどである（AŒ下134）。

　ドゥルーズとガタリの自然観の特徴とは、動物・植物・鉱物を含む自然は、何らかの「同一性」や「統一性」をもとにしなくとも機能することを認め、そしてむしろ、異なるもの同士が関係することによってあらたなものが生み出されると述べる点にある（AŒ下133-137）。親から子への「通常」の遺伝の伝達とは異なる、ウィルスによる遺伝子の書き換えや、伝染による拡散といった運動を考慮に入れるならば、《自然》はむしろ、「不自然」な結びつき、「自然に反しての婚礼」によって突き動かされている、といえるだろう（MP中167）。ここでいう「伝染」とは、いうまでもなく、生物学的なだけでなく、社会的慣習や振舞い、思考などが、表象されることのない「地下の＝アンダーグラウンドな」経路を通って、さまざまな群れの内に広がってゆくということを含んでいる（MP上48, 中168f.）。

＊参照：欲望、分子、生成変化、生、流れ、セリー、内在、永遠回帰

マイナー文学 Littérature Mineure

　　　　「偉大で、革命的なのは、マイナーなものだけである」K, 48

● 規範的な言語の内で、その言語の外に出ること

　ドゥルーズとガタリが、カフカやマゾッホの内に見出す「マイナー文学」は、「マイナーな主題」を扱う文学でも、「マイナーな言語」による文学でもない (Cf.ID 上277f.; CC, 118-120)。「マイナー文学とは、マイナーな言語の文学ではなく、むしろ、マイノリティがメジャーな言語の内でつくりあげる文学」であると述べているように、ドゥルーズとガタリにとって問題なのは、支配的な言語である「メジャーな言語」に対してどのように振舞うかであり、より正確にいえば、その束縛から逃れ、いかに言語をずらすかということなのだ (K, 27)。別のところでドゥルーズは、マイナー文学とは、規範的な役割を果たしている言語について行なわれる、ある「操作＝施術」であるとも書いている (SUP, 119)。ドゥルーズとガタリがあげるこの「施術」の第一の特徴は、「言語の脱領土化」である (K, 27f.)。「マイナー文学」についての上記の定義からすでにあきらかなように、言語の脱領土化とは、外国語を喋るなり、沈黙するなりしてその言語の使用をやめるということではない。言語の脱領土化とはむしろ、ある言語を積極的に用いながら、その言語から漏れ出すような使用法を発明することなのだ。「単にある言語の外に出る」のではなく、「ある言語の内において、その言語の外に出る」こと、あるいは、ある言語の使用を通じて、その言語が異質なものに変化してゆくよう強いること、といったらよいだろうか (Cf. K, 32; SUP, 132-4)。規範となっている言語の内にそれを歪めるような、

内的な緊張状態を生み出すこうした操作を、ドゥルーズとガタリは「自分固有の言語の内で外国人＝異邦人のようであること」と呼んでいる (K, 48; MP上219)。『批評と臨床』の冒頭に引かれている「美しい書物は、ある種の外国語＝異邦の言語で書かれている」というプルーストの言葉にならったいい方をすれば、「すべての美しい書物はある種のマイナー文学である」と、彼らが考えているといっても過言ではないだろう。

● 文学の政治（公／私の分割線を取り払うこと）

　「マイナー文学」のもう一つの大きな特徴は、文学の政治性である。ただし、国家や制度といった、いわゆる「政治的」なことを語るのが政治なのではなく、むしろ、マージナルで特異な生のあり方について語ることがすでに集団的で政治的な意味をもつと、ドゥルーズとガタリはいう (K, 28-32)。彼らにとって問題なのは、社会的な事柄と個人的な事柄を分離させてしまう分割線の位置をずらし、公／私を直につなぎなおすことなのだ。そしてとくに「マイナーな作家」の作品のもつ政治的な力が発揮されるのは、現在の社会の内では、「その条件がいまだ現実的には与えられていないような共同体」を表現するときであろう (K, 146)。その作家なしでは不可視のままであった来るべき「民衆」を、言葉によって喚起すること、具体的な実現に先駆けて、言表によって未来を表現することは、マイナー文学に固有の課題なのである (K, 171-6. Cf. IT, 307-311; QPh, 186-190; CC, 17-9, 175-181)。

＊参照：生成変化、闘い、簡素さ、アレンジメント、エクリチュール

エクリチュール Écriture

　　　　　　「人は、おのれの知の尖端でしか書かない」DR上17

● 書くことに目的はあるのか

　ドゥルーズは、どのようなときに人は書くのか、書くことには何か目的があるのか、としばしば問い尋ねる。彼がもっとも嫌うのは、「体験記」のたぐいであり、「まず作者が何かを実行し、つづいてそれを物語る〈いろいろ見たし旅もした〉式のシステム」である (PP, 270. Cf.262f.; QPh, 286)。これでは「たいした文学にはならない」とドゥルーズはいうが、それは、いつも同じ「自我」が時と場所を変えるだけになるからだろう (D, 69)。ドゥルーズによれば書くことは、決してある「個人」だけに関わる事柄ではなく、日記でさえ、カフカにおけるように、内面の告白とは無縁のものだ (K, ch.3)。作家は、「個人」にとっては過剰な何か、体験するには大きすぎる何かを見聞きし、そこから「真っ赤に眼をはらし、鼓膜に孔をあけて帰ってくる」(CC, 17)。作家が、知覚してくるのは、顔を剥ぎ取られ、意味と主体性にはもはや還元されないような生の特異な姿であり、「溶解した自我をあらわす空虚」とともにある、「血なまぐさく、引き裂かれてさえいるイメージ」だとドゥルーズいうのだ (CC, 244. Cf.D, 81)。ドゥルーズにとって書くこと（あるいは芸術全般）の問題は、「美的」なものではなく、神経に直に触れることであり、生の感覚を露呈させることにある (Cf. K, 142-6; FB, 36f.)。彼がしばしば、作家は「動物になること」と切り離せないと述べるのは、書くことがもはや「人間」的でない力との関係に入るからであり、むしろ、この非人間的なものから特異な「生」

のかたちが構成されるからである。ドゥルーズはいう。「書くことがそれ自体で目的をもたないのは、まさに生が何か個人的なものではないからだ。あるいはむしろエクリチュールの目的とは、生を非人称的な力能の状態へ到らせることにある。〔…〕なぜ人は書くのか。それは、書くこと_{エクリチュール}が問題ではないからだ。作家には脆弱な健康と虚弱な体質しかないかもしれない。しかしそれでもなお作家は神経症の対極にある。作家が、彼を貫く生、または彼の内を通過する種々の情動に対してただ弱すぎるだけなのなら、彼はやはり一種の偉大なる《生者》(スピノザ、ニーチェまたはロレンスのように) でありつづける」(D, 88f.)。

● 全世界のマイノリティに出会うこと

あらゆる身分や特性から切り離された単なるある一つの生は、身分特定ができ固有の特性によって表象されるマジョリティとは本性の異なる、マイノリティと呼応するだろう (CC, 157, 176f.)。芸術が「呼び求める」のは、「虐げられた、雑種の、劣った、アナーキーな、ノマド的な、どうしようもなくマイナーな人種」たちである (QPh, 188. Cf.PP, 257-264)。しかしこのマイナー性はドゥルーズにとって、秘教的なセクト主義ではなく、全世界に数え切れないほどいるアウトサイダーたちを共鳴させる社会的なものだ (K, 29f., 146; D, 78; MP中274f.)。あらゆる偉大な作家は、特異なものであるだけに、国籍や家系などに関わらないマイノリティたちの共同体を、エクリチュールによって経巡るのである (CC, 177-186)。

＊参照：マイナー文学、生、批評と臨床、感覚、生成変化、戦争機械

厳密な非正確さ Anexactitude Rigoureuse

「『知恵の七柱』について、〈こんなものは英語ではない〉と述べた
　　　　　　　批評家の発言ほど美しい賛辞があろうか」CC, 228

● 厳密な仕方で、ぶれること

　ドゥルーズは「厳密さ」を重んじる哲学者であるが、しかし、それは頭のかたい偏屈さとは異なる。ふつう厳密さといって想起されるのは、ある概念がいつでも同一的な仕方で規定されうること、その概念があらゆる状況に普遍的に適用されうること、どんな経験でもそれにもとづいて正確に分割し分類しうることなどであるだろう (Cf.ES, 21)。ドゥルーズのいう「厳密さ」はこうしたイメージとはまったく別の性質をもっている。

　ドゥルーズは、いままさに起こりつつあるものごとについて、言葉は非正確でしかありえず、哲学者はこの非正確さに対して忠実でなければならない、というのである。「つまり何かを正確に指し示すためには非正確な表現が絶対的に必要なのだ。〔…〕非正確さとは近似値などではまったくなく、反対に起こりつつあることの正確な経路なのである」(MP上51. Cf.PP, 65)。ドゥルーズが求めているのは、「理想的本質」のように確固とした不変のものでも、単に「不」正確な知でもない。むしろ彼は「非正確でしかも厳密」な知や、変化するものにより添って、いっしょに「さまよう」ことのできる言葉を欲している (MP下 43f. Cf.DR下122, 125f.)。ドゥルーズは「非正確な厳密さ」で書くことによって、瞬間ごとに把握の手から逃れ去るような捉えがたいもの、生成するものを浮かび上がらせようと試みる。厳密な非正確さとは、生成変化を

記述するために仕立て上げられる正確な書法なのである (D, 12)。

　哲学ではフッサールが、「漠然としてはいるが厳密な」形態としての「丸」について述べている (MP下44)。絵画もまた、ある物体に作用する力を厳密に描くために、歪んだものになることがある。たとえば重力を捉えようとして腕を長めに描くミレー、そのミレーの非正確さ、逸脱を讃えつつ、太陽の力を捉えるひまわりを描くヴァン・ゴッホの名前を、ドゥルーズは挙げている (FB, 54)。

● いかにして上手く、いいちがえるか
　文学に関しても同様である。ドゥルーズにとって「正確」な美しい言葉で語ることは問題ではない (CC, 230f.)。彼は、むしろベケットのように正確に「見ちがえ、言いちがえる」作家に最大の賛辞を送っている。ドゥルーズが書くことをめぐって関心を寄せるのは、「何でもあり」に陥ることなく、言葉がいかにものごとを「不可解」でしかありえない状態にとどめておくかということであり (CC, 171)、また、言語を非正確で異様なものにしながら、作家がいかに特異なスタイルを獲得するのか、ということなのだ (CC, 227f.)。ドゥルーズが忌避するのは、言葉や思考に理性的な外観を与えるために、対象となる「現実」を固定し、単純化し、理解しうるものにしてしまう態度である。現実的に見えるが、「現実」にもはや触れることのない「客観主義」は、その正確さゆえにおそらく厳密ではないのだ (PS, 36-42)。

＊参照：生成変化、生、ノマド、スタイル、エクリチュール、歪形、表現

簡素さ Sobriété

「禁欲的な線と、わずかな草と、純粋な水」MP上207

● 引き算し、取り除き、切り詰めること

　削り取り、切り詰めること、同一的な基準や規範、超越的にすべてを俯瞰するような視点を取り除くことは、ドゥルーズの方法の特徴の一つである (Cf.ES, 98, 108)。彼は1979年に「マイナス宣言」という論文を書いており、そのタイトルは文字通り彼の方法の「宣言」ともいうことができるだろう。ドゥルーズは、切除と構成が背中合わせになっているカルメロ・ベーネのテクストについて「文学でもなく演劇でもない、まさに外科手術のようなエクリチュール」と書いている (SUP, 138)。この「除去手術」、「批判的手術＝操作」の特徴は、「(1)静的な要素を切除すること、(2)そうしてすべてを連続変化の内に置くこと、(3)そしてすぐにすべてをマイナーへと移調すること」だという (SUP, 139)。こうしてドゥルーズは、さまざまな要素を「引き算」しながら、「簡素さ」の方へ向かうのだ。

● 簡素さは、スタイルの条件である

　ドゥルーズにとっての簡素さは、思考の方法であると同時に、文体＝スタイルの問題にもなっている。実際、ドゥルーズの文章はシンプルで慎ましいものだが、「簡素さ」はそういった外面的な特徴以上のものを示している。というのも、引き算されるのは、言語の中で「一定にとどまるもの＝定数」であるがゆえに、簡素さとともに、単一で安定した状態にある言語という見方から、流動的でつねに不均衡な言

語へと、根本的に言語観が転換されるからである (K, 41; MP上211-9)。ドゥルーズとガタリがいうように、「引き算」することは、言語を「貧困」にすることではなく、標準的な「国語」や「母語」に対して、自分の用いる言語を、バランスを欠いたもの、一種の外国語のようなものにするための条件なのだ (MP上218f.)。ドゥルーズは、規範に添って「上手く語ることが、偉大な作家たちの特性や関心事であったことなど決してなかった」と見事に述べているが、標準的で均整のとれた「よい文章」ではなく、その作家が発明したとしかいえない特異な言語の「吃り」こそ、作家のスタイルのしるしといえるだろう (CC, 230f.)。

　ドゥルーズにとっての偉大な作家とは、ベケットのように「言葉の表面を減少させようとして、文を穴だらけにする」作家のことであり (EPU, 44)、簡素さの極致で、沈黙や空虚をえぐり出すような作家なのだ (EPU, 41-43)。あるいはまた、ドゥルーズが高く評価するメルヴィルは、「何をしたくないのか」をいわずに、「できればせずにすめばありがたいのですが」を会社でくり返すバートルビーという人物をつくりあげることで、増殖する「意志の無」を開示し、ルールが支配する社会のあらゆる前提を掘り崩してみせる (CC, 152)。簡素さが穿つ「真空あるいは省略」は、慣習的な決まりごとや規範が通じない空隙であり、それが既成の構造を揺さぶるための炉心となるのだ。ドゥルーズにとって引き算は、「思いもかけない何かが生まれ増殖してゆく」ことと密接に結びついているのである (SUP, 119)。

＊参照：スタイル、マイナー文学、逃走線、ダンサー、消尽したもの
＊別の訳語：K「冷静さ」; D, MP「簡潔さ」

生成変化 Devenir

「ピンク・パンサーは何を真似しているのでもない」MP 上 31

● **あたらしいものは、異なるもの同士の遭遇から生まれる**

　ドゥルーズとガタリの「生成変化」(「分子状になること」「動物になること」など) とは、一つの対象に起こる変化ではなく、変化に巻き込まれる、少なくとも二つの対象を必要とする。ドゥルーズとガタリがもっとも頻繁に出す例は、雀蜂と蘭の関係だ。これらは別々の遺伝的な系統をもつにもかかわらず、雀蜂のメスの姿をしている蘭は、惹きよせられた「雀蜂にとっての性器」になり、雀蜂は花粉を運ぶことで蘭の生殖を媒介するために「蘭の生殖器官の一部」になる (D, 11f. Cf.AŒ 下 133f.; MP 中 280)。異なるものが、差異を保ったまま遭遇することによって、双方が互いを引きずるようにしつつも、バラバラに進化し変形していったのだ。生成変化は、つねに両岸を巻き込む「二重」のものであり (K, 68f.; MP 中 26f., 158f., 303-5)、本性＝性質を異にするもの同士が、ともに自己の「自然な」かたちから引き離されるような歪形のプロセスのことである (D, 18; MP 中 166f.)。ドゥルーズとガタリは、生成変化において何かが起こるのは、それらの「あいだ」においてだということを強調する (D, 18; QPh, 292f.)。生成変化は遭遇するものの内部にあった本質がくり広げられるのではなく、遭遇するものにとって外部にある「あいだ」で起こる出来事であり、この出会いによって、自然が歪み、遭遇するものも何か別のものになるというのだ。生成変化には、したがって、相互に関係する異質な項が少なくとも二つあり、それに加え、それらが位置づけられる「環境

milieu」でありそこで変化が培養される「媒質milieu」でもある「あいだmilieu」の空間が、そこには存在していることになるだろう。これらは「生成変化のブロック」を形成するのである（MP中279-281）。

● 芸術と政治の生成変化

　ドゥルーズは、芸術における生成変化をしばしば取り上げる。たとえば、有名なカフカの『変身』に加え、エイハブが「白鯨になること」に捉えられるメルヴィルの『モービー・ディック』、闘牛を描いたフランシス・ベーコンの絵画などである（K, 68f.; MP中172f.; FB, 21-7）。芸術においても、生成変化は二重であり、人物が動物になると同時に、その動物そのものが（絵画の場合なら）色彩と線からなる感覚存在になるのである（MP中302f.）。この二重性こそ、生成変化が単なる「模倣」と異なる理由であり、模倣される対象自体が変化のプロセスに捉えられることで、モデルとしての性格を喪失するのである。加えて、ドゥルーズとガタリには、芸術と政治の生成変化のブロックが存在している。つまり、数に入れられていない抑圧された「マイノリティ」を、いまだ存在していない「民衆」として虚構しながら芸術がマイナーになるのと同時に、このマイノリティ自身が現在に抵抗する「未来の形式」を指し示すと彼らはいうのだ（K, 81-3, 133-6; MP中273-281, 下238-241; IT, 299-306; QPh, 186-190）。芸術と政治のブロックは、「潜在的な別の共同体を表現し、別の意識の手段と別の感性の手段をつくりだす」萌芽を、結晶化させるのである（K, 30）。

＊参照：ペルセプト、マイナー文学、領土、内在、欲望、歪形、マテリアル

線 Lignes

「線は、思考が狂気のような何かに衝突し、生が死のような
　何かに衝突するような場所にはいたるところに存在しています」PP, 223

● 錯綜する線を解きほぐすこと

　ドゥルーズによれば、ものごとは、さまざまな線からなる多様体である（D, 209-225）。「ものごと」というのは、文字通り「物」であってもよいし、「観念」や「身体」、「制度」や「社会」、または「世界」でもよい。それらはすべて、さまざまな性質をもつ線の絡みあいからできていると、ドゥルーズは考えているのだ。彼はこう述べている。「わたしにはものごとを、解きほぐすべきものであり、また交差させるべきものでもある、さまざまな線の集合として考える傾向があるのです」（PP, 326）。

　「ものごと」が線から構成されるということは、逆にいうと、線を引くことで「ものごと」の見え方や性格が変わってくるということでもある（たとえば「補助線」によって、図形の見え方が一新されるように）。線の重要な性質の一つは、線はそれが引かれる場所、空間をつくりかえることができるということなのだ。ドゥルーズとガタリは、線の引き方や微妙なずれによって、ものごとが刻々と変形してゆき、ついには、線を引く行為と世界の生成変化が識別不可能になるような地点を差し出している（MP中250-2）。こうした線は「表現の描線〔特性〕」と呼ばれるのだが、「描線」とは引かれるたびごとに、一つの特異な世界をひらくような線、「現実の上に直に書く」線のことである（MP上291, 中251, 下320）。

● 点のあいだをすり抜ける

　「点」ではなく、「線」によってさまざまな事象を考えるという発想は、ベルクソンにも同様に見ることができるが（『精神のエネルギー』）、それは、ものごとを「定点」によってではなく、動的な傾向をもつ「線」によって考え、そしてその線がさらに複数つらなって交差配置されるようなダイナミズムを示しているだろう（ID上65f. Cf.CC, 104f.）。ドゥルーズは、ベルクソンと同様、変化を捉えることに細心の注意を払う哲学者であり、彼が描写するいくつかの線の類型も、線の運動をいかに解き放つかに心を配ってなされている。たとえば、ドゥルーズとガタリは点から点へと向かう線と、点と点のあいだをすり抜けてゆく線を区別している（MP中279-285. Cf. 69-94）。第一の線の場合、まず与えられるのはあらかじめ位置を確定された点であり、一点から別の一点へと一定の経路の線を引くことができる。ドゥルーズとガタリはこれを「点に従属する線」と呼んでいるが、そのことが意味するのは、あらかじめ計画や予測にしたがう運動のことだろう。書物の場合でいえば、結末への道筋に沿うよう「伏線」を引いていくようなものだ。他方、点と点の「あいだ」をゆく線はまったく異なる性格をもつ。彼らは、点をかわすかのように「蛇行」し、「ジグザグ」を描き、「渦巻く」線を挙げているが、こうした線は、むしろ計画から逸脱し脱線してゆく線であり、決められた路線から「漏洩」し、予測から「逃れる」ような、ノマド的な「逃走＝漏洩線」なのだ（MP下295f.）。

＊参照：逃走線、非有機的なもの、地図、概念、書物、アイオーン、平滑

リゾーム Rhizome

> 「アムステルダム、まったく根をもたない都市」MP上40

● リゾーム、あらたなシステムへの意志

「リゾーム」とは、地表の下を伸びてゆく茎であり、この茎は「根」の代わりをする（たとえば、竹やはまむぎがリゾーム状の茎をもつ植物である）。出自や、根源的意味、自我などの根＝ルーツから出発して構築されるあらゆるシステム——その代表が、根源の統一性からすべてが分岐する樹形図である——に対して、ドゥルーズとガタリは、根という根源的な統一性や中心をもたず、それでいて、充全に機能するシステムの一つのかたちをリゾームという概念によって考えようとしているのだ（MP上42f.）。リゾームとは、樹木の破壊によるあらゆるタイプのシステムの否定ではなく、非中心化され「ひらかれたシステム」のポジティヴな構築である（MP上44f.; PP69f.）。

● リゾームの諸原理

ドゥルーズとガタリは『千のプラトー』の序章の中で、「リゾーム」の具体的な諸規則を挙げている。一つめは、システム内での自由で横断的な接続であり、それによって生じる異種混交状態である。「リゾームのどんな一点も他のどんな一点とでも接続されうるし、そうされるべきである。〔…〕リゾームは記号論的鎖の輪や権力の諸組織、芸術、科学、社会的闘争にかかわる出来事などをたえず接続しつづけるだろう」(MP上23f.)。リゾームのもっともよい例はおそらく『千のプラトー』という書物それ自体であり、この本は「リゾーム」形式を採用しなが

ら、さまざまなジャンルが具体的にどのように結びつき、いかなる結節点をなすのかを記述している（MP上53-5）。

　二つめの規則は、リゾームは自分にあたらしい要素が接続されるか、切り離されるかするたびに、「必然的に性質＝本性を変える多様体」だということである（MP上25f. Cf.52）。それは、要素がつけ加わっても同一にとどまる堅牢さとは無縁な、接続とともに生成変化してゆくシステムにほかならない。『千のプラトー』をふたたび例に取ると、「多くの入り口」をもつこの本に、読者はさまざまな仕方でアプローチすることができるが、しかし、どこから本に入ってゆくか、どのように自分を接続するかによって、本そのものがかたちを変えるということである（K, 1f.; MP上9, 34）。本を閉じた実体と見なすのではなく、それが読者という書物の外部と接続され、さらには言語や身振り、性や自然などとどのように関係し、いかに作用するかということが書物に固有の問題なのだ（MP上17, 30f.,55f.）。

　三つめの規則は、リゾームは、すでに存在していると見なされる現実を「複写」するのではなく、線をつけ加えるたびに変化してゆく「地図」を描くということだ（MP上33-40）。リゾーム状の世界の中で、異なるジャンルのもの、たとえば社会的なものと芸術のあいだにあらたな接続を生み出すことは、「地図」である現実そのものに線を引き、「地図」を書き換えることを意味するだろう（MP上291f., 中251）。ドゥルーズとガタリは、等質化し図式化する傾向を脳から取り除きながら、思考のリゾーム状の地図を実験的に作成してみるよううながしている（MP上38-41）。

＊参照：多様体、線、書物、地図作成、分裂分析、自然、有機的なもの
＊別の訳語：K, D「根茎」

間奏曲 n-5

　『言葉と物』を読むかぎり、いや『言ったことと書いたこと』(第2巻)に収められた「生物学の歴史におけるキュヴィエの位置」といった論考を見ても、フーコーは明らかにキュヴィエに近親性を発揮しているのに対し、ドゥルーズは一貫して、その論敵であるジョフロワ・サン=ティレールの味方である。いうまでもなく、キュヴィエとジョフロワは、アカデミー論争という十九世紀の科学における最大の論争を激しく展開したのだが、ドゥルーズは、その対立を、地層の問題のヴァリエーションとして、『千のプラトー』のなかで、イェルムスレウを引き継ぐように語っている。

　「ここでジョフロワ・サン=ティレールに賛歌を捧げるべきではないだろうか？　というのも、ジョフロワこそは、十九世紀にあって、地層化作用に関する一個の壮大な概念を打ち立てた人であるからだ。(……)重要なのは、地層の統一性と多様性であり、たがいに対応しないのに形式の同形性があり、組成された実質には同一性がないのに、要素あるいは成分には同一性があるということだ。」

　この最後のフレーズには、イェルムスレウをめぐっての「内容と表現とは、決して対応もしなければ符合もしない。この両者は、互いに他を前提しつつ同形的であるというにすぎない」という言葉がそのままこだましているが、てはいったい、ジョフロワが対象とした動物学・比較解剖学において、「対応しないのに形式の同形性があり、組成された実質には同一性がな」く、「要素あるいは成分には同一性がある」とは、どういうことか。ひとことでいえば、それは「異種間同形性」ということであり、たとえば脊椎動物と頭足類(頭足綱)のように種が異なるとし

ても、そこには同形性があるということを、ジョフロワは主張するのだ。
　「異種間同形性の根拠、それは、形態が有機的地層上ではいかに異なっていようと、ある形態から別の形態に「折り畳み」を介して移行しているということです。例えば、脊椎動物から頭足綱に移るには、脊椎動物の脊柱の二つの部位を引っ張り寄せてごらんなさい。つまり、頭部を足の方へ、骨盤を項(うなじ)の方へもっていくのです。」
　あらゆる動物が、種の差異を超えて、「発達ないし完成のさまざまな度合」に応じて、ある形態から別の形態へと移行し合う。それがジョフロワの視点であり、それゆえそこには「同一の抽象的な〈動物〉」がいるだけで、その同形性が「折り畳み」により形態を変えて移動してゆくのである。それはもはや有機体としての動物ではない、有機体を脱領土化することで得られる器官なき身体にほかならない。
　ちなみに、キュヴィエはこんなふうに主張する。
　「そんなのはでたらめ、でたらめですぞ、象からクラゲへ移行するなんてことはできやしない（……）還元不可能な軸や型や分類学の門というものがあるんですよ。存在するのは諸器官の相似性と諸形態の類似性であって、それだけです。」
　キュヴィエは、異種間の生成変化を認めない。これに対し、ジョフロワ的〈動物〉は、種と種の間を、綱と綱のあいだを、さらには最上位の区分である門と門の間を「折り畳み」という生成変化によって移動してゆく。だからこそ、ドゥルーズは「ジョフロワは折り畳みの巨匠、最高の芸術家なのだ。彼はそのことによってすでにある種の動物的リゾームを、驚くべきコミュニケーションをもつリゾームを、つまり〈怪物〉どもを予感して」いる、というのである。「折り畳み」こそ、動物のリゾームを、リゾームとしての動物を可能にする地層化作用にほかならない。

プラトー Plateau

「一つのプラトーは決して、そこに住まう牝牛たちと区別できない」MP上56

● 昇華されることのない緊張の持続

　ドゥルーズとガタリが本のタイトルにも採用している「プラトー（高原）」という概念は、人類学者ベイトソンのバリ島での研究に由来している（ちなみに、フランス中部には「ミルヴァッシュ」という名のプラトーがあり、この高原のことをドゥルーズは友人らに『千のプラトー〔ミル・プラトー〕』と関連づけてしばしば語っている）。ベイトソンのいうプラトーとは、エクスタシーや絶頂にいたる寸前の精神の高い緊張状態のことであり、高揚が解消されることなく強度的に持続している状態を指す（MP上53）。この緊張の「高原状態」は、何らかの終点や目標に到ることを回避する宙吊りの技術であり、「山」のように頂点をもたない。いいかえれば、精神の高揚は、快楽という目標や、エネルギーのもたらす絶頂という結果によってではなく、そのもの自体で価値をもつのである（MP上318）。この意味でプラトーは、ある特定の目的や終着点との関係によって、このテンションを意味づける目的論的な思考に対する批判になっている。彼らはこう書いている、プラトーとは「おのれの上で打ち震える、さまざまな強度の連続地帯であり、絶頂や外的目的＝終焉に向かうあらゆる方向づけを回避しながら発展する連続地帯である。〔…〕西欧的精神の困った特徴は、もろもろの表現や行為を、それら自体の価値によって内在平面上で評価する代わりに、外的ないし超越的目的＝終焉に関係づけてしまうことだ」（MP上53）。そして、ドゥルーズとガタリにおいて情動の震えばかりで

なく、身体の痙攣、分子の振動、音の波動、温度の変動などはすべて、目的をもたずつねに変化する強度の連続帯、プラトーを形成している (PP, 286; DRF上254)。

● 強度高原の上の狼男

　こうした強度の連続的持続は、別の種類の緊張と接続され、リゾームを形成することになるだろう (MP上54)。それは目的化された連鎖ではなく、分散してゆくつながりであり、究極的には「あらゆる強度の連続性から一つの連続体をつくりあげる」ことになる、とドゥルーズとガタリはいう (MP上324)。彼らは強度の組み合わせの例を数多くあげているが、その中でも興味深いものに、フロイトから奪い取った「狼男」がいる (MP上75-7)。狼男は強く咬みすぎる顎のせいで歯が抜けてしまうというのだが、ドゥルーズとガタリはまさに「より高い強度としての顎、劣った強度としての歯、そしてゼロへの接近としての膿疱で覆われた歯茎」という三つの異なる強度の連結からなる連続体として狼男を描く。歯と顎は、それらの硬さと強さの度合の差異、動く顎と静止した歯という速度の差異によって結びつき、それが、歯茎との関係で「ぐらつく」ないし「抜ける」といった歯の状態になるのだ。ドゥルーズとガタリはいっている、「狼、狼たち、それはもろもろの強度、速度、温度、可変的で分解不可能な距離である」、と (MP上76)。強度はここで、歯と顎の表面の下でネットワークを形成する「地下茎」のようなものであり、それが狼男という強度の連続地帯をつくりあげているのだ (MP上54)。

＊参照：強度、リゾーム、多様体、器官なき身体、個体、ペルセプト

地層 Strates

「音声的なものと視覚的なものが無限遠点で〈触れる〉ところ」IT, 353

● 見ること、語ることの歴史的堆積

　ドゥルーズの同時代人であり、畏友であるフーコーは、一つの目的へと進化する連続的歴史ではなく、さまざまな断絶を含む歴史を構想したが（『知の考古学』）、「地層」という語は、このような断絶した歴史を表現する概念である。というのも、堆積などによる「歴史的な形成物」である地層と地層のあいだには、分断の線が走っており、異なる地層の敷居をもとにして時代を見分けることができるからである（Cf.MP上95-102）。ドゥルーズにおいて問題になるのは、「語ること」と「見ること」の「地層」であり、歴史のある時期に、言葉と物、表現と内容がもつ一定の「形式」である（F, 91f.）。

　これら言葉と物の地層は、一定の時代と場所において特有の規則ないし条件をもっている。つまり物質的かつ技術的な条件（活字や顕微鏡の発明など）、場所（新聞なのか書物なのか）、制度（法廷、家庭、学校、刑務所…）などの総体であり、これらが時代の認識や感性、倫理などのあり方を規定しているのだ（F, 97, 101）。ドゥルーズがいうように、言表はこうした「一定の諸条件と関連してはじめて、解読可能なものとなり、語りうるものとなる」のであり、書かれた言葉を単に追うだけではそれは理解されることはないだろう。「おのおのの時代は、その言表の諸条件にしたがってみずから語りうることのすべてを語る」とドゥルーズは、フーコーを引き継ぎながら書いている（F, 103, 102）。

●能力と禁忌：何を語ることができ、何を語れないのか

　ある時代における言葉と物の形式とその諸規則からなる「地層」は、ある一時代の「知」を照らし出す。ドゥルーズによれば、「知」とは、見ることと語ることの組み合わせから生じるものなのである (F, 91)。そしてこの知は、同時に、ある一時代の諸制度、諸条件、諸規則が、何を禁じてしまうかをもあきらかにするだろう。あたかも、光を当て、ものごとを見えるようにすることが、同時に、影をつくりだすことによって「見える部分」と「見えない部分」を分割・配分してしまうように、ある知の形式は、正統と異端、正常と狂気、高貴と卑賤を振り分けることで、言説の管理や身体の監禁をつくりあげてしまう (F, 93f. Cf.PP, 91f.)。ドゥルーズが述べているように、ある「光の形態」は「明と暗、不透明と透明、見られるものと見られないものなどを分配する」のである (F, 109)。社会の周縁に位置するものだけが見えないものになるばかりでなく、高貴なものや監視するものが影の中に入り、見えないものになる場合もある。たとえば、囚人たちに「見られることなしに、たえずすべてを見ることができる」ように可視性を調節する監獄のようにである (MP上147f.; F, 92)。見ることの可能性と語ることの可能性を規定する諸規則を構成する地層はこうして、語りうることと語りえないことを、見えるものと見えないものを、具体的な装置によって配置し交錯させながら、歴史のある一時代における複雑な社会空間を浮かびあがらせるのだ。

＊参照：アレンジメント、抽象機械、構造、多様体、個体、襞、主体化

ダイアグラム（抽象機械）
Diagramme (Machine Abstraite)

「ガリレオ、バッハあるいはベートーヴェンの抽象機械」MP下318

● 形式と形式のあいだにあるもの（形式化されないもの）

『千のプラトー』は、見えるものの形式と語ることの形式、「内容の形式」と「表現の形式」という、大きな二つの「地層」によって貫かれており、それぞれが独立したものとして規定されている（MP上183f.）。「これはパイプではない」と書かれたマグリットのパイプの絵が示しているように、語られていること（「これはパイプではない」）は、見えているもの（「パイプ」）とは別のものであり、両者のあいだには埋めがたい断絶が存在しているのだ（Cf.F, 115）。しかし、たとえ両者が異なるものであり、互いに還元不可能であったとしても、それらのあいだを関係づけることができないわけではない（MP上185f.）。「ダイアグラム」ないし「抽象機械」とは、表現の形式と内容の形式という二つの形式（「知」）の外にあって、これらの関係を規定するものである（F, 140, 151, 159f.）。

● 不定形のダイアグラム。拡散、浸透、変異

ドゥルーズはフーコーの『監獄の誕生』から、ダイアグラムの概念を引き出す。フーコーは、一点から全体を見渡し管理することのできる一望監視システムとは「ダイアグラム」であるといいながら、それが、監獄、工場、兵営、学校、病院などさまざまな特殊な形態に浸透しているという（F, 67f., 134-6）。ダイアグラムは、監獄や学校といった

個別的な形態に組織されるとき、それぞれの場の目的にあった機能を形成するが、しかし、具体的な場で実現される以前の一望監視システムをそれ自体として考察すると、それはただ人間を閉じられた空間に規則的に配分すること、時間を秩序づけることといった「抽象的」な機能をもつだけである。つまり、どのように秩序づけられるかが「抽象的」に規定されているだけで、具体的な場においてそれが実際にどのようなかたちをとり、どのような人間を対象とするかということに関してはまだ不確定なままにとどまっているのだ (F, 133f., 136)。ドゥルーズが、ダイアグラムは「不定形」であると述べるのはそのためである (F, 68)。ただし、この「不定形」はすでにあきらかなように、「未規定」であるというわけではない。たとえば監獄では、一望監視システムというダイアグラムとともに、成文化された刑法（表現の形式）と監獄の構造（可視性の形式）がつくられ、それらが一つの制度内で一緒に機能するよう関係づけられるからである (F, 64-7)。ダイアグラムの特徴は、その「不確定さ」「不定形」による、柔軟性、浸透性、拡散性であり、大きい制度から家族のような微視的場まで、対象を問わずに広がってゆく (MP中129f.; F, 137)。ダイアグラムが「不定形」であるということは、また、「形式」によって認識する「知」にはダイアグラムが捉えられないことを意味する (F, 138)。見られ、語られるのは、つねにダイアグラムを具体的に実現したものであり、ダイアグラムそのものは抽象的なままに、「見ること」と「語ること」を構造化する。

＊参照：地層、出来事、襞
＊別の訳語：MP「図表」；FB「標識図」

アレンジメント Agencement

「空白を跳び越え、一つのアレンジメントから別のアレンジメントへ」MP中224

● **ある社会的状況が、言葉や身体を条件づける**

　一つの言葉が意味をもつには、社会的な文脈が必要である。発せられた言葉が実効性をもつことを可能にするような状況がなければ、言葉は空虚に回転するだけだろう。ドゥルーズとガタリのいうアレンジメントとは、言葉や身体のあり方を条件づける環境の配置編成のことである。彼らはこう述べている。「アレンジメントは変異することをやめず、みずからを変形に従わせつづける。まず状況を介入させなければならないのだが、バンヴェニストは、遂行的言表はそれを成立させる状況の外では何ものでもない、ということをあきらかにしている。誰でも〈わたしは総動員を布告する〉と叫ぶことができるが、言表する権利を与える変数の実現がなければ、それは子供じみた行動や狂気のさたにすぎず、言表行為を行なうことにはならない。これは〈わたしはあなたを愛している〉〔といった言表〕についても同様である」（MP上176f.）。愛の告白が、冗談としてではなく、「告白」として適切に機能するためには、当人同士の関係という言表外の条件がなければならない（この関係は、同じカップルでもときによって変化する）。そしてこれに加えて、恋人の関係が親族によってではなく当人たち自身によってアレンジされる社会であるか否かも、告白のニュアンスを変える要因になるだろう。言葉はつねに、社会集団の中で価値を帯びるものだということを、ドゥルーズとガタリは強調している（MP上301-3; K, 171-173）。

社会的なあり方（配置編成）をしているのは、言葉ばかりでなく、身体、事物、道具も同様である。たとえば、性や食といったしばしば禁忌を伴うような領域（「～を食べてはならない」）において問題になるのは、身体と身体、身体と物体の「引力と斥力、共感と反感、変造、混合、浸透と拡張」を規定する社会的なコードであり、「強制的な身体混合、必然的なあるいは認可された身体混合を規則化している」社会のあり方なのである（MP上190f.. Cf.IT, 271）。道具にしても、身体の使い方の一定の様式との関係でなければ、開発されることも意味をもつこともないだろう（AŒ下313f.; MP上191; PP, 264-6）。

● フーコーの「装置」との親近性
　ドゥルーズ自身が指摘しているように、「アレンジメント」は、フーコーの「装置」の概念と類縁性をもっている（PP, 182）。フーコーが「歴史的」なのに対し、ドゥルーズとガタリが「地理的」だというちがいはあるにせよ（PP, 305）、両者がともに問題にしているのは、ある社会の内の私的ないし公的な場面で、どのような装置が言表や身体のあり方を決定しているのか、このアレンジメントの具体的な部品は一体何かということなのだ（MP上147-9）。鍵となるのは、ある場所、ある時代において、規律やモラル、法律や具体的な身体管理法などの一連の「部品」「歯車」が、生や身体や言表にいかなる力を及ぼすのかを分析することである。

＊参照：機械、地層、線、抽象機械、力、歴史、意味、分裂分析
＊別の訳語：PS, K「鎖列」; R「組み込み」; D「組合せ」; SPP「組み合い」; QP h「アジャンスマン」

領土／脱領土化
Territoire／Déterritorialisation

「内部から作用する脱領土化のベクトル」MP下314

● 領土の誕生。大地に刻印すること

　領土の原初的な形態とは何か、一体それはどのように生まれるのか、ということからドゥルーズとガタリは問いはじめるのだが、彼らによれば、領土は、いまだ分割されていない土地に刻印（マーキング）することによって誕生する（ACE上265-273）。たとえば、動物が匂いによって自分のテリトリーをマーキングするように、である（ACE上271; MP中326f., 337）。「大地に属する身体＝物体に刻印する」ことこそ、「原始的な領土機械〔土地機械〕」の役割であり、この刻印こそ領土のはじまりであるとドゥルーズとガタリは書いている（ACE上271）。より正確にいえば、自然の中に存在する数ある刻印の内のあるものが、「時間的な恒常性と空間的な射程」を獲得するとき、この刻印は領土を印すものとなるだろう（MP中326）。刻印が領土を「表現」するものになるとき、はじめて領土が生まれるのだ（MP中326-331）。

　このレヴェルでは、領土の境界線は、柔軟なものであり、たとえば朝にある鳥の領土であったものは、夕方にはもうその鳥の領土ではないし、歌によって領土を刻印する鳥は、自分より歌のうまい鳥が来れば立ち去るといった具合である（MP中327, 330）。領土を取り巻く環境は、その縁で別の環境と接続しており、領土と領土のあいだには相互浸透、相互交流の「リズム」が存在している（MP中321-5）。多彩な変化のリズムをもつ土地が、独占的な所有の対象という意味での「領

土」になり、分割可能かつ交換可能になるのは、あとの段階でのことにすぎない（AŒ上273f.）。それには、「複数の場所と領土性を単一の空間に置き換え」、異質な刻印に満ちた土地を均質化された幾何学的な空間に翻訳する「再領土化」が必要だと、ドゥルーズとガタリは書いている（MP中104, 124）。

● 領土から領土への移行、そして領土からの脱出

　反対に「脱領土化」は、土地や物体＝身体が、ある特定の刻印から脱け出るときに起こると、ドゥルーズはいう。たとえば、進化の過程で、「ヒト上科の動物が大地から前肢を引き上げ、手がまず運動機能をもち、ものをつかむようになる」のは肢の脱領土化であり、同時にその手につかまれ折られた枝が、植物から道具としての「棒」へと「脱領土化」されるというのだ（D, 224; MP中22）。ドゥルーズとガタリは、脱領土化は、つねに「肢」と「枝」のように、互いに変化へと巻き込みあう二つの要素をともなっているということを強調しており、この「二重」の脱領土化が「手」と「道具」という別の性質のものへと再び領土化されるのである（MP中26f., 307）。別の機能や性質への「再領土化」をともなうこうした「相対的脱領土化」に対して「絶対的脱領土化」といわれるのは、あらゆる領土性の刻印から逃走する純粋な「脱」の運動である（MP中22）。そこでは、時代を越えて、あらゆる事象をつき動かす不定形な変異の力が、一瞬閃くのだ（MP下315f.; QPh, 153f.）。

＊参照：リトルネロ、逃走線
＊別の訳語：K「非領域化」；D「非属領化」

その場での旅 Voyage sur Place

「窓のない壁を前にして立ち、身動きせずにいるという権利」CC, 152

● トリップすること、ただしその場で

　ドゥルーズにはダイナミックな変化を讃える哲学者というイメージがある一方で（それは決して間違いではない）、しかし、彼が第一に重要視するのはむしろ決まって、動かないことであり、動くにしてもその場を離れずに動くこと、「その場での旅」である。ドゥルーズには「できれば動かずにすめばありがたいのですが…」というバートルビー的な言葉がよく似合う。彼はシンポジウムなど旅の誘いを断り、部屋から出ることなくその場で「トリップ」していたのである（PP, 28, 277）。ドゥルーズは、旅にもさまざまなタイプが存在することをあきらかにしつつ、こう書いている。「逃走＝漏洩することは、正確には旅をすることでも、動くことでもない。というのもまず、あまりにも歴史的、文化的かつ組織化された、フランス風の旅というものがあるからであり、そこでは人は旅先に〈自我〉を持ち運ぶことで満足する。そしてまた、逃走＝漏洩はその場で、動かぬ旅の中でもできるからである。トインビーは、厳密な意味で、地理的な意味で、ノマドが移民でも旅人でもなく、反対に動かない人々、草原に踏みとどまる人々、その場での逃走＝漏洩線にしたがって大股で歩きながら動かない人々であり、あらたな武器のもっとも偉大な発明者であることを示している」（D, 69f.）。

● 「不動のアクロバット」と「譲渡不可能な部分」

　ドゥルーズにおいて、ではなぜ旅が「その場で」なのかといえば、

それは「運動」があるためには、その「条件」がなければならず、この条件は運動以前のものだからである (Cf.MP下263f.)。たとえば、「下降」という空間的運動が存在するには「高低差」がなければならないが、この「差」自体が、外延的な運動を描く必要のない強度的な差異であるのと同様である (FB, 77; EPU, 37)。「ベケットやカフカの法則にしたがえば、運動の彼方には不動性が存在する」とドゥルーズは述べているが (FB, 39)、ダイナミックに運動するための条件として、まずその運動をつくりだす、それ自体不動の差異が存在しなければならない。『感覚の論理』が「真の軽業師〔アクロバット〕」とは「不動の軽業師」であると書くのは、まさに不動性の内にある潜在的な力能を指し示すためであろう (FB, 39)。また、『消尽したもの』でもドゥルーズは、ベケットにおける「座る」姿勢について、こう書いている。「これは座ったまま、起き上がることも横になることもできず死を待つというもっとも恐るべき姿勢である。〔…〕座ったまま、もう立ちなおることはできない。思い出一つさえ揺さぶることもできない。この場合、揺り椅子では不十分で、肝心なのはその動きが止むことだ」(EPU, 13. Cf.PP, 113)。不動であることは、このときあらゆる運動を打ち消し、動く可能性すらも消去するが、しかしこの消去によって逆説的に、身体の不能や意志の虚無においてもなお残存する、置き換えることのできない存在の部分を抜き出すことになるだろう。不動性の中に滞留するこの部分は、おそらく、人間の身体、そして「魂の譲渡不可能な部分」でもある (CC, 110)。

＊参照：消尽したもの、歪形、ノマド、ダンサー、生成変化、結晶、内在

幼年期のブロック Bloc d'Enfance

「スピノザ主義とは哲学者が子供になることにほかならない」MP中198

● **幼年期は、記憶には捉えられない**

「幼年期のブロック」は、「幼年期の記憶」と対立する概念である (K, 3f., 162; MP上336, 中280f.)。「幼年期の記憶」とは、大人になった自分が（あるいは子供自身が）、過去を振り返って思い出すような記憶のことだ。回顧的な視点から振り返られた幼年期は、過去のイメージになり、壁に掛けられた写真や思い出の品々の上に投影されるだろう (K, 2, 162)。ドゥルーズとガタリがいうのは、子供は決して記憶されているようには時を過ごしていなかったし、遊んでいなかったということである。彼らはこう書いている、「カフカの記憶は決して良いものではなかった。それでいいのだ、なぜなら幼年期の記憶は、癒しがたいほどにオイディプス的であり、写真の上で欲望を妨げ、停止させ、欲望の頭をくじき、あらゆる接続から欲望を切断するからである。〔…〕記憶は幼年期の再領土化を行う。〔…〕たしかに子供たちは、わたしたち大人の記憶が信じ込ませるようには生きてはいないし、また、子供たちが自分のしたこととほとんど同時期の自分自身の記憶によって信じ込むようにも生きてはいない」(K, 162)。この言葉がいわんとするのはつまり、あらゆる記憶のイメージは、欲望の現実的な流れを合理化し、特定できる対象に結びつけ、そこから動けないようにしてしまうということだ。「子供」はまた、明確に切り分けられた年譜の内に収まるものでもないだろう。

● **手当たり次第に接続する悪魔＝子供**

　ドゥルーズとガタリのいう子供が、決してイメージによって代理表象されるがままにならないのは、彼らにとって子供は、対象から対象へ、とどまることなく欲望を移行させ、欲望の「接続を増殖」させてゆくからである（K, 162. Cf.AŒ下325）。通俗的な常識も良識もなく、子供は「機関車にはおちんちんがあるだろうか？」と自問し、「椅子にはおちんちんがない」と考える（MP中197. Cf.D, 164）。子供にとって器官はさまざまな場所を冒険するものであり、あるところにはあらわれ、別のところにはないといった具合に、不確定なものでしかない。そして、子供自身も同様に、さまざまなものに変身し、あこがれの光り輝く場所に欲望を向け、つぎからつぎへと心を動かしながら嬉々として脈絡のないさまざまな軌跡を描くだろう（CC, 132-4）。ドゥルーズとガタリのいう「幼年期のブロック」とは、子供には可能なこうした欲望の遍歴に、大人を巻き込むことであり、『失われた時を求めて』の語り手のように、自分がいまいつの時代にいるのか不確定になりながら、時をつなぎ経巡ることだ（Cf.K, 162f., 166注6; MP中425注68）。したがって「幼年期のブロック」あるいは「子供になること」は、子供のうわべを模倣することとはまったく関係がなく、むしろ、眼に見えている対象の下に強度を還流させることで、対象の同一性や主体の同一性に制限されることのない接続をつくりあげていくことなのである（K, 163f.; MP上336f., 中198-207）。そして、ドゥルーズとガタリのいう子供は社会と世界史の地図を裏返し破りながら手に取り、見えていなかったつながりをあらわにしさえするだろう（Cf.CC, 134f.; ID下189, 193f.）。

＊参照：生成変化、欲望、分子、識別不可能性ゾーン、地図作成、逃走線

戦争機械 Machine de Guerre

> 「思考を一つの戦争機械に仕立て上げたこと」ID下244

● 戦争は、国家のものではない

　ドゥルーズとガタリは、「国家」を、「専制君主と立法者」、中枢の設置と法の組織化によって規定する (M下13)。これら「二つの極」によって主権の及ぶ「内部」の空間がつくられるというのだ。ここで注意すべきなのは、ドゥルーズとガタリが書いているように、「国家装置の内部に、戦争が取り込まれていないということである」(MP下14)。つまり彼らは、「戦争」の機能を国家装置から切り離し、「戦争機械」を「国家」とは「性質」も「起源」も異にする国家の「外部」として取り出すのだ (MP下14f. Cf.DRF上14f.)。ドゥルーズとガタリは、「戦争機械」を「外部性の形式」と呼んでいるが、それが意味するのは、「戦争機械は、中心化された社会を構造化する国家装置ないしその等価物とは形式が異なっている」こと (MP下27)、そして、それが内に閉じた主権の空間をつくらないことだろう (MP下30-3)。さらに加えて、ドゥルーズとガタリは、戦争機械は、国家装置の形成を積極的に妨げる、と述べている (MP下24f.)。というのも、その力が発動されるとき、戦争は、君主と法という国家装置の二つの極を裏切り、主権的空間を破壊しうるからだ (MP下25)。もちろん国家は戦争機械を手にしうるが、それは戦争機械が自分の方に向かわないように抑制するかぎりにおいてであり、そのときでもなお、軍隊はつねに君主と法にとって警戒の対象となるのだ (MP下18-20)。

● 人の住める、ひらかれた空間をつくること

　戦争機械が「国家装置」の形成を妨げるからといって、ドゥルーズとガタリは、あらゆる社会形態の破壊を主張しているわけではない。むしろ彼らにとって「戦争は一つの社会状態が、国家を斥け妨げる様態」なのである（MP下25）。そしてドゥルーズとガタリが、このような社会として考えているのが、「遊牧〔ノマド〕社会」である（MP下69, 166f.）。彼らの指摘する遊牧生活の最大の特徴は、柵で囲われた土地の「内部」に人や動物を分配するのではなく、分割のないひらかれた空間に人や動物を配分するということだ（MP下70）。ノマドは、国家による空間の組織化とは別の、空間のかたち（「砂漠」や「草原」の形式）をもっており、ノマドは空間を外にひらいたままにするのである。したがって戦争機械の目標は、その名が想起させるように、一撃で災厄をもたらし土地を住めないものに変えてしまう戦争ではない。その目標はむしろ、人を排除することなく受け容れる場所、動物や植物が「住める」空間をつくりだすことにあるのだ。ドゥルーズとガタリはこう述べている。「戦争機械はノマドの発明であった。なぜなら戦争機械は、その本質において、平滑空間の構成要素であり、この空間の占拠、この空間での移動、そしてこの空間に対応する人間の編成の構成要素であるからである。このことこそ、戦争機械の唯一の真の積極的目標（ノモス）である。砂漠、草原を増大させることであって、そこに人を住めなくすることの正反対である」（MP下139）。そして「必ずしも戦争を目標にしない」という戦争機械が闘いを行うのは、戦争機械が空間を閉じようとする力と避けがたく衝突し、あらたな空間の創設を希求するときだろう（MP下137-9）。

＊参照：戦争、ノマド、平滑、逃走線、愚鈍、思考のイメージ、歴史、闘い

逃走線 Ligne de Fuite

「逃れるとは、現実を生み、人生をつくり、武器を発見することだ」D, 87

● 既存の秩序から漏れ出るものこそ創造的である

「Fuite」というフランス語は「逃走」とともに、「漏電」や「情報漏洩」など「漏れ出ること」を意味する。ドゥルーズのいう「逃走＝漏洩線」もこうした語義を引き受けており、それは、「パイプを破裂させるようにある体系を逃走＝漏洩させること」(D, 67)、ひびの入った皿から、皿の上にのっていた中身が漏れ出してゆくような出来事をあらわしている (D,212f. MP中76)。いいかえれば、向かうべき方向を決められたルートや丸く閉じられて安定した土台から溢れ出し、秩序づけられた構造や理想から逸脱する運動の軌跡こそが、逃走線なのだ (D, 13f.; FB17)。結果的に小さい影響しか与えないとしても、既存の構造を根元から揺るがせるようなもの、秩序の側からは予見しえないあたらしいものを出現させるあらゆる創造的な営みは、哲学的・芸術的・政治的・社会的であるを問わず、「逃走線」を引いているといってよいだろう (AŒ下232f.; MP下150f.)。「逃走＝漏洩線は一種の突然変異、あるいは一種の創造であり、想像においてではなく社会の現実の組織自体の内に引かれるもの」であると、ドゥルーズとガタリは書いている (MP中139)。したがって、ドゥルーズのいう「逃走」とは、状況から目を背けること、現実逃避とは何の関係もない。逃走を批判するものたちは、「逃走するとは世界から抜け出ることで、神秘的または芸術だと考える、あるいは社会参加や責任を免れるから何か卑怯なことだと思っている。逃走とは決して行動を諦めることではない。逃走ほど行動的なものは

ない。想像の反対だ」。ドゥルーズは逃避と逃走を厳密に区別するのである (D, 67. Cf.K, 145f.; MP中88f.)。

● 創造と破壊、そして自殺

　逃走とは、既存の秩序、構造に疑問を突きつけながら、それらに回収されない創造的なものを現実につくりあげていく行為そのものである。ドゥルーズとガタリによるこうしたポジティヴな規定には、しかし、不可避的に影のようなものがつきまとっており、あきらかに彼らは、「逃走」だけをもちあげる単純なオプティミストではない。ドゥルーズとガタリは、逃走線に固有のリスクについて、つぎのように書きしるしている。「逃走線が一つの戦争であるのはなぜか。壊せるものは手当たり次第破壊したあとでこの戦争から抜け出してみると、わたしたち自身も解体され、破壊しつくされている恐れがあるのはなぜか」(MP中139)。つまり、逃走線は、あらゆる構造、意味、主体性などから逃れ去る一方で、それが極まり純化されるとき、もはや創造の痕跡を何一つ残さず「自殺」する傾向があるというのだ (MP中91f.)。ドゥルーズとガタリは、逃走と自殺的な体制であるファシズムや癌との偶然的ではない関係に触れている (MP上333-5, 中108-110, 136f., 141-4)。逃走＝漏洩の方向の決定は、したがって、それが抜け出す組織や形態との関係で「慎重に」そして「簡素に」行われるべきものだろう。ドゥルーズとガタリは、逃走＝漏洩するために、一時的に組織が必要となることさえあると指摘している (MP上333f.)。

＊参照：戦争機械、線、簡素さ、特異性、生成変化、主体化、スタイル

顔貌性 Visagéité

「プルーストは顔、風景、絵画、音楽などを共鳴させる」MP中48

● 「顔貌」の特徴をもつのは、動物の顔だけではない

　ドゥルーズのいう「顔貌性」とは、猫や人の顔といった狭義の顔のことではない。彼は「穴」と「線」が「平面」の上に配置されているもの全般を、「顔貌性」と名づけているのだ。たとえば『運動イメージ』では、「文字盤」と「針」からなる振り子時計のクローズ・アップを「顔」の例として挙げている (IM, 154-6 Cf.MP中43-5)。細かく打ち震える唇や睫毛のように、「針」が「少なくとも潜在的に、微小な動きによって命を吹き込まれて」いる一方で、「文字盤」は「不動の表面」であり、針の動きがその内で行われるような「輪郭」を与えるとドゥルーズはいう (IM, 155)。彼にとって、「表面」と「微小な運動」という「二つの極」をもつものはすべて「顔」なのだ。そしてドゥルーズは、顔のクローズ・アップがあるのではなく、あらゆるクローズ・アップは顔貌の様相をなすともいうだろう。

● 顔貌性＝何にでも意味を与え、主体性を見てしまう装置

　『千のプラトー』でも顔は二つの構成要素をもつとされている。その一つは「意味性」の表面であり、あらゆる意味がそこに書き込まれるような「ホワイト・ウォール〔白い壁〕」と呼ばれる。もう一つの要素は主体であり、意識のあらゆる情念を吸収する「ブラック・ホール〔黒い穴〕」である (MP中13-20, 39-45)。そしてドゥルーズとガタリは、あらゆるものに意味をつくり、すべてを主体に吸収し還元する

ような装置全般を広く「顔貌性」と呼ぶのである。彼らはこう書いている。「意味形成性と主体化の交差するところに、一つの特別な装置が組み立てられても驚くにはあたらない。とはいっても奇妙なものではあるのだが、つまりホワイト・ウォール＝ブラック・ホールのシステムである顔のことだ」(MP中13)。

　ドゥルーズとガタリが、こうした顔のシステムの問題として指摘するのは、人があまりにも簡単にすべてに意味を与えうると思ってしまうことであり、また人間や動物、気候なども含めたもろもろの現象が「主体」として動いているかのように考えてしまうということである。ドゥルーズが述べているように、「われわれはつねに支配的意味作用の壁の上にピンで留められている。われわれはつねに自分の主観性＝主体性の穴の中に、何にもまして大切な自分の《自我》のブラック・ホールの中に埋没している」のだ (D, 82)。ものごとに「意味」と「主体」を与えることで、それを理解することはできるのか、ただ分かりやすい「顔」によって出来事を説明した気になっているだけではないのか、という問いがここでは提起されている。これに対しドゥルーズとガタリは、ものごとを「顔」に帰着させることは、その「多義性を押し潰」してしまうと述べている (MP中38)。こうした顔貌化機械、つまり、よく知られていて説明しやすいアイデンティティをものごとに割りふり、人には身分や職業などのレッテルを貼りつける装置とは社会的なものである (MP中38f.; F, 197)。管理社会と資本主義社会はその中でも、もっとも強力なものだろう (MP中28-30, 38-42)。

＊参照：有機的、歪形、主体化、ペルセプト、思考のイメージ、分裂分析

識別不可能性ゾーン Zone d'Indiscernabilité

「彼の内でその動物の魂が歯を剥き出しにするのを感じた」D, 80

● 生成変化：人間と動物が識別しえなくなる地点

　ドゥルーズは、生成変化、たとえば「人間の動物になること」「植物になること」「鉱物になること」は、人間と動植鉱物が識別しえなくなるような地帯をつくりだす、とくり返し書いている（MP中235-7, 279-281; QPh, 291-3; CC, 13）。ただし、彼のいう「識別不可能性」は、人間と動物の姿形が互いに見分けられなくなるほどに「類似」する、という意味ではない（MP中235f.）。むしろ識別不可能性はまず、人間と動植鉱物を構成する共通の分子の存在によって特徴づけられるのだ。たとえばドゥルーズとガタリは、金属の遍在性についてこう述べている。「汎金属主義が表明しているように、すべての物質は金属と見なしうるのであり、すべての物質は冶金術の対象となりうる。水や草や獣ですら塩や鉱物的元素に満ちている。すべてが金属ではないが、金属はいたるところに存在する」（MP下129）。

　さまざまな分子は互いに、速さと遅さ、運動と静止によって関係し、一つの物体＝身体を構成するが、この分子間の関係も、人間、動物、植物、鉱物のちがいに対して中立的なものだろう。人間の身体のある部分が「動物の微粒子がもつ運動と静止の関係の下に入るような微小粒子を放出する場合」もあるからである（MP中238f. Cf.234f.; SPP, 238f.）。そしてさらに、ドゥルーズとガタリは、身体は、おのれを構成する関係に応じてそれぞれが「なしうること」を規定されるという。「なしうること」とは、他の身体＝物体に対して行いうること（「能動

＝行動」）と受容しうること（「受動」）の双方であり、それは、たとえば馬であれば、「轡と手綱のせいで自由がきかないこと、〔…〕鞭で打たれること、倒れること、脚で騒々しい音を立てること、噛みつくこと」などである（MP中200f. Cf.SPP, 239f.）。これら馬の「なしうること」は、また人間が「なしうること」でもあり、たとえば、「馬に起きることは、わたしにも起こりうる」と考えるマゾヒストの場合がそれに当たる（MP上319. Cf.CC, 118）。

● 分子状の沼地から獣が飛び出る

　分子、関係、力能（「なしうること」）という三つの特性がそれぞれ特異な仕方で規定され、交わるような点の周囲（「近傍」）は、人間的なものと動植鉱物的なものが区別されることがなくなる「生の原始的な沼地」である（QPh, 292）。この「沼地」はしかし、「客観的」なものであり、「人間と動物に共通のファクト」だといえるだろう（FB, 22. Cf.MP中236）。ドゥルーズの基本的な発想は、抽象的な「人間なるもの」がどこかにあらかじめ存在しているのではなく、むしろ、種や類の「自然的分化に無媒介的に先行する」帯域、差異化されているが分化されていない「不確定ゾーン」から、特異な個体のそれぞれがみずからの「最大限の規定」を受け取るということだ（QPh, 292f.）。そしてこの沼地からは人間ではなく獣が飛び出し、人間の精神の内を狂おしく駆けることもあるだろう（MP中202, 下266; FB, 25）。

＊参照：生成変化、個体、ペルセプト、愚鈍、幼年期、器官なき身体

マテリアル-フォルス Matériau-Forces

「マテリアルがどこで終わって、感覚がどこではじまるのか」QPh, 279

● 素材と力が一つになる領域

　ドゥルーズのいう「マテリアル-フォルス〔素材-力〕」は、伝統的な「マチエール-フォルム〔質料-形相〕」という図式をずらすという意味をもっている。質料形相主義においては、一方に本質、理念に属する「形相」があり、他方に、その鋳型に入ることで、特性を受け取る「質料」がある（MP下47）。ドゥルーズの質料形相主義批判は、シモンドンに依拠しながら行われるが、その争点は、質料と形相が前提において分離されているかぎりそれらの連結は外的なものにならざるをえないということ、そして、形相は質料よりも上位に位置づけられているが、この位置関係自体が社会における「命令する者-命令される者」というヒエラルキーに対応していることにある（MP下45-8, 123f.）。これに対し、シモンドン、そしてドゥルーズにとって問題なのは、純粋な質料と純粋な形相を互いに切り離すのではなく、それらが直接的に関係する自律した中間領域、「エネルギー的、分子的帯域」を見出すことである（MP下124）。この領域においては、質料そのものが「暗黙の＝包みこまれた形式」を前-個体的な特異性としてもつことで、質料それ自体にエネルギー的性格が生じるという。この「暗黙の＝包まれた形式」は、素材の外からやって来る本質的な形相ではなく、多孔性や弾性の度合といった素材の強度的性質にほかならない（MP下123）。つまり、この中間的な領野において素材と形式が別ものではなくなることで、互い

に分断された「マチエール-フォルム」の図式が、分かちがたく結びついた「マテリアル=フォルス」へと移行するのだ。そしてこの領域においては、質料と理念、事物と思考が識別しえなくなることで、それらのヒエラルキーは宙吊りにされるだろう。物質が解読されるべき理念として「テクスチャー」をもつのと同時に、思考はくり広げるべき「物体性」を獲得するのである (MP下122; PLI, 63f.; PP, 319)。

● マテリアル-フォルス：感覚、身振り、思考

　ドゥルーズは頻繁に、フォルムとフォルスを関係づけて語っている。たとえば、「フーコーの全著作には、フォルムとフォルスとのある関係が存在しており、これがわたしに影響しています」といった具合である(PP, 182)。そして芸術におけるフォルムを語るドゥルーズは、パウル・クレーやベーコンなどに言及しつつ、マテリアルが、それ自体は見えず聴こえもしないフォルスを感覚できるようにするというモチーフを掲げる (MP中384-392; FB, 30-7, ch.8; IT, 59; F, 151-4; QPh, 279f.; EPU, 19)。つまり、言葉、絵画、演劇、ダンス、音楽などの物質的な「マテリアル=素材」は、その強度的な「フォルム」とともに、「宇宙的」なものである「引力」や「磁力」、「熱の力」、「褶曲の力」、「発芽の力」を捉えなければならないというのだ (MP中384-8)。芸術は、この「マテリアル-フォルス」の関係によって、感性、物体、思考、実践が複雑に折り重なる結節点となるだろう。

＊参照：歪形、感覚、力、不均衡、戦争機械、リトルネロ、ペルセプト

間奏曲 n-6

　ドゥルーズとガタリは、『哲学とは何か』（財津理訳）のなかで、一羽の鳥を参照しながら、芸術家について語っている。
　「オーストラリアの多雨林に棲む鳥、スキノピーティス・デンティロストリスは、毎朝あらかじめ切り取っておいた木の葉を下に落とし、それを裏返すことによって、色の薄い裏面を地面と対照させ、こうして言わば〔モダン・アートにおける〕レディ・メイドのような情景をつくり、そして、その真上で、蔓や小枝にとまって、くちばしの下に生えている羽根毛の黄色い付け根をむきだしにしながら、ある複雑な歌を、すなわちスキノピーティス自身の音色と、スキノピーティスがその間、断続的に模倣する他の鳥の音色によって合成された歌を歌う——この鳥は完璧に芸術家である。」
　ちなみに、スキノピーティス・デンティロストリスとは、和名でハバシニワシドリ〔庭師鳥の一種〕のことだが、こうした発言には、芸術をあらゆる人間化から奪い返そうとする意思（「芸術は、おそらく、動物とともに始まる」）が明らかである。さらにドゥルーズは、「芸術作品は、諸感覚のブロック」であるともいっているが、そこには、感覚は人間が所有しうるものではなく、感覚こそが人間を存在させているのだ、という認識があり、芸術作品は、そうした人間の把握する知覚（ペルセプション）や感情（アフェクション）を超えた感覚の存在とともに可能になることがわかるだろう。
　ところで、諸感覚の塊とは、共感覚とはちがう。重要なのは、そうした諸感覚が、一種のリトルネロとして考えられている点だ。
　「一個の芸術作品全体の下描きをなすものは、肉のただ中における共感覚ではなく、テリトリーのなかの諸感覚のブロック、すなわち色、姿

勢、そして音である。この音響ブロックはリトルネロであるが、さらに、姿勢リトルネロと色彩リトルネロも存在する。姿勢と色はつねにリトルネロに入り込んでいるということだ。」

リトルネロとは、一種のリフレインのようなものだが、それをドゥルーズは、スキノピーティスの動きとともに、音の領域からすべての感覚に拡げている。そう、スキノピーティスはまず、地面に葉を落とし、色の薄い葉の裏を表にして地面との対比をつくりあげる（色彩による差異）。そしてそのテリトリーの上方の木の枝にとまり、くちばしの下の羽根毛の黄色い付け根をむきだしにして（色彩リトルネロ＋姿勢リトルネロ）、自身の鳴き声ばかりか他の鳥の鳴き声をも真似ながらさえずる（音響リトルネロ）。こうして色彩・姿勢・音のブロックとともに複数のリトルネロが形成されるのだが、ではいったいそこに、どういう意味があるのか。

『千のプラトー』（宇野邦一他訳）で、ドゥルーズはこういっている。

「われわれは、リトルネロ〔リフレイン〕こそ、まさに音楽の内容であり、音楽にひときわ適した内容のブロックであると考える。一人の子供が暗闇で心を落ち着けようとしたり、両手を打ち鳴らしたりする。あるいは歩き方を考え出し、それを歩道の特徴に適合させたり、「いないいない－ばあ」（Fort-Da）の呪文を唱えたりする。（精神分析家は《Fort-Da》を適切に語ることができない。《Fort-Da》は一個のリトルネロだというのに、彼らはそこに音素の対立関係や、言語としての無意識を代理する象徴的構成要素を読みとろうとするからだ）。タララ、ラララ。一人の女が歌を口ずさむ。「小声で、やさしく一つの節を口ずさむのが聞こえた。」小鳥が、独白のリトルネロを歌いはじめる。」

リトルネロとは、音素の対立としての《Fort-Da》を、幼児がおこなう最初の象徴化としての《Fort-Da》を、いわゆる二分法・二元論から

解き放つ視点にほかならない。

　《Fort-Da》とは、そもそも、精神分析の創始者フロイトが目撃した光景である。その子供（フロイトの孫）は、生後一年半ほどで、明瞭な言葉を、ようやくわずかに話すくらいだった。両親になついていて、いいつけをよくまもる、お行儀のよい子だった。その子が、ときおり、困った癖を見せはじめた。何でも手にしたものを、部屋の隅やベッドの下などに放り投げるのだが、その際、オーオーオーオ、という叫び声をあげるのだった。それを観察した母親もフロイトも、それは間投詞ではなく、「いない」fortの意味であり、それが一種の遊戯であることを理解した。ある日、その子は糸巻きをベッドのへり越しに投げ込んだ。そうして糸巻きが消えると、例のオーオーオーオといい、それからひもを引っ張って糸巻きがふたたびベッドから姿を現すと、うれしげに「いた」Daという言葉を発してこれをむかえた。そしてフロイトは、それが消滅と再現をあらわす完全な遊戯だと理解したのである（『快感原則の彼岸』参照）。

　フロイトはすぐさま、この遊戯が母親の不在とともに起こることに注目し、その受け身としての不在体験を、遊戯としての能動体験に移し、その体験が不快であったにもかかわらず、それを遊戯として反復したのだと解釈した。そしてラカンは、これを何より、主体における「音素の二分法の通時的な積分」ととらえ、言語による象徴化としてとらえる。しかもその、「いない」fortの側でなされる「疎外の機構」を強調する。その疎外は、物の殺害としてとらえられ、主体はその死とともに、自らの欲望を他者の欲望としてとらえることで、物（糸巻き）のうちに自分を見いだし、物の死（放り投げ、見えなくする）のうちに自身の死を見いだす（自分を見えなくし、無化する）。つまり、ラカンの依拠する言語の二分法には、殺害であれ疎外であれ、一種のニヒリズムが潜んで

いるのであって、それをドゥルーズは、「精神分析家は《Fort-Da》を適切に語ることができない」といって批判するのである。彼が《Fort-Da》をリトルネロだというのは、そうした殺害や疎外をふくむ二分法という論理から、この幼児のつぶやき、口ずさみを解き放ち、さらには、言語の二分法（記号の専制体制）じたいを何とか生成変化の流れに組み入れようとしてのことなのだ。

　ドゥルーズとガタリは、『千のプラトー』でこういっている。

　「音楽への生成変化。——西洋音楽について（……）われわれは表現のレベルで生成変化のブロックを想定しようと試み、表現のブロックを想定したのだった。つまり座標軸や点のシステムは、ある時点では音楽のコードとして機能するものの、これをたえず逃れる横断線によって、表現のブロックが生まれると考えたわけである。そうした表現のブロックに内容のブロックが対応することはいうまでもない。いや、正確にいうならそれは対応ですらない。それ自体音楽的な内容（主題やテーマではない）が、たえず表現と干渉しあっていなければ流動的な「ブロック」はありえないからだ。」

　生成変化を生まない点のシステムに支配されたコードに対し、「これをたえず逃れる横断線によって、表現のブロックが生まれる」とドゥルーズがいうときの、「横断線」こそがリトルネロなのだ。リトルネロは、音楽じたいを生成変化させるために必要であり、それはさながら、葉裏と地面の二分法(コード)に、色彩と姿勢と音色によって横断線を引くスキノピティスの振舞いそのものである。

平滑空間／条里空間
Espace Lisse／Espace Strié

「都市がパッチワークを吐き出す」MP下263

● 条里＝碁盤目状の空間／平滑＝パッチワーク空間

　条里空間とは、碁盤目状に区切られた空間であり、ドゥルーズとガタリの表現によれば、「縦糸と横糸、ハーモニーとメロディー、経度と緯度」などによって区切られた空間である（MP下275）。彼らは、これら二つの線の「交差が規則的になるほど、条里化はますますタイトになり、空間は均質になる傾向を示す」と述べている。それは、縦線と横線が均等に入った空間ほど、大きさの測定や位置の特定が容易になることを意味しているだろう（MP中281f.）。ドゥルーズとガタリは織物を社会空間のアナロジーとして提示しているが、その特徴は、横幅か縦幅のどちらかが有限で空間が閉じられていること、そして、きれいな「表」がある反面、「裏」にさまざまな処理を集中させることである（MP下250）。

　縦横の明確な方向性をもつ「織物」が「条里空間」だとするならば、「平滑空間」とは「圧縮によってえられる繊維の錯綜があるだけ」の「フェルト素材」である、とドゥルーズとガタリはいう（MP下251）。それは織物のように「均質」ではなく、また縦か横かのどちらかで限定された一定の幅をもつわけでもない。ドゥルーズとガタリが、フェルトの内に見出しているのは、「権利上無限であり全方向にひらかれていて限界をもたず、表も裏も中心もない」空間、「固定されたものと動くものの区別をせず、むしろ連続変化を配分していく」ような空間で

ある。つまり、凝縮された糸は多方向的であり、それぞれの糸は曲線や蛇行、ほつれ、中断に富んでおり、基準となる方向がなく、つぎはぎをしていくのに生地の幅によって限定されることもない、ということだ。条里空間のように全体を均等に割りふる空間とは異なり、平滑空間は、部分的なつなぎ目によって、その場でピースが組みあわされてゆく「パッチワーク」的な空間なのである（MP下252f., 269f. Cf.CC, 180f.)。平滑空間とは、「滑らか」というよりは無限定に「つぎはぎ」しうる空間であり、それも、要素を足してゆくことで「連続変化」するようなノマド的空間なのだ。

● **俯瞰できない、触覚的空間**
　碁盤目状の条里空間とパッチワーク状の平滑空間の大きなちがいは、条里空間がその均質性ゆえに、はるか遠くまで見渡すことが可能なのに対し、平滑空間は、局所的にピースを接続することによってかたちを変えるため、つねにその場で判断するしかないという点にある。条里空間が遠くからの「俯瞰」であるのに対し、平滑空間が近くから「触れる」ことをモデルとする、とドゥルーズとガタリが述べているのはそのためである（MP下51, 270）。このことが意味するのは、平滑空間において、観察者は全体を「俯瞰」しうる空間の「外」の場所に身を置くことができず、むしろ「クモ」のように自分もその部分となる空間の「内」に巣食い、そこで糸に触れながら空間を触知するようになるということだろう（Cf.PS, 219）。

＊参照：触視的、線、戦争機械、領土、ノマド、表面、地図作成、リゾーム

触視的 Haptique

「映画に触覚的価値を再導入したもっとも偉大な映画作家」DRF下 182

● 空間を「手さぐり」するまなざし

　「触視的」という語は、眼が「視」覚的なだけでなく、「触」覚的な機能をももつことを指し示すために、美術史家アロイス・リーグルが「触れる」と「見る」を合成してつくった言葉である（『後期ローマ美術工芸』第二版）。当然、この「眼によって触れる」ということが意味しているのは、網膜に直接対象を接触させるということではない。「触視」ということが問題になるのは、ドゥルーズの述べるように、視覚が自己固有の触覚機能を発見するときである（FB, 146. Cf.MP下283f.）。眼にだけ可能な触れ方を考えるために、まず、触覚のことを想像してみよう。触覚は接触を基本にする感覚である。そして、対象から離れて見る眼が通常、一息に遠景から近景までを捉えるのとはちがい、触覚は対象に接近して触れることによって、広がりや硬さ、質感を把握してゆく。触覚は、直に対象に触れ、その表面のざらつきや突起をなぞり、疵や丸みといった肌理を「近く」から追うのである。ドゥルーズが「触視的」と呼ぶのもまさに、全体を把握することができなくなるほどに対象に接近し、遠景と近景、地と図をもはやほとんど区別することのない面の上に眼をさまよわせるような、そんなまなざしのあり方のことだ（「近接視」。MP下283-7）。触視的な眼には固有の空間が対応しており、それは「外部の一点から観察されうるという視覚的条件を満たしていない」平滑空間、たとえば砂漠、草原ないし海のように、その内に浸るしかない空間である（MP下51）。この

空間は、まなざしの運動の途上で偶発的にあらわれる特異点に応じて、局所的部分を接続し、連続的に方向＝感覚を変化させていくだろう（MP下284-6, 290; FB, 124）。絵画や彫刻は、それに近づいて触れる眼にとって砂漠になり、そこでは表面のくぼみや線の流れや色彩を、辿ることができるだけなのだ。眼が触れるのはしたがって、抽象的なかたちではなく、物質の襞であり、襞から襞への移行、横断であろう。

● 転調の軌跡をたどること

　視覚芸術である絵画の内に、ドゥルーズがこうした触視的な機能を見出すのは、色彩においてであり、より正確にいえば、赤や緑、暖色や寒色などの異なる色調のあいだの「転調」においてである（FB, 125, 142f.）。ドゥルーズによれば、暖色や寒色は、色彩のスペクトルの「示差的＝微分的な関係」によって相対的に規定されるものであり、色彩の隣接関係によって、ある色は「つねに〈暖かく〉も〈冷たく〉もなりうる」のである（FB, 130f., 163注13）。このとき色彩の上に「近くから近くへと」まなざしを這わせるならば、色彩は、フォルムに依存することなく、自律的に転調の連続運動をくり広げるだろう（FB, 124f.）。触視的な眼は、遠くから個別的な色を見るのではなく、近接視によって色彩の示差的関係の内に直に入り、色調の変化を触知するのである。触視的な眼は、「空間化するエネルギー」をもつ色彩の「連続的な空間化」を辿るのだ（FB, 125）。

＊参照：ダイアグラム、平滑、感覚、襞、多様体、ペルセプト、ノマド
＊別の訳語：MP「視触覚的」「把握的」；FB「触感的」

感覚 Sensation

「振動する石感覚、大理石感覚、あるいは金属感覚」QPh, 283

● 感覚：神経に直に触れること

　ドゥルーズは、感覚と向き合うとき、知性や習慣が感覚に対して投影してしまっているイメージを取り除こうとする(FB, 33, 81-4)。つまり、決まりきった見方や接し方、対象についてもつステレオタイプや物語を、感覚から引き算するのだ。なぜなら、ドゥルーズのいう感覚は、「知性的」なものではなく、反対に、直接「神経系にはたらきかける」ものだからである。ドゥルーズは、知的に抽象された「フォルム」と区別される、フランシス・ベーコンの「人物形象＝フィギュール」についてつぎのように述べている。「《フィギュール》とは、感覚と関係づけられた感覚可能な形態である。それは、肉に属する神経系に、無媒介的にはたらきかける」(FB, 33)。ドゥルーズにおいて、感覚は単に主観的なものではなく、物質的な性格を帯びたものであり、対象の身体が、それを受容する身体に衝突するときに起こるものである。したがって感覚は、「感覚されるもの」というよりも、「感覚させるもの」と一体になっているといえるだろう (FB, 53f.)。「それはまさに衝撃波あるいは神経振動といったものであり、もはやそのとき〈わたしには見える、聞こえる〉ということなどできず、《わたしは感じる》としかいえない。つまり〈全面的に生理的な感覚〉」にほかならない (IT, 221. Cf.218f.; AŒ上44-6)。このときドゥルーズが、明言することなく参照するのは、ベルクソンの『物質と記憶』である。

● 感覚と振動、揺動とリズム

　ベルクソンは、物質の世界に運動を置く一方で、他方にそれと切り離された主観的な世界の内に感覚を置くという図式を批判した。身体と切り離すことのできない感覚において「主観」と「対象」は整然と切り分けられるものではないのだ (FB, 33f.)。そしてベルクソンが書くように、感覚はむしろ、表象される安定したかたちやイメージを凌駕する物質の運動を含んでいるだろう。たとえば「赤」という色の感覚は、赤い光が一瞬の内に 4×10^{20} 回も起こす振動を視神経が受けてそれを「縮約」するからこそ、感覚になるのだ。ドゥルーズにとっても同様に、震えるのは、物体だけではない。感覚もまた、物体の無数の振動とともに震え、みずから震撼するのだ。「感覚、それは刺激そのものである。〔…〕感覚は、神経の表面であるいは脳の容積の中で、刺激物の振動を縮約する。すなわち、先行するものは、後続するものがあらわれるとき、まだ消えないということだ。〔…〕感覚、それは、縮約され、質、変化性＝多様体へと生成した振動である」(QPh, 355f.)。ドゥルーズは、知覚から知を剥ぎ取りながら、ひたすら物体の方へと感覚を突き進める。そしてそのとき、ドゥルーズは、ベルクソンと同様に、物体の振動する「リズム」に出会うことになる。リズムにおいて問題なのは、物体の波動・振動のあるリズムが、別の身体に伝わり、それを揺らすことがあるかということだ。リズムは、感覚を、振動から振動へと移りゆく、旅するものにする (FB, 40f.)。そして自身の身体を感覚とともに共振させるなら、人間もまた、リズムから構成される揺動的な「リズム的人物」になるとドゥルーズはいうのだ (MP中333-8; FB, 67)。

＊参照：運動イメージ、ペルセプト、その場での旅、器官なき身体

歪形 Déformation

「歪形された内容を引っぱってゆく、解放された表現」K, 122

● **身体を歪める力を描くこと**

　一般的にいって、ドゥルーズにとっての絵画は、物体＝身体に作用している「力」を描くものである。ある「かたち」、ある「感覚」を成り立たせている「力」を描くこと、といったらよいだろうか。たとえばセザンヌはリンゴの発芽力を描くのであって、目に見えるリンゴを画布の上に再現することが絵画の関心事なのではない、とドゥルーズは述べている (FB, 54)。「かたち」を描く場合は、その「かたち」を構成しているさまざまな「力」（重力、引力／斥力、膨張力／収縮力、時間の力など）と関係させて「かたち」を捉えなければならない、というのだ (FB, 53-56)。

　ドゥルーズが『感覚の論理』という本を捧げた画家フランシス・ベーコンは、とりわけ、身体を歪める力を描く作家である (FB, 54-6)。ベーコンの絵画の前でわれわれは、顔面が溶解し崩落する人間が叫んでいるところに遭遇する。画布の上の男や女に襲いかかり、顔面ばかりでなく身体を引き攣らせる力、ようやくつかまった洗面器の縁で身体の肉が崩れ落ちてゆくようにする力、肉が削げ落ち骨が剥き出しになるほどに身体を歪め、「歪形」する力がそこにはある (FB, 21-5)。ベーコンには、「叫びの感覚しうる力と叫ばせるものの感覚しえない力」が存在しているとドゥルーズは述べているが、彼がとくに強調するのは、後者の感覚しえない歪める力なのだ (FB, 56f.)。

● **不可視の力を、見えるようにすること**

　力を描くことがむずかしいのは、力はそのままでは感覚できないという点にある。ドゥルーズが述べているように、聞こえるのは「叫び」であって、叫ぶよう「強いているもの」は感覚されないままにとどまっている。この意味で、パウル・クレーの「見えないものを見えるようにすること」というドゥルーズがくり返し引用する言葉は、不可視の力を画布の上で色彩と線を通して可視化するという、絵画の本質的な問題を示しているといえるだろう (MP中384; FB, 53)。

　絵画の表現方法も、こうして力を顕現させるために考案されることになるが (Cf.PP, 121)、ドゥルーズは、力を見えるようにするためには力を原因とする「ダイナミック」な「変形」の運動を描くべきではないという (FB, 55)。目に見えるダイナミックな運動は、その明白さによってむしろ眼の関心を集中させ、力そのもののあらわれを覆い隠してしまうからである。反対にドゥルーズは、さまざまな力が身体を横殴りにし「歪形」する様をあきらかにするには、力の行使が「静的」であり、「その場」で行われるところを捉えなければならないと述べている (FB, 55)。たとえば、場所の移動をともなわない「痙攣」や「麻痺」、「揺れ」、言語でいえば「吃音」などである (FB, 39f.; CC, 224f.)。ドゥルーズにとっての「痙攣」や「吃音」とはまさに、止まっている物体＝身体すらも歪める力のしるしであり、歪形する力が行使され、身体が即自的に変異する現場を示す特権的な形象なのだ。

＊参照：力、その場での旅、先験的経験論、ペルセプト、器官なき身体
＊別の訳語：K「変形」；FB「歪曲」

運動イメージ Image-Mouvement

「物質の眼、物質の内なる眼」IM, 145

● 物質「は」イメージである（物質＝運動＝イメージ）

　ドゥルーズのいうイメージとは一体何か。ドゥルーズは、ベルクソンの『物質と記憶』に倣って、イメージ〔イマージュ〕は事物を映したものではなく、物質そのものがすでにイメージであるという（IM, 105f.; PP, 101）。物質とその表象は本質的に異なるものではなく、どちらもイメージなのだ（IM, 1, 114f.）。イメージは、それ自体物質＝イメージである脳の中にあるのではなく、脳自体が物質＝イメージの一つだと、ドゥルーズが書くのもそのためである。彼はいう。「事物さえもイメージなのですが、というのもイメージは頭の中や脳の中にあるものではないからです。反対に、脳の方が、数多あるイメージの内の一つにすぎません。イメージは休みなく相互に作用・反作用し、生産と消費をくり返します。イメージと事物と運動のあいだにはいかなるちがいもないのです」(PP, 90)。ドゥルーズが「運動イメージ」と呼ぶのは、この「物質＝運動＝イメージ」の同一性のことだ。そして、運動をやめることがないイメージは、相互作用の連鎖を無限に拡大させてゆく。このとき、一つの「運動イメージ」の変化が表現するのは、究極的には、物質の総体からなる宇宙全体の変異だろう（IM, 105f. Cf.IT, 380f.）。ドゥルーズが、運動＝イメージは、現実の「不動の断面」ではなく、ひらかれた全体の変化と一体になった「動く断面」だというのはそのためである（IM, 16-22; PP, 131）。

● **運動イメージの分化:知覚し-感情をもち-行動すること**

　ところで、イメージが物質界全体の運動であるとするなら、そこには主観的な「イメージ」が発生する余地はまだない (IM, 109f., 112-6)。ベルクソンによれば、それが生じるのは、休みなく運動する物質の領域に、一つの中心（生物の身体）が導入され、この身体にとって利害関係をもつ物質だけが感官において選別されるときである (IM, 111f.)。つまりベルクソンとドゥルーズにとって、「知覚」とは、物質の宇宙から身体の行動に必要ないものを削ぎ落としたものであり（知覚は、物質と性質の異なる何かを「足す」のではない）、その知覚を介して身体は「行動（アクション）」を起こすのだ (IM, 116-8)。「知覚」と「行動」のあいだの「インターヴァル」は、行動を決める自由が宿る「不確定性の中心」であり、そこには自己の知覚である「感情」があらわれるだろう (IM, 118f.)。ドゥルーズが映画の内に見出すのは、この「知覚-インターヴァル-行動」からなる運動の図式（「感覚運動図式」）なのだ (IM, 119f.)。まず、映像と音の「フレーミング」によって世界から抜き取られたイメージは「知覚＝イメージ」となり、登場人物はそれに対する反応を「行動＝イメージ」として示してみせる。そしてクローズ・アップによって表現される「感情＝イメージ」は、知覚と行動のあいだのインターヴァルにおける迷いや決心を表現するというわけだ (IM, 116-120)。ドゥルーズが（狭い意味で）「運動イメージ」と呼ぶのは、登場人物の「知覚」から「行動」へと到る流れが整合性をもつようつくられる映画の「古典的」な体制であり、インターヴァルが知覚と行動の合理的な中継を行うような映画である (IM, 354-7, 372f.; PP, 132, 246f.)。

＊参照：時間イメージ、内在、ペルセプト、顔貌性、簡素さ、シミュラクル

時間イメージ Image-Temps

「映画が〈カント的〉転換をとげるとき」PP, 135

● 「感覚し-運動する」という図式の崩壊

　ドゥルーズの『シネマ』は『運動イメージ』と『時間イメージ』の二巻から成り立っている。「運動イメージ」は「人物が状況を感覚し、それに対して反応をする」という図式によって規定されるが、ドゥルーズは、この図式がもはや成立しなくなる状況が第二次世界大戦後に生まれると述べる (IM, 357, 366; PP, 124f., 247)。つまり、戦争によって破壊されつくした都市を前にして、人物は行動するのではなく、この惨劇をただ見聞きすることしかできないというのだ。ドゥルーズはこうして、イタリアのネオ・リアリズムとともに、行動に結びつくことなく、単なる視覚や聴覚として意味をもつ「純粋に光学的で音声的な状況」の描写があらわれるという (IT, 2-10, 56, 374; PP, 108f.)。そしてこのとき、状況にはたらきかけるという目的をもたず、ただ眼を見開きながらさまよう人物が登場するだろう (IT, 56, 178)。問題になるのは、「感覚し-行動する」という流れを形成するようなイメージではなく、反対に、感覚と行動のあいだの合理的なつながりを断ち切る、切断や分離そのものである。つまりドゥルーズのいう「現代的」な映画においては、状況の感覚とそれに対する反応のあいだの「インターヴァル」が、人物の行動の決意のための時間ではなくなり、あらゆる有用性や合理性から独立した「非合理的な切断」機能をもつようになるのだ (IT, 199, 277-9)。「時間イメージ」とは、運動から自律し、運動の整合性に従属しなくなったインターヴァルを体現する映画の形

式のことであり、分離と発散の力能を解き放つイメージの体制のことである (IT, 296, 381-4)。

● 時間イメージを示すさまざまなしるし

　時間イメージに顕著な徴候は、「感覚-運動図式」によっては考えることのできない、前後の脈絡のないつなぎ（「誤ったつなぎ」）であり、時系列的な説話や、隠された真実の探究の物語は破綻するだろう (IT, 177-189)。なぜなら時間イメージの映画は、ロブ＝グリエにおけるように、非共可能的な諸々のイメージを「同時」に提示するからである。それはたとえば、「何者かが鍵をもはやもっておらず（つまりそれまでもっていたということだ）、それをもっており（失くさなかったということだ）、そしてそれを発見する（つまりこれからもつのであり、それまでもっていなかったということだ）のは、同時である」という説明不可能な事態のことだ (IT, 139)。共存するが両立しえないこれらの三つのイメージのどれが「真」であるかを決定することはできないため、ここでは、正しいか否かをもはや問題にしえない「偽なるもの」が折り重なり、「累乗」されるばかりだろう（「偽なるものの累乗＝力能」。IT, 181-5; PP, 136f.）。ドゥルーズはさらに加えて、有用性や説明性から独立した分離は、視覚と音響を切り離すことを可能にするという。つまり、映画の中の声や音は、スクリーンの視覚的映像と一致しなくなり、デュラスやジーバーベルクにおけるように、視覚と音響はそれぞれ「無関係」のイメージ＝物質として機能しはじめるのだ (IT, 353-358; PP, 133)。

＊参照：結晶、発散、アイオーン、反復、視点、ペルセプト、潜在的なもの

結晶イメージ Image-Cristal

「幻視者、見者とは、水晶の中を見る者」IT, 112

● 現在と「その」過去の結晶化

　ベルクソンの時間論を注釈しながら語るドゥルーズによれば、現在は一度存在した「あと」で過去になるのではない。むしろ現在はつねに差異化と切り離せないがゆえに、現在はつねにすでに未来と過去という二つの方向に同時に分裂している。未来へとすでに喰い込んでいる「現在」と、この現在が存在しはじめるやいなや形成される「過去＝過ぎ去り」は「同時的」なのだ (B, 60f.; DR上226f.; IT, 135)。このことが意味するのは、あらゆる現在(現働的なもの)は同時に「過去」(潜在的なもの)であり、また反対に、過去は、未来へと向かう現在と同時的であり、それに浸透するということだ (記憶が、現在の印象に混入するように)。ドゥルーズが時間の「結晶」と呼ぶのは、現在と「その」過去のあいだにこうして成立する循環する回路のことである (IT, 93)。ところで、映画のイメージが現在において見られ、聴かれるものであるとするなら、それもまた「同時」に過去になっているのでなければならない。この意味で、あらゆるイメージがすでに、時間を結晶化しているのだ (IT, 57, 109f.)。しかしそうはいっても、すべての映画が時間の結晶を「感覚させる」とは限らないだろう (IT, 56-9. Cf.PS, 128, 177)。「感性論的な意味」からすると、時間の「結晶状の構造」を表現するようなイメージは特異なものであり、その例としてドゥルーズは、「鏡」をあげている (IT, 96)。

● 反射の戯れ：どの像が「本物」なのか、識別できない

　鏡の前に立つ者は、「同時」に、鏡の内に自分の姿が反射されるのを見る。生身の姿と鏡に映る「その」分身、身体の存在と「その」鏡の内への移行が、鏡の前で同時的に分岐するのだ。ドゥルーズは、ここに時間の結晶化と同様の構造を見出す。そしてさらに鏡が重要なのは、生身のイメージと鏡に映るイメージを反転させそれらの識別をつかなくすることで、鏡のイメージが生身に取ってかわり、反対に、生身が鏡のイメージにしか見えなくなるからだ（オーソン・ウェルズ）。ドゥルーズはこう書いている。「鏡のイメージは、鏡がとらえる現働的な〔現実の〕人物との関係においては潜在的なものだが、しかし、人物に単なる潜在性しかゆだねない鏡、人物を画面外に追いやる鏡の中では現働的なものである。〔現在とその過去の〕交換は、辺の数が増大する多角形にかかわるとき、いっそう活性化する。たとえば指輪の宝石のカット面に映る顔や、無数の双眼鏡を通して見られた俳優のような場合である。このように潜在的イメージが増殖するとき、その総体が人物の現働性をすべて吸収し、同時に人物は他のもろもろの潜在性の内の一つにすぎなくなる」(IT, 96f.)。「デジャ・ヴュ」が、はじめて見るものを、かつて見たことがあるかのように混同し、現在と過去を識別不能にするように、生身と鏡、実像と虚像、現実と想像は、時間の「結晶」の内で「回路」をなして行き来する (B, 69; IT, 96-9, 109; CC, 135)。ドゥルーズは、この混同、この幻想は、「頭の中で」偶然に生じる錯誤ではなく、「客観的幻影」だという (IT, 96)。それは、現在と、その未来と過去への分裂が同時的であるという、本質的に結晶形成的な時間の構造によるのである (IT, 111f.)。

＊参照：時間イメージ、持続、アイオーン、リトルネロ、幼年期のブロック

歴史 Histoire

　　　　「歴史をよく知らないからそういうことになるんだ」PP, 18

● 歴史への関心（折り重なる歴史的地層＝形成）

　ドゥルーズとガタリは、『アンチ・オイディプス』と『千のプラトー』において、ある種の「世界史」を描くことを試みた（AŒ, ch.3; MP, ch.12, 13）。たとえば、ドゥルーズは1988年の対談で、自分たちの仕事をフーコーのものと対比させながらつぎのように述べている。「わたしたち〔ドゥルーズとガタリ〕が一貫して世界史に関心をもってきたのとちがい、フーコーは世界史を嫌っていました」（PP, 305）。ただし「世界史」とはいっても、大きな事件を辿っていくことではなく、ドゥルーズとガタリがマルクスに倣いつつ行うのは、社会形成の分類と、その交差、折り重なりの記述である。こうして『アンチ・オイディプス』では、原始社会、国家社会、資本主義社会が、『千のプラトー』では、原始社会、国家社会、遊牧社会、都市社会と全世界的組織が区別される（DRF下171f.; MP下175）。この二冊のあいだには歴史記述法に重要なちがいがあり、『アンチ・オイディプス』が、三つの社会形式のあいだに歴史的な「継起」を見る一方で、『千のプラトー』は、五つの社会形式が同じ平面の上で「共存」し相互に触発しあうことに重点を置いている（DRF下172）。『アンチ・オイディプス』の「歴史」が「一方向」に線的に進むのに対し、『千のプラトー』において、「歴史」は単一の傾向から逸脱し、原始的なものが、現在と同時的にもなるだろう（MP下29-32; PP, 66f.）。

● **過去、現在といかなる点であたらしいのかを知るために**

　ドゥルーズは、とくに『アンチ・オイディプス』以降、歴史に対して批判的な態度を取ってゆくようになる。その主張は一貫して、生成変化と歴史の対立であり、歴史から生成変化を解き放つこと、「歴史＝物語が考慮することのない者たち」を、歴史に捉えられないよう逃走させることである (SUP, 129, 160f.)。しかし、もしドゥルーズの言葉から、生成変化の肯定だけを読み取るならば、彼がなぜ「歴史」について言及し、それをみずから素描しようとしたのか分からなくなる。つまり『千のプラトー』ばかりでなく、『感覚の論理』の第十四章「画家はみな、独自の仕方で絵画史を要約する…」や、『哲学とは何か』第四章における、西洋哲学の発生の地ギリシアの歴史的環境への問いかけなどのことだ (Cf.DRF下29)。ドゥルーズがくり返し述べるのは、生成変化は歴史とは絶対に区別されなければならないが、生成変化は歴史なしには「未規定」なままだということである (PP, 341-3; QPh, 190f.)。「生成は、歴史がなければ、未規定なもの、無条件的なものにとどまるだろう」と、ドゥルーズとガタリは書いている (QPh, 166)。そして彼らは、何かあたらしいことを実験する者は、「飛躍」のためにみずからと対立する歴史をつくりだしさえするという。生成変化は、自分がそれから区別され差異化されるものとして、歴史を必要としているのだ (MP中284f.; PP, 191f.)。歴史との関係においてはじめて、歴史によっては語られえず、歴史と相容れない創造の系譜が生み出されるだろう。この意味で、歴史は、過去・現在とは別のものになるための「条件」なのである (DR上249-257; F, 226; PP, 341-3; QPh, 192)。

＊参照：生成変化、哲学史、反復、マイナー文学、主体化、地図作成

地図作成 Cartographie

「地図のそれぞれが、袋小路や突破口、閾や囲いの再配置であり…」CC, 136

● 世界地図ではなく、世界が地図である

　線やリゾームといった概念と同様、ドゥルーズとガタリにとって「地図」は、現実そのものである。彼らが批判する考え方は、精神や社会というあらかじめ前提とされているものを、「地図」に書き写すというものであり、「地図 carte」を、「世界のイメージ」、現実の「複写 calque」と見なすことだ（MP上18）。反対に、ドゥルーズとガタリは、現実そのものが「地図」として構成されているというのであり、たとえば、「地図は自己に閉じこもった無意識を複製するのではなく、無意識を構築するのだ」と書いている（MP上34. Cf.CC, 132）。

　地図の基本的な特徴は、まず地図を描くさまざまな「線」があること、そして線が書き込まれる「平面」があることである。そして地図は線を書き加えるごとに変化するため、地図作成に終りはないだろう。地図は本質的に「ひらかれたもの」なのだ。ドゥルーズとガタリは、地図に加えうるさまざまな操作を書き連ねてゆく。いわく、「地図はひらかれたものであり、そのあらゆる次元において接続可能なもの、分解可能、裏返し可能なものであり、たえず変更を受け入れることが可能なものである。それは引き裂かれ、裏返され、あらゆる性質のモンタージュに適応し、個人、グループ、社会形成などによって着手されうる。それを壁に描くのもいいし、芸術作品として捉えるのもよく、政治的行動あるいは瞑想として構築するのもいい」（MP上34. Cf.F, 86f.; CC, 133-8）。地図とは、現実の認識、現実との関わり方、現実における行

動などのすべてであり、地図の外に出ようとする行動すらも線として内に描き込んでしまうような「内在性の平面」である。地図を描く主体もまた一枚の地図であり、描かれる対象も地図なのだ (CC, 133)。

● 地図の「経度」と「緯度」

　ドゥルーズとガタリは、地図をひらかれたままに保ちながら、それを「経度」と「緯度」という二つの側面に分ける (D, 156-9; MP中198-202, 208; SPP, 245f.; CC, 137f.)。「経度」とは、複数の物体＝身体のあいだの「運動と静止、速さと遅さの関係」である。たとえば、大地とその上を走る馬、馬とその上に乗る人間、馬と馬を打つ鞭の速度の関係であり、この関係は際限なく拡張していくことができる。これに対し「緯度」とは、ある個体が「変様＝触発し、変様＝触発される能力」、「作用し、作用される能力」のことだ。これは、ある重力の下でどれだけ立っていられるかのように、(筋力と重力との) 力の強度の差異によって規定され、そして、さまざまな組み合わせによって、立つ、転ぶ、歩くなど、一連の可能な作用のリストがつくられる (EPU, 12f.)。経度と緯度の組み合わせからなるこの地図は、輪郭が定まっておらず、それを描きかえることは「地図作成としての芸術」に属する、とドゥルーズはいう (CC, 142)。ある一つの身体＝物体と他の身体の関係が描く軌跡を描きなおし、同時に、その身体がなしうることのリストを増殖させることの内には、あらたな身体の発明と一つになった実践的な創造があるだろう (CC, 137-140)。

＊参照：此性、線、内在、生成変化、リゾーム　　別の訳語：MP「地図学」

此性 Heccéité

「何とひどい夕方の五時だ！」D, 156

● 他でもない、「このもの」であること

「此性」とは、ある個体が、他のあらゆるものから区別される、まさに「この」個体であることである。語の発明は、中世の哲学者ドゥンス・スコトゥスによるものであり、「Haec」は「このもの」を意味する（MP中417注24）。そしてドゥルーズにおいて「此性」はある独特の用法をもっている。というのも、ふつうに「個体」「個人」といわれるときに想起されるような「事物」や「人間」、「対象」といったものについて、ドゥルーズは「此性」という語を使うことはないからである。むしろ、彼ははっきりとしたかたちをもたないが、しかし、「夕暮れどき」などのように「そのもの」として十全に感じられるようなものを「此性」と呼ぶのだ。ドゥルーズはこう述べている。「実際わたしたちの関心をひくのは、事物、人格〔人称〕ないし主体といったものではもはやない個体化の諸様態なのです。たとえば、一日のある時間の個体化、ある地域、ある気候、ある河やある風の個体化であり、ある出来事の個体化です。そしておそらく、事物、人格ないし主体の存在は誤って信じられているのです」(PP, 58. Cf. D, 157f.)。

こうした揺らめきうつろう個体を考えようとするとき、「天気というものは…」といった仕方で対象を一般化することや、時計の時間にあわせて「何時何分」に「何」が起こったかを客観的に正確に計測することに、おそらく大きな意味はないだろう（MP中207-212）。先の引用にも見られるように、ドゥルーズのいう「此性」は、捉えようとす

る意識をすっとかわすような軽やかな生成変化の単独性であり、それについては「ある」漂う何かとして語ることができるだけだからである。此性は、「雪や砂の波動、砂の響き、氷の割れる音、砂と氷の触覚的性質」や、「波の音、ざわめき、霧、微粒子の舞踏」などの個体性なのだ (MP下73; PLI, 149)。そしてドゥルーズは、こうした一回かぎりで束の間の出来事を見つめる感性の気質と、それらを記述し思考しようとする理性の資質をともに備えている。

● 自分も漂うものになってみる

　ドゥルーズとガタリは、こうした浮遊する「此性」を認識するだけでは十分ではなく、自分自身がまさに「此性」そのものになり、それを生きてみることが重要だという (MP中211f.)。彼らの場合、本を二人で書くことこそ、「人格的」ではない個体性を獲得するプロセスであった。お互いが「人格」をもっていたならば問題が起こっていたでしょう、と二人での共同作業をふり返りながら、ドゥルーズは、自分たちが「どちらかというと小川のようなものだった」、それも、「二つの小川、二つの川のように組み合わされ」たと述べている(PP, 284f.)。「自分の意見」や「自分のやり方」など「自分」を主張せずに、彼らは「わたし」に属するのか「あなた」に属するのか定かではないようなあいまいな圏域に、「書くこと」を通じて入っていったのだ。ドゥルーズがいうように、「此性と此性のあいだに何かが流れるようにするのは言語活動の方なのです」(PP, 285)。

＊参照：地図作成、個体、生成変化、厳密な非正確さ、二人で書くこと

主体化 Subjectivation

「主体化も出来事も脳も、
　　　わたしにはどうも同じことのように思えます」PP, 354

● 「主体」ではなく、「主体化」

　主体をめぐるドゥルーズの関心は一貫している。ドゥルーズにとって、「主体」とは構成されるものであり、問題は、主体がどのような要因によってある時代につくりだされるか、そのプロセスはどのようなものかということにある。ドゥルーズは、「一つの派生物、ある〈主体化〉の産物」としての「主体」と述べている (F, 188. Cf.ES, 10, 14)。『千のプラトー』において主体化は、集団であれ動物であれ人間であれ、ある個体の行う行動がすべてそこから出発するかのように見える焦点として特徴づけられる。何をしようとも、すべてがそこに引きつける「ブラック・ホール」のような点、「情念」を中心にしたシステムである (MP中13-5)。主体化をめぐる指摘の内でもっとも重要なものは、主体化を強いるシステムが、同時に主体の「規範化＝正常化」を行う管理のシステムと一体化するということであろう (MP上266-8)。集団ないし個人を規範に従う「個体」として取り扱い、その上で行動の主体が誰なのか特定できるようにするというわけだ。資本主義と呼ばれる現代の社会は、まさにこうした主体化のシステムの一つの例だろう (MP上268f.)。『フーコー』の中でドゥルーズは「わたしたちを個人化すること」、そしてつぎに「知悉され、認識され、余すところなく規定された一つの同一性におのおのの個人を結びつけること」を、現代の主体化が取る二つのかたちとしてあげている (F, 197)。そしてさらに、「瞬

時に成り立つコミュニケーション」が発達し、個人を特定するシステムが交通や商業のいたるところに配置された社会空間は、「ひらかれた環境における不断の管理」を一層加速させている（「管理社会」PP, 350-2, 356-366）。

● 主体化と生存の問題
　『フーコー』でドゥルーズが主体化の問題として取り上げるのは、外からやって来る力をわたしたちはいかにして自分の方に向けて折り返し（「襞」）、自己をどのように変異させているのかということである(F, 181, 186-8, 193f., 214)。「主体化」の問題はここで、生存のあり方と密接に結びつく。たとえば、管理する力が外で作動するとき、規範を内面化することで、自分で自分の生を統御し、抑制・抑圧するならば、「自己との関係」はダイレクトに生の（そして性の）あり方に関わるだろう (F, 190)。こうした外からやってくる力との関係は、ある身体には何ができるかをめぐる一連の問いを提起することになる。つまり「わたしは何でありうるか」「どのようにして、わたしを主体として生み出すか」「わたしは何を見、かつ言表することができるか。わたしは何をすることができるか、どんな権力を要請し、どんな抵抗をそれに対抗させるか」といった問いである (F, 215f.)。ドゥルーズはなかでもとりわけ、「抵抗」に重点を置く。彼の問題は、外の力を折り返し、方向を変えることで、「抵抗の焦点」となる主体をいかにつくるかであり、身元特定しようとする力に対して「差異の権利、変異、変身の権利」をいかに主体の内に具体化させるかにある (F, 196f. Cf.PP, 306f.; ID下 244; DRF下 189-195)。
＊参照：戦争機械、襞、力、顔貌性、マイナー文学、歴史、ユーモア

間奏曲 n-7

　ドゥルーズは『哲学とは何か』のなかで、スタイルについて、こう語っている。「体験された諸々の知覚(ペルセプション)からペルセプトへ、体験された諸々の感情(アフェクション)からアフェクトへ高まるためには、そのつど、スタイル——作家にとっての統辞法、音楽家にとっての旋律とリズム、画家にとっての線と色彩——が必要となる。」

　知覚にとってのペルセプトは、感情にとってのアフェクトの関係に等しいが、では、ペルセプトは知覚とどう違うのか。たとえば、メルヴィルの海がそうだ。エイハブはモービー・ディックとの関係のなかに自らを移し、そうして鯨へと生成変化し、諸感覚の合成となり、海そのものとなる。そうした海こそが見るのであり、そうした海＝風景を、ドゥルーズはペルセプトと呼ぶ。そしてそのように知覚がペルセプトになるためには、スタイルが必要なのだ。

　だが、それだけではない。エイハブが鯨へと生成し、海へと生成するとき、それを描いている言語もまた、そしておそらくはそれを描いている小説家もまた、一種の生成変化をこうむっているのだ。それをドゥルーズは、「自分自身において外国人になること、自分自身の言語（国語）において外国人になること」（『哲学とは何か』）といっている。いいかえれば、そのとき自分自身の言語＝国語は、一種の外国語のようになっている。言語を使う者（たとえば小説家）にとってスタイルをもつとは、使っている言語へと自らを生成させ、そうすることで、その言語じたいが書くようになることであって、そのときその言語もまたかつてのままではいられなくなる。それこそが、同じ言語において外国語になる、ということなのだ。

ドゥルーズは『千のプラトー』の「言語学の公準」でいっている。
　「プルーストは言っていた。「傑作はある種の外国語で書かれる。」それはどもることと同じなのだが、単にパロールにおいてどもるばかりではなく、ラングにおいてどもることによってである。外国人であること、しかし、単に自国語ではない言語を話す誰かのようにではなく、自分自身の言語においてどもること。二国語あるいは多国語を用いるものであること、しかも地方語、あるいは方言とは関係なく、唯一の同じ国語において、私生児であり、混血児であるが、人種としては純粋であるというふうに。こうしてスタイルは言語となる。」
　どもることを、狭義にとる必要はない。それは自らの言語が外国語になったことの符丁なのだから。そして人が真に書くということにふれるとき、そうしたことが起きるのであり、そのとき人は、エクリチュール（書いたもの＝書くこと）を通して見るのであり、感じるのであり、こういってよければ、小説家になるのである（それは職業としての小説家ではない、いわばペルセプトとしての、アフェクトとしての書く人となるのである。）そしてプルーストは、『失われた時を求めて』の最後で、小説を書くことを「私」に選ばせるのだが、じつはそれ以前に、「私」がゲルマントの方へ長い散歩に行った帰りに、かかりつけの医者に馬車に乗せてもらい、駅者の隣りに座って、疾駆する風景と消えたり現れたりする鐘塔を見るうち、その様を書きはじめるのだ。そしてそれが完成したとき、主人公の「私」は、「まるで自分が雌鳥で今しがた卵を産みでもしたかのように、声を張りあげて歌をうたいはじめた」（鈴木道彦訳）のだが、これが、諸感覚のブロックとなった自らのエクリチュールを前にしてリトルネロを歌うスキノピーティスであることは、いうまでもない。

襞 Pli

「ゆったりとして、たっぷり膨らみ、襞を寄せ、裾を膨らませ、
　　　　　　　　　身体をそれ独自の襞で囲む」PLI, 209

● 襞の下には襞があり、そのまた下には…

　海岸沿いには、ごつごつとした岩が波に打たれながら湾曲し連なっているところがある (PLI, 31; PP, 316f.)。その岩に触れてみると、岩には穴が無数にあいているのが分かり、穴の奥がさらにまた小さい穴と突起に折り畳まれているのが見える。物質は襞からなっており、襞の下にはまた襞があり、それが無限につづくというイメージを、岩は与えてくれる。ドゥルーズが物質の襞と呼んでいるものは、襞が別の襞にそってつぎつぎに折り畳まれてゆくこうした襞の無限に至る行程のことである。彼はライプニッツのつぎの言葉を引用している。「連続的なものは砂が粒に分解されるようにではなく、紙切れや衣が襞に分割されるように分割されるのである。このようにして物体は決して点や最小のものに分解されるのではなく、無限の襞が存在し、ある襞は他の襞よりさらに小さいのである」(PLI, 14)。「襞」は、単純な原点のようなものとは無縁であり、一つの襞はそれよりも小さい襞を必ず含んでいる。「いつも襞の中に襞がある」のだ (PLI, 14)。そしてまた、あるものが折り畳まれ、そこに襞が生じるとき、襞には少なくとも（折り目のこちら側とあちら側という）二つの側がある。一つの襞は、その内にまた別の襞があるばかりでなく、それ自体ですでに「二重」なのである (PLI, 54)。

● 魂の襞と物質の襞。分裂と始動

　ドゥルーズは、ライプニッツにおける襞の二重性をさまざまに見出しているが、もっとも大きいものは、魂と物質の二重性である。あらゆるものは、魂と物質という二つの水準、「二つの階」からなっており、「下の階」にある物質だけでなく、「上の階」にある魂（「モナド」）も世界を自身の内に畳み込み、魂の襞によって世界を表現している、とドゥルーズはいう（PLI, 52f.）。それぞれの魂は「窓のない」暗い部屋、光の射さない個室であり、それが「動く、生きた襞によってさまざまに変化する張りつめた布で覆われている」というのだ（PLI, 50）。この魂の襞のちがい、折り畳み方の差異こそ、個体性や主体を構成し、また、世界をさまざまな仕方でくり広げることを可能にするだろう（F, 178f., 193; PLI, 35f., 40f., 47f.; PP, 318）。魂の内の特異な襞はそれぞれ独自の仕方で世界を表現しているのである。そしてドゥルーズにおける襞の概念は、まず物質と魂という二つの階において考えられると同時に、魂と物質を二つの側面にする、一つの襞のレヴェルにおいても考えられなければならない（PLI, 62f.）。ドゥルーズにとって魂と物質は一つの襞の二重性であり、この一つの襞が二つの階のあいだを分割し、「一方は他方と交わるところがない」ようにするのだ（PLI, 51.）。しかしそうはいっても、二つの階の分離は、身体的世界と魂の世界という二つの世界への分離を意味するのではない。折り畳むことは、二つの階を分離しながら一つの世界につなげる方法であり、そこでは折り目がどこにあるのか規定できない以上、「どこで感覚的なものが終わり、どこで叡智的なものがはじまるのか、もう分からなくなる」のだ（PLI, 205-8. Cf.76-8）。

＊参照：表現、主体化、一義性、ダイアグラム、線、非有機的なもの

概念 Concept

「概念に固有の力能＝累乗としての反復」PP, 298

● **哲学とは概念の創造である**

　ドゥルーズによる哲学の定義は、概念を創造することである。しかし、ドゥルーズにとっての概念とは、「リゾーム」などの「語」そのもののことではない。1956年に彼はこう述べている、「偉大な哲学者とは、あらたな諸概念を創造する者である。これらの概念は凡庸な思考の二元論を乗り越えると同時に、ものごとに対してあらたな真理、あらたな分配、比類なき裁断を与えるのだ」(ID上41)。また35年後のインタビューでは「概念の第一の特徴は、ものごとの斬新な裁断を遂行することです」と語る (DRF下290. Cf.198; SPE, 341; QPh, 30, 34)。つまり、概念とは単なる語ではなく、ある語を伴いながらなされる、問題構造のあらたな切り出しであり、一連の要素をどの場所に位置づけるかを振り分けなおすことなのだ (DRF下133f.)。概念は、裁断される「もの」を産み出しながらもそれとは区別される、裁断の操作そのもののことである。この意味で、概念は「思考するあらたな方法」と密接に結びついているのだ (PP, 333)。

● **概念についての概念**

　ドゥルーズは自身で、既存の知をずらし、それにあらたな配置をもたらすような多くの「概念」をつくりあげた哲学者であるが、それに加えて、『哲学とは何か』ではガタリとともに「概念の概念」をつくりあげようと試みてもいる (QPh, ch.1)。概念の特徴はまず、一つの概

念はその内に必ず複数の構成要素を抱えているということである。問題を切断しなおすには、一つの発想だけでは十分ではなく、いくつかの要素（無限個の要素ではない）が解きがたく結びつき、「こう考えざるをえない」という必然性に到ることが必要だろう。こうして、概念は不可分ないくつかの構成要素が交差し凝集した「多様体」をつねに形成するのだ（QPh, 29）。この多様体は、非常に独特なものである。というのも、ある構成要素に操作を加えれば、概念そのものが別のものになってしまうからである。ドゥルーズとガタリは、「構成要素を一つつけ加えたり引き去ったりすれば、もはや概念が変化せざるをえない」と述べている（QPh, 157）。ドゥルーズにとっての概念は過敏なものであり、概念は一冊の書物の内でさえ、分節や裁断法の多彩なヴァリエーションを見せるものだろう（『千のプラトー』の構成）。当然、概念の要素のそれぞれは、無から生じたわけではなく、その多くは過去の哲学者たちがすでに用いていたものである。したがって、あらゆる概念は「歴史」をもち、また、その構成要素を通じてつねに他の概念と関係している（QPh, 34）。ただし、あたらしく別の哲学者がそれを取り上げなおし、「概念」にするときは、かつての構成要素のいくつかを入れ替え、別の問題と関係づけることで、概念を根底から変容させるだろう（「プラトンを、もはやプラトン的でないさまざまな問題に接ぎ木する」こと。PP, 301. Cf.239f.）。哲学者とは、あらたな概念と問題を、かつてのやり方とは別の仕方で裁ちなおす者のことなのだ（Cf.QPh, 156-8; DRF下238.）。

＊参照：出来事、線、内在、多様体、哲学史、戦争機械、潜在的なもの

ペルセプト／アフェクト Percept／Affect

「花のアフェクトと花のペルセプトのたえずくり返される連続創造」QPh, 296

● **存在そのものとしての感覚**

　芸術をめぐるドゥルーズの試みは、感覚の内で人間から溢れ出るものをあきらかにすること、感覚からあらゆる人間的な意味づけを剥ぎ取ることを特徴としている。ドゥルーズにとって、感覚は、人間に先行するものであり、人間によって「色づけられる」というよりは人間を「色づける」ものである (QPh, 275, 280)。つまり、ベルクソンにならったいい方をすれば、人間の内に感覚が存在しているのではなく、感覚の内に人間が存在しているということだ (Cf.IM, 105f)。感覚は、「存在するものの感覚」ではなく、「存在としての感覚」なのであり、物体＝身体の内にこそ感覚があるのだ (QPh, 281f. Cf.FB, 34)。ドゥルーズにとって、芸術が固有のマテリアルによって表現しようとするのはこの「感覚存在」であり、その構成要素となるのが、「ペルセプト」と「アフェクト」である。

● **人間には大きすぎるヴィジョン／非人間的なものになること**

　『意味の論理学』でドゥルーズは、「意味作用＝意義signification」に還元されない「出来事」として「意味sens」を取り出したが、同様に、『哲学とは何か』では、ある主体による「知覚perception」に還元されない「ペルセプトpercept」を、また主体の（感情の）「変様affection」の枠にはとどまらない「アフェクトaffect」を取り出す (QPh, 275, 281; DRF下198)。「ペルセプト」とは、端的にいって、知覚があ

らわれる仕方の内にある「質的差異」（プルースト）であり、各物体が世界を表現する仕方の「特異性」である（PS, 52-4; CC, 304）。この意味で、ドゥルーズとガタリがメルヴィルの「海洋のペルセプト」と呼ぶのは、波、捕鯨船、エイハブ、モービー・ディックなどを、すべて呑みこみ包みこむ海という特異な「ヴィジョン」のことなのだ（QPh, 284f. Cf.MP中302）。これが知覚に還元できないのは、海＝世界が、知覚する主体がなくとも存在するからであり、むしろ主体はこの特異なヴィジョンとしての海洋のペルセプトによって構成されるからである。これに対して、「アフェクト」とは、身体＝物体の相互作用による状態の変化（「変様」）にともなう、活動し、存在し、思考する「力能」の度合の「連続的変化」のことであり、それは無限者から動植物、鉱物に到るまで無限の度合をもつ（CC, 287. Cf.SPE, 188-204）。そしてアフェクトとはとくに、人間の身体の力能の非人間的な度合への変化（「動物に、植物に、鉱物になること」）であり、独創的な芸術家はマテリアルと特異なスタイルでこの変身をつくりだすのだ（QPh, 291）。アフェクトは、「鯨になること」がエイハブにとって大きすぎる力能であったように、人間にとって大きすぎるもの、死を招くかもしれないが、しかし身体が、あらたな可能事をひらくのは、この非人間的なものの領域においてなのである（QPh, 285. Cf.MP中197-200）。

＊参照：生成変化、特異性、視点、運動イメージ
＊別の訳語：PP「被知覚態／情動」；QPh「被知覚態／変様態」；CC「知覚対象／情動」

リトルネロ Ritournelle

「耳はリトルネロのかたちをしている」MP中297

● テリトリーをつくること

　ドゥルーズとガタリは、暗闇の中で子供が口ずさむ歌から、リトルネロ（リフレイン）について語りはじめている（MP中292-4, 317）。まわりに何があるのか分からない混沌とした場所で、あるフレーズを口ずさむことによって、少しの安心と勇気が得られる。子供は、歌うことで自分が居られる場所、領域をかろうじてつくりあげると、ドゥルーズとガタリはいうのである（D, 166f.; MP中317f.）。リトルネロは何にもまして、混沌の中に「自分の場所（テリトリー）をつくること」、テリトリーに目印をつけ識別できるようにすることと相関している。「リトルネロとはテリトリーを示すものであり、領土の編成〔アレンジメント〕なのである。たとえば、鳥の歌。鳥は歌をうたうことによって自分のテリトリーを示す」（MP中320）。

　ある場所が自分のテリトリーであると表現するのは、当然、歌声だけではない。領土を侵す者に対する示威的なポーズ、あるいは自分の領域へと誘い込むようにして見せる色や匂いもまたテリトリーの指標となる（MP中332f., 337, 344-7）。リトルネロには、「歌のリトルネロ」ばかりでなく、ドゥルーズとガタリのいうように、「姿勢リトルネロ」や「色彩リトルネロ」も存在するのである（QPh, 310）。テリトリーをつくる動物は、他の種から区別されるばかりでなく、同じ種の他の個体からも区別される、独自の色や姿勢、歌のリトルネロをもっている。

● 芸術のはじめに動物ありき

　動物それぞれのテリトリーをしるしづけるリトルネロが、ドゥルーズとガタリにとって重要なのは、それが「芸術の起源」の問題と深く関わっているからである。彼らによれば、芸術は、人間に固有のものではない。むしろ「芸術は、おそらく、動物とともにはじまる。少なくとも、テリトリーを裁断し家をつくる動物とともにはじまる」(QPh, 309. Cf.MP中329f., 338)。ドゥルーズとガタリは、テリトリーを示す動物のさまざまな表現（身体の色、鳴き声など）がすでに芸術であり、「芸術はたえず動物につきまとわれている」と述べている (QPh, 311)。たとえば『変身』をはじめカフカの小説には多くの動物が実際に登場し、歌い、さまざまなポーズをとるのが思い起こされるだろう (QPh, 311)。

　ただし、ドゥルーズとガタリにとって、芸術家がなすべきことは、リトルネロがつくりだすテリトリーに安住することではない。むしろ、芸術の本領は、リトルネロを用いて少しの安定を得ながら、それをバネにして、テリトリーの外の力、「宇宙の力」を捉えることにあると彼らはくり返している (MP中293-5, 318-321; QPh, 304f., 308)。リトルネロとは、領土を外へとひらくために領土を創設すること、純粋な混沌の暗闇を回避しながら自己を越えるような大きな力を引き込むことなのである (PP, 296f.; QPh, 316, 337-343)。彼らはこう書いている。「カオスの諸力、大地の諸力、そして宇宙的な諸力。これらがすべて、リトルネロの中で衝突し、競いあうのだ」(MP中321)。

＊参照：領土、反復、永遠回帰、哲学史、コンセプト、自然、地図作成

消尽したもの L'Épuisé

「消尽したもの、それは眼を見開いたものである」EPU, 39

● やるべきことも、やる力も、やる意味も、やれる可能性も…

「消尽したもの」は、フランス語で、「枯渇したもの」を意味する。つまり、水が湧き出る泉の源そのものが、枯れてしまうことだが、「消尽」という言葉でドゥルーズが表現しようとしているのは、何かがそこから湧いてくるような可能性の泉がもはや存在しない状態にほかならない。これは可能性の泉が、まだ残っていて、ただこの可能性を実現する力がないだけの状態(「疲労」)とは区別される。ドゥルーズはこう書いている。「疲労したものは、ただ実現ということを尽くしてしまったのにすぎないが、一方、消尽したものは可能なことのすべてを尽くしてしまう。疲労したものは、もはや何も実現することができないが、消尽したものは、もはや何も可能にすることができないのだ。〔…〕もはや何一つ可能ではない」(EPU, 7. Cf.ID下202-4)。では、ドゥルーズが何をこの可能性の泉として考えているかというと、それは神、自我、世界に加え、目的、意義、記憶などである (EPU, 8, 15f., 20-23. Cf.LS下209f.)。『消尽したもの』はサミュエル・ベケット論だが、ドゥルーズはベケットとともに、人間の行動の源となるべきであったこれらのものが、すでにすべて枯れつくしているとき、人はどうするのかを問いたずねるのだ。問題なのは消尽をめぐる「事の次第」を、あきらかにすることなのである (EPU, 11f.)。

● 言語による三つの消尽：網羅・他者・沈黙

　そのためにドゥルーズは、ベケットの言語の三つの歩みを分析する。まず一つは、ものごとのあらゆる可能な組合せをやりつくしてしまうことで、まだ可能性があると述べる可能性を消してしまうことである（神＝無。EPU, 9. Cf. 8-14）。たとえば、「夜が来る、夜が来ない。雨が降る、雨が降らない」といった言説がそうだ（EPU, 9）。二つめは、主体から声を発する可能性を剥ぎとり、「わたし」の中でわたしが声をコントロールすることができない状態を表現することである（自我＝他者。EPU, 15-17）。このとき、わたしの中に響く言葉はつねにわたしとは他のところから来るまったくよそよそしいものになり、鳴り響く声にしたがって、マーフィー、モロイ、ワットなどの他者がつぎつぎに「わたし」になり、そして消えてゆく。つまり「わたしについて語るにも、マホッドの声でしか語ることができず、ワームであろうとしても、やはりマホッドになることによってワームになるしかない」状態だ（EPU, 16）。このとき自我は、決まった人格や性質をもたない、「名づけえぬもの」になるだろう。三つめは、網羅的に組み合わされる言葉でも、他者の声でもなく、言語の「間隙、穴、亀裂」であり、言語に沈黙を語らせることである（EPU, 17-24）。これは「沈黙」とただ書くことではなく、沈黙という言語の枯渇＝消尽を、言語自体によって感じとれるようにすることだ（EPU, 42）。この声の沈黙は、空間を空虚にすることをともなうとドゥルーズはいう（EPU, 20, 26f.）。張りつめた「沈黙」と「空虚」は決して長くもつことはないだろう。消尽は、その限界に到るとき、沈黙だけを残してみずから消え去るのみである（EPU, 21f., 35）。

＊参照：出来事、発散、簡素さ、特異性、愚鈍、その場での旅

批評と臨床 Critique et Clinique

「錯乱の中からこうした健康の創造を」CC, 19

● 文学は社会の病の徴候を見えるようにする

　「批評と臨床」は、ドゥルーズの文学への態度を考える際の鍵となる概念の一つである。ドゥルーズによれば、「（文学的な意味での）批評と（医学的な意味での）臨床」は切り離されるべきものではなく、文学はある地点から、医学が徴候を名づける行為そのものに本質的にかかわりはじめるという (PSM, 19)。なぜなら、作家は、作品によって文明の病（個人の病ではない）を示すような一群の記号を提示するからであり、その病と記号は、作品として提示されることではじめて、はっきりと感じとれるようになるからである (LS下110; PP, 287f.)。徴候にあたらしい名を与える臨床医がそうするように、作家は病の見方を変え分類法を刷新することで、「それまで一つに融合していた徴候を分離し、分離していたものを統一」しながら、「徴候と記号との比類なき一覧表」をつくりあげる、とドゥルーズはいうのだ (PSM, 23f.)。したがって、たとえば「サディズム」と「マゾヒズム」という徴候の名が、サドとマゾッホから取られているのは、彼ら自身がそうした症例を体現していたからではなく、むしろその徴候を見えるようにしたからなのである (LS下111)。こうした作家のあとには必ず「以前からそのようなものはあった」と口にする者たちがあらわれるものだが、しかし、彼らがそのようにいうことを可能にしたのは、問題そのものをセットしなおし、人々の世界を見る目を変革した作家なのだ。そして、作家が徴候にみずからの名を冠するに値するようになるのは、

こうした「感覚し思考するあらたな仕方」をつくりだし、病の「あらたな形態を引き出す」ときだ、とドゥルーズはいう（PSM, 25. Cf.DRF 下133f.）。

　ドゥルーズの文学批評には、そう言明されていなくとも、「臨床的」なモチーフを読みとることができる。ドゥルーズにとってプルーストの作品は「一般記号学であり、さまざまな階層に分かれた社交界を診断する徴候学」であり（PP, 288）、カフカは、自身の死後に訪れる「資本主義のアメリカ、官僚制のロシア、ナチスドイツ」の徴候を見てとっていた作家である（K, 117）。

● 病める者にのみ宿る健康

　とはいえ、ドゥルーズの徴候への興味が、「病むこと」に留まっているわけでないのは、彼が病の徴候を通じて、生のあらたな形態、あらたな可能性を見出そうとしているからである（CC, 19）。「記号はさまざまな生の様態、さまざまな生存の可能性をあらわすことで、ほとばしる生の、あるいは消尽した生の徴候となるのです。〔…〕書くという行為の内には、生を個人を超えた何かにし、生を閉じ込めているものからそれを解き放とうとする試みがあります」（PP, 288）。医師である作家がしばしば病弱であるのは、彼らが個人にとって「あまりにも大きすぎる生」を前にしていたためであり、「生の過剰」を感じ取っていたからだとドゥルーズはいう（PP, 289）。そしてこの生のモチーフこそ、「批評」が健康の開発としての「臨床」とふたたび交わる点なのである（CC, 16f.）。

＊参照：記号、力、概念、生、地図作成、主体化、器官なき身体

スタイル Style

「マッケンローも創始者です。つまりスタイルをもっている」PP, 266

● 一言語の内の異質な諸外国語からスタイルははじまる

ドゥルーズは、スピノザの『エチカ』のスタイルについて幾度か書いている (SPE, 359; SPP, 54; PP, 332; CC, 285f.)。ドゥルーズの分析はすべて、『エチカ』が、二つ（ないし三つ）の異質な言語を含んでおり、言語のちがいが思考や生の様式のちがいと分かち難く結びつくさまをあきらかにしようとする (PP, 204)。ドゥルーズによれば、『エチカ』は、「均質でも、直線的でも、連続的でも、平静でも、航行可能でもない。つまりは、純粋でスタイルを欠いた言語活動ではないのだ。／『エチカ』は三つのエレメントを提示している。それらは内容であるのみならず、表現の形式でもある」(CC, 286)。ドゥルーズにとって、スタイルの条件は、等質性ではなく、言語内の異質性であり、不均衡なのだ (PS, 182-6; MP上205-210; CC, 225f.)。

● スタイルのエレメント：大河、炎、光、そして疾風

ドゥルーズが『エチカ』の中に見るスタイルの第一のエレメントは、「定義、公理、公準、定理、証明、そして系」からなる論証の流れであり、『エチカ』全体を貫く「静かで力強く長い大河」である (CC, 299)。第二のエレメントは、この流れを突然に断ち切り、地下から噴き出してくるような「備考〔注解〕」であり、それは激しい告発と論争的調子をともなっている。論証が「水の言語活動」であるのに対して、この激しい攻撃性をともなう言語は、情動的な「火の言語」で

あり、存在する力を貶めるものに対して闘いの炎を上げる言語である（CC, 300f. Cf.SPE, 369）。論証もまた「仮借なき厳正さをもって、ある種の頭脳的なテロリズムをあらわ」すが、論争的な備考＝注解と同じ言語を語ってはいないのである（SPE, 369）。

　スタイルの第三のエレメントは、『エチカ』第五部にあらわれるという「光」の言語であり、本質へと跳躍する言語である（SPP, 266f.; CC, 303-9）。第五部は、論証の漸次的前進や個別的な物体同士の相互作用を飛び越えて、存在する力能と思考する力能へと認識が一気に到る場をなしているとドゥルーズはいう（「第三種の認識」）。ここで問題なのは、光によって「感覚しうるようになるもの」ではなく、それ自体不可視でありながら感覚を可能にする「特異な本質」としての光の側に、瞬間的にでもよいから移行することである（CC, 309）。言葉は、このときこの跳躍を表現するよう、空隙や切断をつくり、そこに「閃き」を発生させなければならないだろう。跳躍の価値は、それが飛び越える距離によって測られるのである（CC, 309）。

　さらにドゥルーズは、読む者をどこかへ連れ去るような「魔法の風」をスピノザの内に見出している（D, 32; SPP, 250f.）。この「疾風」というエレメントは、ドゥルーズが自分のテクストを形容する際に好んで用いた言葉である（PP, 297f.; DRF上87）。そしておそらく、吹き抜けるあらたな風ばかりでなく、水＝論証、炎＝告発、光＝跳躍もまたドゥルーズにおいて、スピノザの幾何学的な様式とは異なるあらたな編成と調子を獲得しているといえるだろう。ドゥルーズは、哲学のスタイルの偉大な発明者の一人である（Cf.PP, 332）。

＊参照：エクリチュール、マイナー文学、ダイアグラム、特異性、遭遇

闘い Combat

「闘いとは魂の獲得にほかならない」CC, 109

● 「非‐戦闘」ではなく、「闘うこと」

ドゥルーズは晩年においても、闘う姿勢をつよく打ち出している。たとえば、商業主義や広告メディアが哲学の用語を占有し、「コンセプト」「イヴェント」「クリエイティヴ」を語ることに、ドゥルーズは闘いを挑むことをいとわない。彼はこう書いている、「《コンセプト》なる言葉で、情報処理サービスや情報処理エンジニアリングの会社が指し示されていることを知るのは、たしかに苦痛である。しかし哲学は厚顔無恥で愚かしい対抗者たちにぶつかればぶつかるほど、また自分自身の内部でそうした者どもに出会えば出会うほど、ますます自分に元気を感じるものだ。商品というよりもむしろ隕石であるような概念たちを創造する責務を果たすための元気をである」(QPh, 23. Cf.207f.; PP, 311f., 323f.; DRF上195-8,下135-7)。

ドゥルーズは「闘い」をあくまで要求するという意味で、「非‐戦闘」を掲げる「東洋的理念」とは異なるスタンスを保持している。彼にとっては「平和主義」でさえ、一つの「政治」であり中立主義とは無縁の立場であろう (DRF下36)。ドゥルーズは「不協和なしに、和することはありえない」と述べているが (CC, 109)、この闘いは、ただし、戦争などのように、破壊や正義による裁きへと向かう闘いではなく、構築するための闘い、生から重荷を取り去るようなあたらしい状況を生むための闘いである (CC, 109f., 273f.)。ドゥルーズはこう書いている。「ロレンスは、ニーチェを強力に再発見している。つまり、すべ

て善きものは闘いから生じてくるのであり、彼らの共通の師は、闘いの思想家ヘラクレイトスなのである。アルトーもロレンスもニーチェも、東洋とその非-戦闘の理念を甘受しはしない」(CC, 273)

● さまざまな力がはたらく場で、決断をすること

　闘いの思考からドゥルーズが導き出してくる重要なエレメントの一つが、「決断」だろう。停止した世界ではなく、さまざまな力がはたらく流動的な世界において、いかになすべきことを決断するか、方向を定めるのか (CC, 104)。ドゥルーズは流れの中の「渦巻き」というイメージに着目する。渦巻きとはつまり、異種混交のさまざまな力や意志が集中する地点であり、渦を巻きながら（ということは回転し、みずからを反復しながら）問題の中心として差し出されるような場所である (CC, 104f.)。決断が生まれるのは、さまざまな力を中性化した場ではなく、意志や力の混交状態においてなのだ。ドゥルーズはこう述べている。「決断することは、裁き〔＝判断〕ではないし、裁きの組織的帰結でもない。それは、われわれを闘いの中に引きずり込む諸力の渦から生き生きと噴き出してくる。決断は闘いを隠滅することも終息させることもなしに解決する。決断は象徴の夜にふさわしい稲妻なのである」(CC, 275)。ドゥルーズの闘いとは、諸力が生の上に重くのしかかるたびに、それを別の方向へ向け、「あらたな生存のあり方」をつくるよう「決断」することなのだ (PV, 18-20; QPh, 173f.; CC, 271-3, 276f.)。

＊参照：生成変化、力、戦争機械、肯定、感覚、個体、簡素さ、内在

内在 Immanence

「内在 —— 一つの生……」DRF下295

● 内在の遠心力：閉じた内部と超越をともに斥けること

　ドゥルーズのいう絶対的な内在は、何かの「内にあること」ではない。たとえば、主体の内に意識の流れが「内在」し、事物の内に変化が「内在」しているということではないのだ。なぜなら、このとき「主体」や「意識」や「事物」は内在の外に出ており、何がその統一性を基礎づけるのか問われることのない超越的な前提となっているからである (QPh, 83-90; DRF下296. Cf.IM, 106; PP, 90)。内在は、したがって、内在を「内」に閉じこめようとするあらゆる営みに対する闘いを遂行することになるだろう。また内在は、超越的な起源を設定するあらゆる制度や思考法に対する批判をくり広げる。たとえば、まずはじめに触れることのできない始原的な原理を定め、その原理との距離の近さや類縁性に応じて存在者のあいだに意味の序列をつけるような、存在論的でも認識論的でも政治的でもある垂直的なヒエラルキー構造を、内在は拒絶するのだ (DR上109-113; SPE, 36f.; DRF下95)。ドゥルーズがいうように、「内在の圧力」には、ヒエラルキー的世界、つまり、神聖な始原をもつ＝階層的な世界を「溢れ出し、それを背後から攻撃しようとする何かが存在」しており、あらゆる形態の超越を追い払う批判的な機能が宿っている (DRF下96)。内在において肯定されるのは、「神聖な始原＝階層hiér-archie」ではなく、反対に、「戴冠せるアナーキー＝無-始原an-archie」であり、存在は、あらゆる存在者に対して、平等に同じ意味で一義的にいわれることになるだろう (DRF下95)。内在は、「平

等の浜辺、一義性の浜辺、アナーキーの浜辺」という「潜在的な場所」を顕現させる、とドゥルーズはいう (DRF下97. Cf.DR上113)。

● **内在は強度的な力能で、存在者を満たす**

　内在があらゆる超越者を取り除くということが意味するのは、この世界とその内に存在するものたち自身に、存在し思考し活動する力を返してやるということだ (SPE, 233f., 239f.)。世界に存在するものは、自分よりも高次の価値と関係づけられることによって価値をもつのではなく、各々の「なしうること」によって価値をもつのである (Cf.DR上111-3; SPE, ch.14; CC, 208-212; DRF下95)。内在において問題なのは、無限個の存在者がそれぞれにもつ、思考する力能と存在する力能なのだ (QPh, 88)。そして、もっとも強度的な力能は、自己の限界を超えて変身し、あらたな存在のあり方を創造する力能であるとドゥルーズはいう (DR上111-3; SPE, 194f., 201-4; CC, 219, 283f.)。この力能は、ドゥルーズにとって、それぞれの個体の「内にある」のではない。というのも、ある物体、ある身体の「なしうること」を決定するのは、身体＝物体の構造ないし関係であり (NPh, 88-90; SPE, 221-7)、この関係自体は、関係づけられる当の身体＝物体の「あいだ」にあって、つねにひらかれているからである (Cf.ES, 154; MP中218-228; IM, 19; F, 211-4; QPh, 66)。内在が差し出すこの関係において身体＝物体は、いかなる始原をももつことなく、各自の特異な力能によって満たされ、存在し、生きるのだ。

＊参照：一義性、先験的領野、特異性、差異、個体、構造、永遠回帰

appendice

「失われた時を求めて」の統一性 [*1]

ジル・ドゥルーズ／堀 千晶訳

　『失われた時を求めて』〔以下、《探求》、『探求』と略記[*訳注1]〕の統一性は、なにによって成立しているのか。少なくとも、それがなにによって成立していないかはわかる。『失われた時を求めて』の統一性は、たとえ無意志的なものであれ、記憶、想起によって成立しているわけではない。《探求》の本質は、マドレーヌや敷石のなかにはない。一方で、《探求》はたんに想起の努力や、記憶の探索ではない。探求は、「真理の探求」という表現に見られるように、強い意味で理解されねばならない。他方で、失われた時はたんに過ぎ去った時間ではない。それは、「時間を無駄にする」という表現に見られるように、無駄に失う時間のことでもある。（それゆえ『過ぎ去ったものの追憶（remembrance of things past）』という英語訳には、二重の不具合があるのだ）。たしかに記憶は、探求手段のひとつとして介入してくるが、それは最も深い手段ではない。過ぎ去った時間は、時間構造のひとつとして介入してくるが、それは最も深い構造ではない。プルーストにおいて、過去のいかなる想起も復元も含まないマルタンヴィルの鐘塔とヴァントゥイユの小楽節は、マドレーヌとヴェネツィアの敷石をたえず圧倒しているのだ。マドレーヌと敷石は記憶に依存しており、その意味で、「物質的な説明」にふた

たびゆだねられるのである*2。

　プルーストにおいて、記号という語と同等の頻度であらわれる語は、ほとんど存在しない。《見出された時》における最終的な体系化において、それはとりわけ顕著である。真理の探求としての《探求》はつねに、記号(シーニュ)を解釈することから、すなわち、その襞をほどいて説明し、翻訳し、解読することから成り立っている。《探求》は、記号からなる異なる諸世界の探索としてその姿をあらわす。そして、異なる諸世界は円環として組織され、いくつかの点において、たがいに交叉するのだ。なぜなら、記号は各々の世界に特有のものであり、各世界の素材を構成するものだからである。二次的な作中人物、たとえば、ノルポワと外交の暗号、サン＝ルーと戦略の記号、コタールと医学の徴候だけ見ても、その点はあきらかである。ひとりの人間が、あるひとつの領域の記号を解読することに優れていたとしても、まったく別領域の事例となると、愚かなままでありうる。たとえば偉大な臨床医であるコタールのように、である。そのうえ、ひとつの共通領域のなかでも、諸世界はたがいに門戸を閉ざしている。ヴェルデュラン家の記号は、ゲルマント家では通用せず、反対に、スワンのスタイルやシャルリュスの象形文字はヴェルデュラン家では通じない。諸世界すべての統一性は、これら世界がいずれも、人物、対象、物質によって発せられる記号の体系をなしている、という点にあるのだ。解読と解釈によらなければ、いかなる真理も発見されはしないし、なにかをひとが学ぶこともないのである。しかし、諸世界の多元性があるのはなぜかといえば、これらの記号が同じジャンルに属するわけでもなく、同様の出現方法をもっているわけでもなく、同様の仕方で解読されるわけでもなく、自身の意味に対し

て同一の関係を有するわけでもないからだ。私たちは、主人公が直接出入りする様々な世界を考察することによって、記号こそが、《探求》の統一性と多元性を同時に形成しているという仮説を、検証してみなければならない。「ゲルマント、アルベルチーヌ、ジルベルト、サン＝ルー、バルベックなど、私をとりまいてきたどんな些細なしるし(シーニュ)にも、意味をとりかえしてやらねばならなかったのだ*3」。

　記号の類型がたがいに還元不可能であるばかりでなく、各類型を判断するための基準もまた多種多様である。現時点で四つの基準を区分けしておくべきだろう。記号の性格、すなわちそれが発せられる仕方。記号がわれわれに対して及ぼす効果。記号を解釈し、その意味を見出しうる能力。この意味の本性。これら基準を組み合わせることで、諸世界のあいだに、記号の種類のあいだに、一種の位階序列を打ち建てることが可能になるのである。

＊

　記号の第一の世界は、社交界の世界である。たしかに世界は多数ある。しかし、諸世界すべてを統一しているのは、いつもそこでは記号が取り交わされている、という事実なのだ。シャルリュスは、記号の驚異的な発信者である。ゲルマント公爵のあいさつは解釈されるべきものである。ゲルマント公爵夫人はしばしば冷淡で、貧相な考えの持ち主だが、しかしいつでも魅力的な記号の持ち主でもある。コタールは何ら面白いことを言わず、ヴェルデュラン夫人も笑わないが、コタールは自分がなにか面白いことを言ったでしょうという合図(シーニュ)をし、ヴェルデュラン夫人も笑っていますという合図(シーニュ)を、彼女が発明しえた驚異的なしぐさをとおして発信する。社交界の記

号の特徴とは、記号が思考と行動の代わりをすること、記号じたいが自身の意味になり代わる価値をもつと主張すること、記号が想定される自身の意味の価値を乗っ取ること、である。だからこそ社交界の記号は、空っぽで、ステレオタイプ化されているのだ。しかしまさしくその空虚さこそ、社交界の記号に形式的な完全性を与え、発信における明瞭性を与えるのであり、それは他処では見られないものなのである。

　社交界の記号がもたらす効果は、一時的かつ表層的に、われわれを自分自身の外へと連れ出す、一種の神経の昂ぶりである[*4]。この記号を解釈しうる能力は、知性である[*5]。重要なのは、意図的な知性の行使ではない。知性とは記憶のようなものであって、探し求めるよう知性に強いる記号からの強制を受けて、無意志的になるのでなければ良いものとはならない。しかしなぜ社交界の記号の解釈は、知性にゆだねられるのだろうか。それが判明するのは、社交界の記号の意味とはなにかを、問い尋ねるときである。社交界の記号は、自分自身の意味を一般法則のなかに見出す。この点からすると、その空虚さでさえ役立つ。真空は、法則が姿をあらわすには好ましい物理的環境なのだ。空っぽの頭は、より高密度の物質と同様に、最良の統計的法則を示す。間抜けの頭のなかで起こること以上に、知性を刺激するものはない。グループのなかで鸚鵡のような役回りを果たす者たちは、「予言の鳥」でもある。彼らのおしゃべりは、法則の存在を告げるのだ。「最たる愚か者たちは、そのしぐさや、発言や、心ならずもあらわれる感情によって、彼ら自身は気づいていないが、芸術家が彼らのうちにかぎつけるような法則を示しているのだ[*6]」。おそらく、シャルリュスのような特異な天才が、立法

者となり、世界の偉大な司祭となるということもありうるだろう。しかし大抵の場合、社交界の記号はその意味を、グループの法則であるような一般法則のなかに見出すのだ（プルーストが、現実の物理的な環境という以上に、「精神の家族」と呼ぶもの）。

*

　記号の第二の世界は、恋愛の世界である。シャルリュス＝ジュピヤンの出逢いは、記号の驚異的な発信にわれわれを立会わせる。恋人の存在はいつも、記号として、「魂」として、立ちあらわれる。というのも恋人は、未知の世界を表現し、包み込み、封じ込めているからだ。たとえばアルベルチーヌがそうであるように。愛すること、それはいつでも翻訳することなのである。それは、恋人のなかに包み隠されたままの、未知の世界の襞をほどいて説明し、展開しようと試みることなのだ。恋愛は、沈黙のうちになされる解釈によってはぐくまれる。それゆえ、恋愛は友情よりも高次元のものとなる。友情は、会話、意志疎通、共有される善意によって命脈を保つからだ。解釈技法の観点からするなら、最も偉大な友情でさえ、ちっぽけな恋愛にはかなわない。恋人の女性は、どれほど凡庸な女であれ、人類の起源へとわれわれを舞い戻らせるのだ。すなわち、記号のほうが明確な内容よりも優位に立ち、象形文字のほうが文字よりも優位に立つ時代へと、われわれを舞い戻らせるのである。この女性は私たちになにも伝達しないが、しかし、解読を必要とする記号を生みだしつづけるのである[*7]。

　恋する男性は、恋人がその好みを彼にゆだね、そのしぐさと愛撫を彼にささげることを望む。しかし、恋人のしぐさは、それがまさ

に私たちに向けられるその瞬間に、恋人のうちに包み隠された未知の世界を、またふたたび表現してしまうのである。そして、その世界が私たちを必然的に排除するのはなぜかといえば、その世界がかつて別のところで、別の誰かとともに、はぐくまれたものだからにほかならない。これこそスワンの苦悩である。オデットによる愛撫の一つひとつが、別の誰かがよりいっそう愛されていたかもしれない可能世界、ないしはよりいっそう愛されている可能世界、ないしはよりいっそう愛されていた可能世界のイメージを描きだしてしまうのだ[*8]。それゆえ、恋愛は矛盾をはらんだものとなる。なぜなら、嫉妬から逃れるために頼った手段が、嫉妬そのものを膨らませる手段となってしまうからであり、それによって嫉妬が恋愛からいわば自律し、独立したものとなってしまうからである。ここから、プルーストの第一の法則が生じる——主観的にいうなら、嫉妬は恋愛よりも深い。なぜなら、記号をかぎつけ解読する点にかんして、嫉妬はより優れているからだ。恋愛の記号は、空虚な記号ではなく、嘘をつく記号である。それが嘘をつくのは、恋人の抱く特殊な悪意のせいではなく、より深い矛盾を原因としている。すなわち、われわれに向けられ、実行され、ゆだねられる恋人のしぐさが、その起源と行き先を隠すことで、かえってわれわれを拒絶する世界を表現してしまう、という矛盾である。

　恋愛における嘘はなにを隠しているのか。プルーストは、恋人の女性がどのようにゴモラの秘密へ、すなわちアルベルチーヌの「忌まわしさ」へと向かうかを説明している。というのも、ゴモラの世界は、特定の女性に依存しているわけではなく（たとえあるひとり

の女性が、ほかの女性よりもはっきりその世界を体現するにせよ)、むしろ、嫉妬が発見するア・プリオリとしての、女性の可能性そのものだからだ。恋人の女性によって表現される世界は、たとえ彼女が愛の証を示すときでさえ、われわれを排除する。この世界ほどにわれわれを排斥する世界などあろうか。「今しがた私が上陸したのは、おそるべき未知の土地であった……*9」——他方で、恋する男性のほうも恋人の女性と同様、嘘をつく。恋人の女性を幽閉し隠しつつ、みずからの愛をも彼女に隠す強力な牢番。恋する男性にも特有の忌まわしさがあるのだ。恋人の女性の秘密がほんとうにゴモラの秘密だとするなら、恋する男性の秘密は、彼が意識的かどうかにかかわらず、ソドムの秘密である。たがいに似かよった状況のなかで、《探求》の主人公は、ヴァントゥイユ嬢と不意に遭遇し、ついでシャルリュスと不意に遭遇する*10。そして、ヴァントゥイユ嬢は恋人の女性たちすべてを説明し、シャルリュスはあらゆる恋する男性たちを内包しているのだ。

　植物の隠喩がひんぱんに繰り返される『ソドムとゴモラ』の有名な箇所において、プルーストは第二の法則を披露する。客観的にいうなら、異性間の恋愛は、同性愛の深度には及ばない。われわれの恋愛が行き着く無限遠点には、原初的な《両性具有者》が存在するのだ。しかし両性を結合させるどころか、《両性具有者》は両性を分離する。両性具有者は、ソドムの系列とゴモラの系列という、分散するふたつの同性愛の系列をたえず産出しつづけるのである。両性具有者とは、「男性と女性はそれぞれ、自分の場所で死ぬだろう」という、サムソンの予言の鍵のようなものだ*11。したがって、男性と女性が交叉するのは、うわべだけにすぎない。それゆえ、幾人

かの人びとにとってのみ明白なものとなる事柄を、恋するすべての男性と、恋人の女性すべてにかんして言わねばならない。恋する男性たちは、「女性を愛する女性にとって、もうひとりの女性の役割を演ずる。また同時に女性が彼らに提供するのは、彼らがおおよそ男性のうちに見出しているものなのだ*12」。したがって恋愛の記号は、嘘を浮彫りにする記号から、ソドムとゴモラの秘めやかな記号へと向かう。ゴモラの人物、ソドムの人物は、記号の強度によって、彼らが守る秘密の埋め合わせをする。アルベルチーヌをみつめるひとりの女性について、プルーストはこう書いている。「彼女はアルベルチーヌに対して、まるで灯台の助けを借りるようにして合図(シーニュ)をおくったのだともいえただろう*13」。

恋愛の記号がわれわれにもたらす効果は、苦悩である。各々の恋愛は、嫉妬、不安、忌まわしさからなる特殊な苦悩なのだ。しかし苦悩は、これら記号を解釈しうる唯一の能力として、知性を駆動させる*14。とはいえ、恋愛の記号に対峙するときと、社交界の記号に対峙するときとで、知性が同じ仕方で進展するわけではまったくない。恋愛の場合、われわれの抱くあらゆる個々の苦悩のなかから、知性はあるひとつの主題を、《本質》として、《イデア》として抽出するのであり、われわれは、そうした《イデア》を繰り返し反復しつづけることになるだろう。なぜなら反復は恋愛に属するからであり、同じ物語がジルベルト、ゲルマント夫人、アルベルチーヌとともにつづいてゆくからだ。このとき知性は、われわれの恋愛すべてを司る《イデア》を把握する能力を有するものとなる。「私たちを苦悩させる人物を、ふたたび神性に結びあわせることができる。そ

の人は、神性の断片的な反映にすぎないのだ……*15」。ところで、もはやこの神性は、われわれを一切攻撃できない。それは私たち自身であり、私たちのうちの最も深いものなのだ。恋愛においてわれわれが反復するのは、つねに個別的な苦悩である。しかし、反復そのものは喜ばしいことであり、反復という事実が一般的な喜びを形成する。反復される事柄には悲劇性が存在するが、しかし同様に、反復の喜劇性と、知的に理解された反復の喜びが存在しているのだ。われわれは恋愛において反復するほどに、段々と自分自身に棲みつく主題を理解しうるようになり、それと同時に、愛したいという羨望を次第に失ってゆく。知性は、われわれの痛みから、一般的な《イデア》を抽出するのであり、それが意味するのは、《イデア》こそ第一のものであり、《イデア》はそれら恋愛すべての法則としてすでにそこにあった、ということなのだ*16。

　知性が社交界の記号ばかりでなく、恋愛の記号をも解釈しうるのは、これら二種類の記号の法則が、一般性のなかに見出されるからだ。（プルーストはしばしば、一般性への嗜好を宣言する——顕微鏡ではなく望遠鏡を*17）。しかし、ふたつの事例において、知性の努力がいちじるしく異なっているのは、一般性じたいが同じ類型のものではないからだ。社交界の記号はグループの法則にゆだねられるのに対し、恋愛の記号は系列の法則にゆだねられる。それぞれの恋愛じたいがひとつの系列（セリー）をなすのであって、恋人の継起する複数の顔、たとえばアルベルチーヌの複数の顔はそこで、迅速な交替と対比の関係にしたがって組織される*18。しかも継起する様々な恋愛じたいが、より大きな系列を形成することによって、その各項〔＝各恋

愛〕が、対比と微小な差異をとおして、たがいに反復しあうことになる。「こうしてアルベルチーヌへの愛は、どれほどそれが異なっていようと、ジルベルトへの愛のなかにすでに書き込まれていたのだ*19」。そのうえ、恋愛の系列はまさに人物を横断するものであり、主人公の恋愛は、系統発生の連続性のなかで、スワンの恋愛に連なっていくのである。そして、あらゆる系列の下には、ソドムとゴモラという分散するふたつの系列が横たわっている。

*

記号の第三の世界は、感覚的な記号、自然の記号によって構成されている。この記号は、《探求》のなかで最も有名なものだ。その判断基準は、以下のようになる。この記号は、対象を現実に指示するばかりでなく、まったく別種の対象を封じ込め、包み込む質から成っている。この記号は、驚くべき歓喜という効果をもたらす。この記号は、知性ではなく、あるときは記憶を、あるときは想像力を動員する。これらふたつの能力は、無意志的な行使へと駆り立てられるとき、意味を探しはじめ、ときに意味を発見する。こうした記号の意味こそ、別種の対象である。とはいえそれは、経験される別の対象でも、経験されうる別の対象でもない。別種の対象はその光輝のうちに、すなわち、その本質のうちに、その《イデア》のうちに、決して現前したことのないその真理のうちにあるのだ。

われわれは、無意志的記憶にかんして、いくつかの結論を導出しうる。まずはっきりしているのは、無意志的記憶は感覚的な記号という、特定の種類の記号との関連でのみ介入してくるということで

ある。そのうえ、無意志的記憶は、感覚的な記号の領域全体をカバーしているわけでもない。プルーストは、感覚的な記号を二種類に分ける。すなわち、無意識的記憶の記号(レミニサンス)(たとえばマドレーヌや敷石の場合)と、発見の記号(記憶ではなく、想像力を刺激するマルタンヴィルの鐘塔のような[*20])とである。主人公が覚醒するとき、たんに無意識的記憶の迫りくる圧力を感じるばかりでなく、欲望の拘束や、発見への呼びかけをも感じとっているのだ[*21]。そのうえ無意識的記憶の記号には、ふたつの劣った点がある。まずこの記号は、まだあまりに物質的であり、その「説明」さえもあまりに物質的なのである[*22]。〔マドレーヌの〕味わいがコンブレーを意味し、〔敷石の〕不揃いであるという感覚がヴェネツィアを意味する。偶然の一致がどれほど強いものであるにせよ、存在しているのは、物質的に区別されるふたつの感覚、ふたつの場所、ふたつの瞬間のあいだの偶然の一致なのだ。他方で、この記号がわれわれのうちに生みだす歓喜は、不安の存続を覆い隠している。この記号は、もはや存在しない過去のなかに自身の意味を見出し、過去を真実の姿で復元することによって、われわれを時間から逃れさせるのだが、しかしそれは、われわれがかろうじて維持しうるほんの一瞬のあいだでしかない。その間ずっと、時間はその現実を誇示しつづけるのだ。それゆえ何ら手をくわえずとも、私たちの抱く歓喜はよろめきふたしかなものとなり、われわれは苦痛に満ちた矛盾へと、「生存と無」という矛盾へと突き落とされてしまう。まさにショートブーツと祖母の想起において、感覚的な記号を特徴づける素晴らしい歓喜からすべてがはじまるのだが、しかしこの歓喜の下で、虚無が屹立し、虚無が勝ち誇るのであり、死のゆるぎなさを前に主人公は涙にくれるの

だ*23。

*

　無意識的記憶の記号は、想像力の記号と比較しても、すでに劣ったものである。たとえばマルタンヴィルの鐘塔は、マドレーヌと敷石以上の価値をもっている。想像力の記号は物質性がより少なく、矛盾によってわれわれをおびやかす度合もより小さいため、いままだ存在していないものが、いずれ存在するようになるだろう、とわれわれはつねに信じることができる。とはいえ依然として、想像力の記号じたいは物質的であり、想像的なものの虚しさに加担している。このことが意味しているのはつまり、感覚的な記号は、決して究極の記号ではない、ということだ。感覚的な記号は、みずからの根拠を含まず、それを差し出すこともない。マドレーヌの味のもとに、コンブレーが再出現する。しかしなぜ、あの素晴らしい歓喜がもたらされるのか。それが、観念連合とは別種のものなのはどうしてなのか。それは、コンブレーがその本質において、かつて現前したことのないものとして、決して現前しえなかったものとして、出現するからである。しかしどうしてコンブレーはそのように出現するのか、《本質》そのものがあらわれるようにする力はどこに由来するのか。無意志的記憶はそれを語ることができず、想像力もまた、自身がかかわる事例において、それを語ることがなおさらできない。感覚的な記号は、おのれを超え出る啓示に呼びかけ、説明することなどできぬままに、こうした啓示の恩恵に浴しているのだ。

　コンブレーは、かつて経験されたことのないものとして出現する。しかしコンブレーが、現前としては秘せられつづける内面性におい

て啓示されるには、かつてコンブレーを経験したことがなければならず、コンブレーにおいて最初のマドレーヌを味わったことがなければならない。言い換えるなら、感覚的な記号は、偶然性と観念連合からなる領域全体を、還元しえないものとして、存続させたままにしておくのだ。感覚的な記号は、本質を具現化するのだが、別の状況に置かれれば、別の本質を具現化したはずである。感覚的な記号は、あるひとつの本質のなかにみずからの意味を見出すのだが、その本質がまさしくこの本質であってほかの本質ではない、ということじたいは、外的な状況に、経験の偶然性に、経験的な連想に依存しているのだ。主人公が、かつてマドレーヌの意味を発見し、コンブレーを内包するものとしてこの記号を解読したとき、「私はより深くにひそむ原因を探求するのを先延ばしにした」と述べている*24。彼が言いたかったのはつまり、無意志的記憶は、たとえその努力が成功しているときでさえ、記号がわれわれに感じさせる歓喜の理由も、本質として出現する事象（コンブレー）の理由も、差し出すことはない、ということなのである。無意志的な記憶や想像力は、より高次の啓示の恩恵に浴している。つまり、感覚的な記号よりも、高次の記号が存在しているのだ。この究極的な記号の啓示を手にしたときはじめて、私たちはふたたび〔記号の位階序列のなかを〕下降することができるようになり、なぜマドレーヌの味や鐘塔の眺めにあのような歓喜を感じたのかを、理解しうるようになるのである。

＊

　社交界の記号は形式的には完璧だが、空虚である。それはわれわれのうちに人為的な昂ぶりを生みだし、それを解釈しうる唯一の能

力として、知性を駆動させる。それはみずからの意味を、グループの一般法則のなかに見出す。恋愛の記号はもっと深い。というのも、恋愛の記号には内容があるからだが、しかしこの記号は、本性からして嘘をつくものであり、われわれを苦悩させるのだ。恋愛の記号はふたたび知性を駆動させ、みずからの意味を、系列の法則のうちに見出す。さらにいっそう深いのが感覚的な記号である。それはより十全な内容をもつが、その内容はまだ物質的なままである。それは素晴らしい歓喜をもたらすが、この歓喜は依然としてもろくこわれやすい。感覚的な記号はわれわれのうちに記憶や想像力を呼び醒ますが、これら能力の無意志的な努力は、外的な条件に服属したままである。感覚的な記号はみずからの意味を本質のうちに見出すが、この本質はまだ最小限の一般性を、すなわち物質的に区別されるふたつの瞬間やふたつの場所のあいだの偶然の一致からなる一般性を、有している[*25]。われわれが予感しうるのは、究極的な記号は芸術の記号であること、『探求』全体がその発見との関連で組織されているということ、である。くわえて、芸術はほかのあらゆる世界にも波及するような啓示を与えるだろう、ということも私たちは予感しうる。けれども現時点ですでに、『探求』の構造が、記号の類型との関連で、いくつかの帰結を導き出すことを可能にしている。

　私たちが「すべては記号である」と言いつつ主張しているのは、真理の探求がそのモデルとして見出すのは、科学でもなければ、哲学でもない、ということだ。科学は、事実を信じ、現実の諸条件にしたがう物質の現実存在を信じ、事象同士のあいだに確立される法則のはたらきを信じることを必要としている。一方、哲学はといえ

ば、明確な意味作用を信じ、精神同士の意志疎通を信じている。『探求』の主人公にとっては、客観的な事実もなければ、明確な意味作用もない。すべては記号なのだ。それはつまり、あらゆる意味は、その記号のなかに襞として折り込まれ、包み隠されているということだ。まるで地下納骨堂のなかに忍び込み、象形文字と秘密の言語を解読するような、暗く曖昧模糊とした領界のなかに、すべてが存在しているのである。周知のように、「哲学者」のなかには、「友」が存在している。ところでプルーストは、哲学と友情に対して、同様の非難を浴びせかける[*26]。友とは、たがいに調和的に一致し、意味作用をたがいに伝達しあう、善良な意志をもった精神のことであり、したがって、友情は会話によってはぐくまれることになる。一方、哲学は普遍的な《精神》の表現であり、この《精神》は自己自身と調和的に一致することによって、明確で伝達可能な意味作用を決定しようとする。精神はみずから自然に真実を探し求め、欲望し、意志するものだと、哲学が積極的に想定する理由がここにある。哲学は、思考者の善良な意志にくわえて、思考の善良な本性を引き合いにだすのだ。プルーストは思考にかんして、上記のような着想を含むようにおもわれるものすべてを、同じひとつの批判のなかにひっくるめて総括する。たとえば、友情と哲学ばかりでなく、会話、観察、善意による自発的な作業といったものが、そこには含まれる。ただ慣習的な約束事のみが明確で、つまり観察可能で、定式化可能で、伝達可能なのだ。同じひとつの運動のなかで、知覚は対象への嗜好をまとい、知性は客観性への嗜好をまとう。しかし、それによってわれわれがいかなる真理に到達するというのか。偶然的な真理以外のものではない。それには、必然性の爪が欠けているのだ。「純粋知

性によってつくりだされた観念は、たんに論理的な真理しか、可能的な真理しか有しておらず、その選定は恣意的にすぎない……*27」。

『見出された時』の大きな主題は、思考することを強いるなにか、思考に暴力をふるうなにか、思考をたんなる抽象的な可能性から引き離すなにかがなければ、思考などなにものでもない、というものだ。思考することを強いるもの、それが記号である。記号は、出逢いの対象である。けれども、まさしく出逢いの偶然性こそが、思考すべきものとして与えられる事柄の必然性を保証する。偶然的かつ不可避であるということこそ、《探求》のライトモチーフなのだ(「私がつまずいた中庭のあの不揃いな二枚の敷石も、わざわざ探しにでかけたわけではなかった……*28」)。思考するとは、いつも解釈することであり、すなわち、われわれに暴力をふるう記号の襞をほどいて説明し、展開し、解読し、翻訳することである。明確な意味作用など存在しないのと同様、客観的な事実や明晰な観念も存在しない。ただ記号のなかに襞として折り込まれた意味しか存在せず、出逢いのなかに内包された必然性しか存在しない。すべては囚われのものなのだ。どうして思考に、記号の襞をほどき、《イデア》のなかで展開する能力があるのかといえば、《イデア》がすでに、覆いに包まれて封入された状態で、思考するよう強制するものという暗く曖昧模糊とした状態で、記号のなかに存在しているからである*29。拘束され、強制されなければ、われわれが真理を探求することなどない。真理の探求者は哲学者ではなく、恋人の顔に浮かぶ嘘に満ちた記号に不意にでくわす、嫉妬深き者である。あるいは、刻印＝印象の暴力に出逢う感受性の鋭い人間である。あるいは、天才がほかの天才に呼

びかけるように、芸術作品が創造するよう強制する記号を発信する場合における、読者であり、聴衆である。これこそ哲学が芸術に及ばず、友情が恋愛に及ばない理由なのだ。なぜなら、真理は決して意図されたものではなく、無意志的なものの冒険だからだ。真理は伝達されるものではなく、解釈されるものである。真理は定式化されるものではなく、翻訳されるものである。真理はやすやすと打ち明けられるものではなく、おのずと漏れ出てくるものである。「フランソワーズがだれよりも先に実例を示してくれたのだが……、真理はその姿をあらわすために、語られることを必要としてない。おそらく、言葉をあてにするまでもなく、言葉を一切考慮せずとも、外面にあらわれた無数のしるし・兆候から、真理をもっとたしかに採集しうるし、いやそれどころか、ちょうど自然界における気象の変化のように、人物の性格の世界のなかにあって、目で見ることのできない現象からでさえ、もっとたしかに真理を採集しうるのだ*30」。明確なものに対抗するはっきりしないもの、観察可能なものに対抗する目に見えないもの、これこそ記号の本性である。われわれは学者でもなければ、哲学者でもない。また物理学者でもなければ、形而上学者でもない。われわれはエジプト学者でなければならない。真理の《探求》はいつもエジプト学であり、それに呼応する逆行現象を含んでいる。「人びとは、文字を一連の記号（シンボル）と見なしたあとで、はじめて表音文字を使用するようになったが、私は生活のなかで、これらの人びととは逆の歩みをたどってきたのである*訳注2」。

『探求』の本質は、《記憶》ではなく、ある種の思考のイメージのなかに存在する。《記憶》は、ほかの能力に対する特権を有してなどいない。《記憶》は無意志的行使にまで高められるのだが、それ

はある特殊な記号との関連でのことにすぎない。各能力にはそれぞれ無意志的使用法があるのであり、この使用法こそが、それぞれの能力にとっての限界を、力能の二乗を、超越的な行使を規定しているのだ。無意志的記憶は、意志のあらゆる努力から逃げ去る真理に到達する。しかし同様に、意志にもとづく知性よりも深い、無意志的知性も存在しているのだ。ある種の感覚的な記号が、《記憶》に強制することで、《記憶》の超越的行使に向かうよう強制するのと同様に、社交界の記号や、恋愛の記号が、知性を強制し、知性の限界的使用法へ向かうよう急き立てるのである。知性はこのときもはや、哲学者や学者の知性ではない。もはや先回りし、あらかじめ到来する知性ではない。反対にそれは、解読すべき記号による拘束のもとで、あとからやって来る知性なのだ[*31]。そしてわれわれが、究極の記号である芸術の記号に到達するときはいつでも、無意志的使用法と超越的行使が存在している。しかしここでも記憶は重要ではない。重要なのは、本質の能力としての純粋思考なのだ。したがって、生のなかに芸術の等価物を探るとなると、たとえ無意志的なものであれ想起のなかではなく、むしろ、あらゆる記憶の彼岸にある《睡眠》のような、より深い状態のなかに見出すことになるのである。

『探求』の本質は、記号とその解読のなかにある。それゆえ、本質的なのは想起することではなく、習得すること〔＝学ぶこと／教えること〕にあるのだ（記憶は、ある特殊な記号との関連で、ある特殊な場合に必要となる、習得手段のひとつとしてしか介入してこない）。プルーストはたえずこう主張する。ある特定の瞬間に、主人公は事態を認識しておらず、彼はそれをあとになって学ぶだろう、と。主

人公がアルベルチーヌを愛するのをやめるのは、もはや彼女がなに
も彼に教えることがなくなったときにほかならない。各人物は、そ
の人物が規定する習得と啓示によって、はじめて価値をもつ。《探
・
求》全体は、過去へ向かうのではなく、未来へ向かうのである。「私
の全生涯……、ひとつの天職*32」。そしてあらゆる習得が、芸術の
啓示へと向かうかぎりにおいて、《探求》じたいはまずもって、文
学者が習得するものなのだ*33。メゼグリーズのほうとゲルマント
のほうは、想起の源泉であるというより、原初的な素材であり、成
長の経路(ライン)である。このことが意味するのは、記号はそれじたい、時
間的な習得の対象であって、抽象的な知ではない、ということだ。
なにごとかについてわれわれに教えるものはすべて、記号を発して
おり、あらゆる習得行為は記号や象形文字の解釈である。それゆえ、
記号の円環それぞれに応じて、冒険と、失望と、個々の啓示とによ
って特徴づけられる、習得の経路が存在しているのだ。

　ある経路から別の経路に移るときには、それぞれ非常に異なる時
間的リズムを有する、いくつかの恒常的要素を標定しうるようにな
る。主人公の出発点は、記号を担い発する対象は、同時に秘密を保
持している、と信じることである。ゲルマント夫人に会う前から、
彼女はその名前の意味に隠された秘密を有している、と彼はおもい
こんでいる*34。また初恋の時期の彼は、自分が経験する感情のも
たらす恩恵を、すべて恋人の存在に結びつけなければならない、と
信じこんでいる。それゆえ彼は愛を「告白」しなければならず、こ
こでの告白は対象へのオマージュのある特殊な一形態となる*35。
主人公はティー・カップへとかがみこみ、まるで対象自身が、記号
の秘密を啓示してくれるかのように、二、三口飲むのだ。芸術にお

いてさえ、彼は描写し観察する必要を信じつつ、自身の無能を嘆き悲しむ*36。――しかし、各々の習得の経路は第二の契機へと移行し、対象はいかなる秘密も保持していないことに気づく。これこそ失望が、探求の根本的な範疇となる理由である。たとえば主人公は、恋愛において告白しないようにすることを学ぶ*37。また感覚的な記号においては、対象から遠ざからなければならないと学ぶ。そして芸術においては、描写するのはよいことではなく、観察する術を知るということでさえよいことではないと学ぶ。しかし、失望をいかにして癒せばよいのか。対象への失望の埋め合わせをするのは、主観的な連想のたわむれに身をゆだねることによって、である。「ゲルマント夫人が、ほかの人びとと似たりよったりであるという事実は、はじめのうちは失望であったが、その反動で、しかも良質のワインが手に入ったことも手伝って、今ではほとんど感嘆に変わっていた*38」。同様に、恋愛も観念連合が関与することによって、つくりだされている。また感覚的な記号では、経験される歓喜が、連想のメカニズムと切り離されることはなく、過去の断片はこのメカニズムをとおして具体化されるのである。芸術においてさえ、ヴァントゥイユの音楽は、ブーローニュの森での散策をわれわれに喚起することではじめて、美しいものとなるのではなかっただろうか*39。

　しかし、記号の階梯を上昇していけばいくほど、主観的な契機は、対象の契機と同じくらい、不十分であることが判明する。あるひとつの事例、ラ・ベルマを聴きに行った劇場での習得の事例が、とりわけ念入りに分析されねばならない。当初、主人公はこう考える、ラ・ベルマだ、私はついにラ・ベルマを聴いたのだ！　きわめて正確なその抑揚に感動した彼は、こうひとりごちる。これこそフ

ェードル、これこそフェードルそのものだ、と。しかし失望を妨げてくれるものはなにもない。なぜなら、この抑揚には知的な価値しかないからだ。それは完全に決定された意味を帯びており、意図的な知性と努力の賜物にすぎないのである[*40]——おそらく、ラ・ベルマを別の仕方で聴かなければならない。ラ・ベルマのある種のしぐさが美しいのは、この女優自身が知らない古代彫刻のしぐさや、ラシーヌ〔=『フェードル』の原作者〕が思いもよらなかったであろうしぐさを、喚起させるからなのである[*41]。しかしわれわれには、こうした主観的な補償の危険がすぐにも見えてしまう。われわれが連想のたわむれに身をゆだねるとするなら、芸術作品が、〔連想の〕連鎖のなかのたんなるひとつの鎖の輪になってしまうのを、いったいなにが妨げてくれるというのだろうか。スワンのように、散策の快楽によってヴァントゥイユの美を説明し、恋人の女性の顔にボッティチェッリのスタイルを見出したときの感情によって、ボッティチェッリの素晴らしさを説明するのを、いったいなにが妨げてくれるというのか。

　習得は、最終的な啓示へと向かってゆく。記号が、それを担い、発する対象と混同されることはない。また、記号の意味が、それを解釈し、発見する主体と混同されることもなければ、この意味を発見するために主体がもちいる連想のメカニズムと混同されることもない。《探求》の主人公が最終的に理解するのは、ラ・ベルマも、フェードルも、対象として指示しうる人物ではなく、また当然ながら連想の要素でもない、ということだ。フェードルとはひとつの役であり、ラ・ベルマはこの役と一体になっている。ところで役とは対象ではなく、またなんらかの主観的なものでもない。それは、ひ

とつの世界であり、様々な《本質》や《イデア》が棲息する精神的な場なのだ。記号の担い手であるラ・ベルマが、記号をかくも非物質的なものに変えるので、記号は本質にむかって全面的にひらかれ、本質によって満たされるようになる。それによって、たとえ凡庸な役をとおしてでさえ、ラ・ベルマのしぐさは、可能的な本質の世界をふたたびわれわれに開示してみせるまでになるのだ[*42]。たしかに演劇は、こうした啓示にとって最良の場所ではない。ラ・ベルマの彼方に、エルスチールの絵画があり、それにくわえて、とりわけヴァントゥイユの音楽があり、とりわけ文学の問題がある。そこでこそ、われわれは本質の啓示を得るのである。対象の特性の彼方にあり、主観的状態の彼方にある本質は、習得の極みであり、最終的な啓示である。

　習得の各経路には、時間的なリズムがある。それゆえ幻想、失望、補償は、ある領域では乗り越えられても、ほかのところでは存続しうる。《探求》の構造全体は、多元論的なのだ。記号の各領域には、したがって特権的な時間の経路があり、この経路にもとづいて各領域は展開され、進展してゆく。それゆえ時間は少なくとも、たがいに区別される四つの系列を呈示するのである。まず時間とは、ひとが無駄に失う時間である。次に、失われた時間、過ぎ去る時間、風化の時間がある。さらには、ひとが見出す時間がある。それは永遠のイメージとして、まさしく失われた時間の只中でひとが見出すものである。最後に、芸術の時間、原初的な見出された時間、世界のはじまりの時間、真の永遠がある。そこで芸術家は眠る者のように、時間の糸と歳月の秩序を自由に手にするのだ。これら時間のいずれにも、固有の真理がある。無駄に失う時間ですら、独自の仕方でわ

れわれを最終的な啓示に導く習得に、リズムを与えているのである。プルーストは、オクターヴについてこう書いている。「現代の素晴らしい最高傑作が、全国的コンクールや、ブロイ流の模範的でアカデミックな教育からではなく、競馬の下見所(パドック)やバーから生まれたのだとおもうと、私は感銘を受けた*43」。

　時間の経路(ライン)が、各々の記号の類型に個別的に対応しているばかりでなく、同時に、一つひとつの経路のなかで、様々な記号がたがいに交流し、干渉し、関与しあっているのがわかるだろう。社交界は特に、ひとが無駄に失う時間に属している。恋愛は失われた時間にあたる。それにははっきりとした理由があるのだが、というのも、この領域における真理はやって来るのがいつも遅すぎるからであり、もはやわれわれの関心を惹かなくなったときに真理がやって来るからである。記号は、それに関心を抱く《自我》が消滅するときはじめて覆いがとかれ、説明されるのだ。感覚的な記号は時間をふたたび見出させ、われわれがほんの一瞬しか維持できない永遠のイメージを差し出す（なぜなら感覚的な記号は、その意味に対応する《自我》を、想像力によって立ち上げ、記憶によって蘇生させる力をもっているからだ）。最後に、芸術の記号は、原初的な見出された時間にまで、われわれを上昇させる。しかし、時間の各経路はそれぞれ、ほかの記号へと引き継がれてゆく。虚無の脅威が、たえず感覚的な記号のなかに現前しているように、失われた時間は見出された時間にまで延長される。反対に、ひとが見出す時間はまさしく、失われた時間の只中で見出されるものだ。芸術における見出された時間は、ほかのすべての時間を包括して、包み込むのであり、それによって、ひとが無駄に失う時間の真理さえもあきらかにしてみせ

る。かくして、記号同士の相互干渉と系列同士の照応関係の複雑さが、『探求』全体の基調をなすことになる。『探求』を記憶と過去へと中心化するなら、『探求』はずたずたに引き裂かれてしまうのだ。『探求』とは真理の探求であり、つまり、記号の解釈のためのシステムである。時間が支配的な地位を占めるのはなぜかといえば、あらゆる真理が時間構造の真理であり、多かれ少なかれ深遠な時間系列の真理であるからだ。《探求》とは、多種多様な習得の物語であり、多元論的な成長の物語である。それは無意識的記憶でもなければ、過去の探索でもないのだ。

*

　ほかの記号に対する芸術の記号の優位とは何だろうか。一方で、それは非物質的であり、それによって、感覚的な記号さえも超える。ラ・ベルマの声は、「精神に適合しない、無気力な物質の残滓」を存続させない[*44]。ヴァントゥイユの楽節のなかでピアノは、別の本性をもった鍵盤の空間的なイメージにほかならず、小楽節の印象は「非物質 (sine materia)」と化す[*45]。他方で、芸術の記号には、まったくもって精神的な意味がある。この記号は《本質》へと向かい、ヴァントゥイユ自身はそれを創造するというよりは、その覆いを取除くのである[*46]。非物質的な記号と精神的な意味との統一、これこそが芸術なのだ。本質とは、この統一そのものなのである。それゆえ最も重要な問題は、プルーストがなにを本質や《イデア》と呼んでいるのか、という点にかかってくる。

　プルーストのいくつかのテクストには、プラトン的な響きがあり、ほかのテクストにはライプニッツ的な響きがある。おそらくプルー

ストは、このことに自覚的でありうるくらい充分に、このふたりの作者を知悉していた。しかし、彼は自分自身の独創性についても認識している。芸術はわれわれが人生のなかで虚しく探し求める多様性を本質的に啓示する、つまり、独創的な芸術家の人数に等しい数の世界を存在させる内的な差異を、「芸術がなければ、永遠に各人の秘密にとどまっていたであろう」質的な差異を、芸術は本質的に啓示するのだと、彼は考えるのだ*47。本質とはそれゆえ、「視点」である。根本的に新しい視点から出発して、ひとつの世界は表現されるのだ。しかし本質は主観的だと結論づけるのは、まちがいであろう。視点は、主体に対して超越的なままにとどまるのであり、視点が、そこに身を置く者と混同されることはない。主体が本質の襞をほどいて展開するのではなく、むしろ本質のほうが、みずからを襞として畳み込み、みずからを覆いに包んで、主体のうちにみずからを封入するのである。本質こそが主体性を構成するのであり、本質こそが主体性を個体化するのだ。それゆえ本質は、「神的な捕虜」のようなもの、「未知の祖国」のようなものであり、それがわれわれと混同されることはない。なぜなら本質は、われわれとは別の次元に属しており、われわれ自身よりも深いからである。超越的な視点が、われわれを個体化し、われわれを不死のものとするのであって、われわれがそれを構成するのではない。本質とはそうしたものなのだ。そして芸術における本質は、たとえば黄色い小さな壁や、赤みを帯びた七重奏曲や、白いソナタのように、おのれを具体化する物質や、おのれを屈折させる環境を、みずから決定する力を有している。芸術の本質は、個体的であり、個体化するものであり、決定するものなのだ。

記号の位階序列に戻ることにしよう。社交界の記号は空虚であり、その意味をグループの一般性のなかに見出す。恋愛の記号は嘘をつくものであり、その意味を系列の一般性のなかに見出す。感覚的な記号は真実を述べるが、いまだ物質的であり、その意味は依然として最小限の一般性、偶然的な一致にもとづく一般性を帯びている。われわれが〔記号の位階序列を〕上昇してゆくにつれ、記号と意味が結合し、高次の個体性を形成する傾向があるのが見てとれる。しかし、それらのあいだには、完全に融合するのを妨げるへだたりが存続する。というのも、記号は対象のなかに半ば包み込まれており、意味は主観的な連想に半ば貼りついているからだ（かくして習得の冒険が生ずる）。ただ芸術のみが、非物質的になった記号と、全面的に精神的になった意味との、絶対的な結合を与える。すなわち個体的であり、かつ、個体化する《本質》を与えるのである。それゆえ芸術こそが最も深い。芸術の記号は、ほかのあらゆる記号を超出し、記憶と想像力の記号さえも乗り越える。たしかにプルーストが、芸術作品と無意識的記憶(レミニサンス)を近接させることもあるだろう。しかしそれは無意識的記憶が、芸術作品へと導くからであって、無意識的記憶が芸術作品を構成するわけではないのだ*48。記憶や想像力に訴えかける感覚的な自然の記号が、「芸術のはじまり」以外のものを与えることは決してない*49。感覚的な記号はまだ人生の側にあるのであって、《芸術》に属してはいないのだ。感覚的な記号が私たちに時間を見出させるのは、人生じたい、すなわち、失われた時間じたいのなかでのことであり、それに呼応する感情を一瞬しか維持できない状況においてのことである。それに対して、原初的な時間、

世界のはじまりの時間、本質のなかに包み込まれた時間とは、芸術による啓示にほかならない*50。芸術作品、すなわち「失われた時を見出す唯一の手段……*51」。

　あたかも『探求』が、上昇する弁証法と、下降する弁証法という、異なるふたつの仕方で同時に読まれねばならないかのように、すべては推移する。ただ芸術だけが、本質の啓示をわれわれに与える。しかし、われわれがこの啓示に到達するためには、ほかのあらゆる時間の経路をたどりながら習得をつづけ、たとえ時間を無駄に失うときであれ、失われた時を生きているときであれ、失われた時を偶然に見出すときであれ、記号の解読に馴れ親しんでゆくしかないのである。ところで、ひとたび芸術の啓示に達するなら、すべてが転倒し、意味を変える。なぜなら私たちはこのとき、それまでなにをとらえそこねてきたのかを、理解しうるようになるからだ。すなわち、これまで私たちがとおってきた下位の諸段階のなかに本質はすでに存在していた、ということを理解しうるようになるのだ。われわれは各時点ではこのことを理解できず、ただ予感しているばかりであった。本質はすでに記号のなかに具体化されていたのだが、記号を具体化するための条件や、記号を選別するための条件が、まだ外的だった。この条件は、客観的な偶然性と、主観的な連想にゆだねられていたのである。それゆえ、記号と意味は切り離されたままであり、本質は、それをあいまいにする一般性の段階を厄介祓いできずにいた。コンブレーにおいて最初のマドレーヌを味わったことがあるのでなければならず、アルベルチーヌが少女たちの集団のなかからゆっくりと選別されるのでなければならなかったのである。偶然性と一般性の双方が、本質を選別する行為のなかに存続してい

たのだ。それは人生の領域である。しかし、芸術においては、本質がそれ自身としてあらわれてくる。本質は、おのれの具体化と選別の条件をみずから決定するのであり、本質はかくして、全面的に個体的で必然的なものとなる。このとき、そしてこのときはじめて、われわれは諸段階をふたたび下降してゆき、すでに存在していた本質を認識し、徐々に外的なものとなってゆく条件をとおして本質の光輝の刻印をたどり、習得の各経路に対してそれ固有の時間の真理を割りふり、あらゆる記号を芸術作品のなかに統合し、それらの記号すべてを、芸術作品の構成要素とすることができるようになるのだ。

原注

* 1 本稿は、近刊予定の書物〔=『プルーストとシーニュ』〕のいくつかの主題を提示したものである。引用は、全15巻からなる N. R. F. 版によって行う。プレイヤッド版の頁数は丸括弧でくくって指示する〔本翻訳は、Gilles Deleuze, « Unité de « A la recherche du Temps perdu » », in *Revue de métaphysique et de morale*, N°4, oct.-déc. 1963. の全訳である。プルースト『失われた時を求めて』からの引用箇所は、集英社文庫版(鈴木道彦訳、2006-2007年)の巻名、頁数を指示したうえで、そのあとに丸括弧でくくって、ドゥルーズがもちいる旧版プレイヤッド版全集(*À la recherche du temps perdu*, édition établie et annotée par Pierre Clarac et André Ferré, Gallimard, « Pléiade », 3 vol., 1954) の巻数、頁数を指示する〕。
* 2 『囚われの女 II』328頁 (III, 375)。「ヴァントゥイユによって与えられた茫洋とした感覚は、記憶からではなく、印象からやってきたものだったので(ちょうどマルタンヴィルの鐘塔の印象のように)、彼の音楽が発するゼラニウムの芳香についても、物質的な説明ではなくて、いっそう深い等価物、色鮮やかな未知の祝祭を見つけなければならなかった……」。
* 3 『見出された時 I』427頁 (III, 897)。
* 4 『ゲルマントの方 II』502-513頁 (II, 547-552)。
* 5 ある種の記号の解釈における知性の役割について、『見出された時 I』428-436頁 (III, 898-901) 参照。
* 6 『見出された時 I』434-435頁 (III, 900-901)。
* 7 『逃げ去る女』412-413頁 (III, 616)。
* 8 『スワン家の方へ II』202頁 (I, 276)。
* 9 『ソドムとゴモラ II』569-580頁 (II, 1115-1120)。
* 10 『ソドムとゴモラ I』30-33頁 (II, 608)。
* 11 『ソドムとゴモラ I』46頁 (II, 616)。
* 12 『ソドムとゴモラ I』60頁 (II, 622)。
* 13 『ソドムとゴモラ I』536頁 (II, 851)。
* 14 『見出された時 I』428-453頁 (III, 898-910)。
* 15 『見出された時 I』430頁 (III, 899)。
* 16 『見出された時 I』444-445頁 (III, 906)。
* 17 『見出された時 II』265頁 (III, 1041)。
* 18 『ソドムとゴモラ II』150-154頁 (II, 917-918)。〔『花咲く乙女たちのかげに II』467-470頁 (I, 917-918) の誤りか?〕

* 19 『見出された時Ⅰ』441頁（III, 904）。
* 20 『見出された時Ⅰ』389-390頁（III, 879）。
* 21 『囚われの女Ⅰ』53-54頁（III, 27）。
* 22 『囚われの女Ⅱ』327-328頁（III, 375）。
* 23 『ソドムとゴモラⅠ』336-348頁（II, 755-760）。
* 24 『見出された時Ⅰ』366頁（III, 867）。
* 25 感覚的な記号じたいにおいて、本質はまだ「一般的」だと言われる。『見出された時Ⅱ』18頁（III, 918）参照。
* 26 友情への批判は『探求』においてたえずなされる。
* 27 『見出された時Ⅰ』392頁（III, 880）。
* 28 『見出された時Ⅰ』390頁（III, 879）。
* 29 『見出された時Ⅰ』444-445頁（III, 906）。
* 30 『ゲルマントの方Ⅰ』133頁（II, 66）。
* 31 『見出された時Ⅰ』393頁（III, 880）。
* 32 『見出された時Ⅰ』431頁（III, 899）。
* 33 『見出された時Ⅰ』430-432頁（III, 899）。
* 34 『スワン家の方へⅠ』363-364頁（I, 171）。また、『ゲルマントの方Ⅰ』411-413頁（II, 205）参照。
* 35 『スワン家の方へⅡ』457頁（I, 401）。
* 36 『見出された時Ⅰ』64-70頁（III, 720-723）。
* 37 『花咲く乙女たちのかげにⅡ』484-485頁（I, 925）。
* 38 『ゲルマントの方』455頁（II, 524）。
* 39 『花咲く乙女たちのかげにⅠ』225-227頁（I, 533）。
* 40 『花咲く乙女たちのかげにⅠ』297-298頁（I, 567）。
* 41 『花咲く乙女たちのかげにⅠ』283-284頁（I, 560）。
* 42 『ゲルマントの方Ⅰ』94-104頁（II, 47-51）。
* 43 『逃げ去る女』394頁（III, 607）。
* 44 『ゲルマントの方Ⅰ』96-97頁（II, 48）。
* 45 『スワン家の方へⅡ』61頁（I, 209）。
* 46 『スワン家の方へⅡ』347-355頁（I, 349-351）。
* 47 『見出された時Ⅰ』423頁（III, 895）、『囚われの女Ⅰ』302-303頁（III, 159）、『囚われの女Ⅱ』134頁（III, 277）。
* 48 『見出された時Ⅱ』17-19頁（III, 918）。
* 49 『見出された時Ⅰ』411-412頁（III, 889）。
* 50 『スワン家の方へⅡ』355-356頁（I, 352）。
* 51 『見出された時Ⅰ』430頁（III, 899）。

訳注
* 訳注1 『失われた時を求めて（*A la recherche du Temps perdu*）』の略称として、ドゥルーズは、立体のRechercheと、斜体の*Recherche*をもちいている。日本語で『失われた時を求めて』という表題を省略して表記する際には、語感的なわかりやすさもあって、『失われた時』とするのが一般的だが、ドゥルーズは「真理の探求」を引き合いに出しつつ、「探求（recherche）」という言葉に重きを置いているため、ここでは立体を《探求》、斜体を『探求』と、それぞれ訳すこととする。もちろん通例であれば、書名は斜体で表記されるのは言うまでもないが、そうであるがゆえに、とくに立体での《探求》という表記が、『失われた時を求めて』という作品を指すのか、それとも大文字で強調された「探求」という事象そのものを指すのか、本文全体をつうじて、判然と見分けることはできない。それゆえ、本稿における《探求》という語は、つねにこの両者を同時に意味している点に留意されたい（じつのところ、斜体の『探求』についても事情は同様である）。ちなみにドゥルーズは、『プルーストとシーニュ』にくわえ、ガタリとの共同執筆による『カフカ——マイナー文学のために』でも、立体による書名表記を行っている。
* 訳注2 『囚われの女Ⅰ』168頁（Ⅲ, 88）。

ドゥルーズ・ビブリオグラフィ

ビブリオグラフィは、「Ⅰ．ドゥルーズのテクスト、映像、声、デッサン」と「Ⅱ．ドゥルーズ、そしてドゥルーズとガタリをめぐる文献」に分けて記載する。

Ⅰ．ドゥルーズのテクスト、映像、声、デッサン

ドゥルーズの著作目録は、1953年以降に関しては、Timothy S. Murphy, « Bibliographie raisonnée de Gilles Deleuze, 1953-2003 » (in *Deleuze épars*, textes recueillis par André Bernold et Richard Pinhas, Paris : Hermann, 2005) がもっとも完全である。1953年以前の数本の論文については、同じく Murphy が、*Deleuze : a critical reader* (edited by Paul Patton, Oxford : Blackwell, 1996) のために作成した « Bibliography of the Works of Gilles Deleuze » に収録されている。以下では、Murphyによる書誌に依拠しながら、「1．ドゥルーズの著作」「2．ドゥルーズとガタリの著作」「3．ドゥルーズによる編著」「4．ガタリの著作」「5．『無人島』と『狂人の二つの体制』に未収録のドゥルーズのテクスト」「6．ドゥルーズの講義」「7．ドゥルーズのヴィデオ／ＤＶＤ」「8．ドゥルーズのデッサン」「9．ドゥルーズの写真集」「10．ドゥルーズの絵本」を記載する。

1．ドゥルーズの著作
ガタリ以外の作者との共著を含めて、原書初版の出版の年代順に記す（共著の場合のみ、作者名を付記する）。原書のあとの［　］の中のアルファベットは、本書におけるドゥルーズの著作の略号である。本書中でのドゥルーズの著作の頁数の指示は、すべて邦訳の最新の版によって行った。

CRESSON, André, DELEUZE, Gilles. *David Hume, sa vie, son œuvre avec un exposé de sa philosophie*, Paris : P.U.F., 1952.『ヒューム』合田正人訳、ちくま学芸文庫、2000．

Empirisme et subjectivité : essai sur la nature humaine selon Hume, Paris : P.U.F., 1953 [ES]．『ヒュームあるいは人間的自然』木田元、財津理訳、朝日出版社、1980；改題・改訳『経験論と主体性――ヒュームにおける人間的自然についての試論』河出書房新社、2000．

Nietzsche et la philosophie, Paris : P.U.F., 1962 [NPh].『ニーチェと哲学』足立和浩訳、国文社、1974；増補版、1977.
La Philosophie critique de Kant, Paris : P.U.F., 1963 [PCK].『カントの批判哲学』中島盛夫訳、法政大学出版局、1984；國分功一郎訳、ちくま学芸文庫、2008.
Proust et les signes, Paris : P.U.F., 1ᵉ éd., 1964 ; 2ᵉ éd., 1970 ; 3ᵉ éd., 1976 [PS].『プルーストとシーニュ』宇波彰訳、法政大学出版局、1974；増補版、1977.
Nietzsche, Paris : P.U.F., 1965 [N].『ニーチェ』湯浅博雄訳、ちくま学芸文庫、1998.
Le Bergsonisme, Paris : P.U.F., 1966 [B].『ベルクソンの哲学』宇波彰訳、法政大学出版局、1974.
Présentation de Sacher-Masoch: le froid et le cruel, Paris : Minuit, 1967 [PSM].『マゾッホとサド』蓮實重彥訳、晶文社、1973.
Différence et répétition, Paris : P.U.F., 1968 [DR].『差異と反復』財津理訳、河出書房新社、1992；河出文庫、上下巻、2007.
Spinoza et le problème de l'expression, Paris : Minuit, 1968 [SPE].『スピノザと表現の問題』工藤喜作、小柴康子、小谷晴勇訳、法政大学出版局、1991.
Logique du sens, Paris : Minuit, 1969 [LS].『意味の論理学』岡田弘、宇波彰訳、法政大学出版局、1987；小泉義之訳、上下巻、河出文庫、2007.
Spinoza. Textes choisis, 1ᵉ éd., P.U.F., 1970 ; 2ᵉ éd. Augmentée, *Spinoza : philosophie pratique*, Paris : Minuit, 1981 [SPP].『スピノザ——実践の哲学』鈴木雅大訳、平凡社、1994；平凡社ライブラリー、2002.
DELEUZE, Gilles, PARNET, Claire. *Dialogues*, Paris : Flammarion, 1ᵉ éd., 1977; 2ᵉ éd. Augmentée, 1996 [D].『ドゥルーズの思想』田村毅訳、大修館書店、1980；『対話』江川隆男、増田靖彦訳、河出書房新社、2008；『ディアローグ——ドゥルーズの思想』河出文庫、2011.
BENE, Carmelo, DELEUZE, Gilles. *Superposition*, Paris : Minuit, 1979 [SUP].「マイナス宣言」財津理訳、『現代思想』vol. 10-15、1982年12月号所収；『重合』江口修訳、法政大学出版局、1996.
Francis Bacon : logique de la sensation, 2 vol., Paris : Différence, 1981; rééd. Seuil, 2002 [FB].『感覚の論理——画家フランシス・ベーコン論』山縣熙訳、法政大学出版局、2004.

Cinema 1 : l'image-mouvement, Paris : Minuit, 1983 [IM].『シネマ1＊運動イメージ』財津理、齋藤範訳、法政大学出版局、2008.
Cinema 2 : l'image-temps, Paris : Minuit, 1985 [IT].『シネマ2＊時間イメージ』宇野邦一、石原陽一郎、江澤健一郎、大原理志、岡村民夫訳、法政大学出版局、2006.
Foucault, Paris : Minuit, 1986 [F].『フーコー』宇野邦一訳、河出書房新社、1987；河出文庫、2007.
Le Pli : Leibniz et le baroque, Paris : Minuit, 1988 [PLI].『襞――ライプニッツとバロック』宇野邦一訳、河出書房新社、1998.
Périclès et Verdi : la philosophie de François Châtelet, Paris : Minuit, 1988 [PV].『ペリクレスとヴェルディ――フランソワ・シャトレの哲学』丹生谷貴志訳、『ドゥルーズ横断』所収、宇野邦一編、河出書房新社、1994.
Pourparlers, Paris : Minuit, 1990 [PP].『記号と事件』宮林寛訳、河出書房新社、1992；改訂版、河出書房新社、1996；改訂新版、河出文庫、2007.
BECKETT, Samuel, DELEUZE, Gilles. *Quad suivi de L'Épuisé*, Paris : Minuit, 1992 [EPU].『消尽したもの』宇野邦一、高橋康也訳、白水社、1994.
Critique et clinique, Paris : Minuit, 1993 [CC].『批評と臨床』守中高明、谷昌親、鈴木雅大訳、河出書房新社、2002；守中高明、谷昌親訳、河出文庫、2010.
L'Île déserte et autres textes : textes et entretiens 1953-1974, édition préparée par David Lapoujade, Paris : Minuit, 2002 [ID]. 上巻『無人島　1953-1968』前田英樹監修、宇野邦一、江川隆男、加賀野井秀一、財津理、鈴木創士、鈴木雅雄、前田英樹、松葉祥一、三脇康生、安島真一訳；下巻『無人島　1969-1974』小泉義之監修、稲村真実、小泉義之、笹田恭史、杉村昌昭、鈴木創士、立川健二、松葉祥一、三脇康生訳、河出書房新社、2003.
Deux régimes de fous : textes et entretiens 1975-1995, édition préparée par David Lapoujade, Paris : Minuit, 2003 [DRF]. 上巻『狂人の二つの体制　1975-1982』宇野邦一監修、宇野邦一、江川隆男、岡村民夫、小沢秋広、笹田恭史、菅谷憲興、杉村昌昭、鈴木創士、鈴木秀亘、水嶋一憲、宮林寛訳；下巻『狂人の二つの体制　1983-1995』宇野邦一監修、宇野邦一、江川隆男、小沢秋広、笠羽映子、財津理、笹田恭史、杉村昌昭、鈴木創士、野崎歓、廣瀬純、松本潤一郎、毬藻充、宮林寛、守中高明訳、河出書房新社、2004.

2. ドゥルーズとガタリの著作

Capitalisme et schizophrénie 1 : l'anti-Œdipe, Paris : Minuit, 1ᵉ éd., 1972 ; 2ᵉ éd. Augmentée, 1973 [AŒ].『アンチ・オイディプス——資本主義と分裂症』市倉宏祐訳、河出書房新社、1986；宇野邦一訳、上下巻、河出文庫、2006.

Kafka : pour une littérature mineure, Paris : Minuit, 1975 [K].『カフカ——マイナー文学のために』宇波彰、岩田行一訳、法政大学出版局、1978.

Rhizome, Paris : Minuit, 1976 (repris et modifié dans *Mille plateaux*).『リゾーム』豊崎光一訳、エピステーメー臨時増刊号、朝日出版社、1977 (『千のプラトー』に加筆修正されて再録).

Politique et psychanalyse, Alençon : Bibliothèque des Mots Perdus, 1977.『政治と精神分析』杉村昌昭訳、法政大学出版局、1994.

Capitalisme et schizophrénie 2 : mille plateaux, Paris : Minuit, 1980 [MP].『千のプラトー——資本主義と分裂症』宇野邦一、小沢秋広、田中敏彦、豊崎光一、宮林寛、守中高明訳、河出書房新社、1994；上中下巻、河出文庫、2010.

Qu'est-ce que la philosophie, Paris : Minuit, 1991 [QPh].『哲学とは何か』財津理訳、河出書房新社、1997；河出文庫、2012.

3. ドゥルーズによる編著

Instincts et institutions, textes choisis et présentés par Gilles Deleuze, Paris : Hachette, 1953.『本能と制度』、『ドゥルーズ初期——若き哲学者が作った教科書』所収、加賀野井秀一訳、夏目書房、1998.

BERGSON, Henri. *Mémoire et vie*, textes choisis par Gilles Deleuze, Paris : P.U.F., 1957. アンリ・ベルクソン『記憶と生』前田英樹訳、未知谷、1999.

また、*David Hume* (P.U.F., 1952)、*Nietzsche* (P.U.F., 1965)、*Spinoza. Textes choisis* (P.U.F., 1970)の三冊には、それぞれドゥルーズ(とクレソン)が選んだヒューム、ニーチェ、スピノザのテクストが収められている。ヒューム論とニーチェ論の邦訳では、これらのテクスト選集もあわせて翻訳されている。

4. ガタリの著作
ドゥルーズ以外との共著も含む。共著の場合のみ著者名を記す

Psychanalyse et transversalité : essais d'analyse institutionnelle, Paris : F. Maspero, 1972 ; rééd. Paris : La Découverte, 2003.『精神分析と横断性──制度分析の試み』杉村昌昭、毬藻充訳、法政大学出版局、1994.

La Révolution moléculaire, Fontenay-sous-Bois : Recherches, 1977.『分子革命──欲望社会のミクロ分析』杉村昌昭訳、法政大学出版局、1988.

L'Inconscient machinique : essais de schizo-analyse, Fontenay-sous-Bois : Recherches, 1979.『機械状無意識──スキゾ分析』高岡幸一訳、法政大学出版局、1990.

GUATTARI, Félix, NEGRI, Toni. *Les Nouveaux espaces de liberté*, Gourdon : Dominique Bedou, 1985.『自由の新たな空間』丹生谷貴志訳、朝日出版社、1986 ; 杉村昌昭訳、世界書院、2007.

フェリックス・ガタリ、田中泯『光速と禅炎──agencement '85』朝日出版社、1985.

OURY, Jean, GUATTARI, Félix, TOSQUELLES, François. *Pratique de l'institutionnel et politique*, Vigneux : Matrice, 1985.『精神の管理社会をどう超えるか?──制度論的精神療法の現場から』杉村昌昭、三脇康生、村澤真保呂編訳、松籟社、2000.

Les Années d'hiver. 1980-1985, Paris : Bernard Barrault, 1986.『闘走機械』杉村昌昭監訳、松籟社、1996.

フェリックス・ガタリ、平井玄、浅田彰、竹田賢一、ラジオ・ホームラン『東京劇場──ガタリ、東京を行く』写真・梶洋哉、ユー・ピー・ユー、1986.

Les Trois écologies, Paris : Galilée, 1989.『三つのエコロジー』杉村昌昭訳・解説、大村書店、1997 ; 平凡社ライブラリー、2008.

Cartographies schizoanalytiques, Paris : Éd. Galilée, 1989.『分裂分析的地図作成法』宇波彰、吉沢順訳、紀伊国屋書店、1998.

Chaosmose, Paris : Éd. Galilée, 1992.『カオスモーズ』宮林寛、小沢秋広訳、河出書房新社、2004.

フェリックス・ガタリ、粉川哲夫、杉村昌昭『政治から記号まで──思想の発生現場から』インパクト出版会、2000.

フェリックス・ガタリ、ジル・ドゥルーズ、エドゥアール・グリッサン、イラン・ハレヴィ、ピエール・レヴィ、パスカル・クリトン、ダニエル・シヴァトン、ルネ・シェレール、フランソワ・パン『フェリックス・ガ

タリの思想圏——〈横断性〉から〈カオスモーズ〉へ』杉村昌昭編訳、大村書店、2001．

La Philosophie est essentielle à l'existence humaine, entretien mené par Antoine Spire, accompagné de Michel Field et Emmanuel Hirsch, La Tour-d'Aigues : Éd. de l'Aube, 2002.

« Journal inédit », in *La Nouvelle Revue Française*, N° 563, octobre 2002 ; N° 564, janvier 2003.

Félix Guattari, recueil, Chimères, N° 50, préface de René Schérer, Paris : Association Chimères, 2003.

Écrits pour L'anti-Œdipe, Lignes & Manifestes, 2004.『アンチ・オイディプス草稿』ステファン・ナドー編、國分功一郎、千葉雅也訳、みすず書房、2010．

Ritournelles, Saint-Epain : Lume, 2007.『リトルネロ』宇野邦一、松本潤一郎訳、みすず書房、2014．

GUATTARI, Félix, ROLNIK, Suely. *Micropolitique*, Paris : Les Empêcheurs de penser en rond, 2007.

GUATTARI, Félix, NADAUD, Stéphane. *Soixante-cinq rêves de Franz Kafka et autres textes*, Paris : Nouvelles Éditions Lignes, 2007.『カフカの夢分析』ステファヌ・ナドー編註、杉村昌昭訳、水声社、2008．

Lignes de fuite : pour un autre monde de possibles, préface de Liane Mozère, La Tour d'Aigues : Aube, 2011.『人はなぜ記号に従属するのか——新たな世界の可能性を求めて』杉村昌昭訳、青土社、2014．

De Leros à La Borde : précédé de journal de Leros, présentation de Marie Depussé, Paris : Lignes, 2012.『精神病院と社会のはざまで——分析的実践と社会的実践の交差路』杉村昌昭訳、水声社、2012．

Un amour d'UIQ : scénario pour un film qui manque, Paris : Éditions Amsterdam, 2012.

Qu'est-ce que l'écosophie, textes présentés par Stéphane Nadau, Paris : Lignes, 2013.『エコゾフィーとは何か——ガタリが遺したもの』杉村昌昭訳、青土社、2015．

5．『無人島』と『狂人の二つの体制』に未収録のドゥルーズのテクスト
ドゥルーズの死後、彼の単著ないし共著に収められることのなかったテクストの多くは『無人島』と『狂人の二つの体制』の二冊にまとめられた。以下では、前掲のMurphyによる書誌を参照しながら、『無人島』と『狂人

の二つの体制』にも収録されていないドゥルーズのテクストのうちで、主要なものをあげる（網羅的ではない）。それは大きく分けて、(1) ドゥルーズ自身が収録を拒否した1953年以前のもの、(2) 1953年以降のもので、彼の著作に再録されはしたものの、加筆・削除・構成の変更などによって、かたちを変えている論文（『千のプラトー』や『哲学とは何か』に再録されることになる論文など修正箇所が多くないものもあるが、それも参考のために掲載した）、(3) 書評、(4) 講演会での発言、(5) 新聞でのインタビュー、(6) 手紙、(7) 日本人の手によって独自に行われたインタビューになる。(3)の書評については、数行程度の短いものは割愛した。記載は共著も含めて年代順で、共著の場合のみ、作者の名前を記す。

« Description de la femme : pour une philosophie d'Autrui sexué », in *Poésie 45*, No. 28, octobre-novembre 1945.

« Du christ à la bourgeoisie », in *Espace*, 1946.「キリストからブルジョワジーへ」加賀野井秀一訳、ジル・ドゥルーズ編著『ドゥルーズ初期——若き哲学者が作った教科書』所収、夏目書房、1998.

« Mathèse, science et philosophie », introduction à Jean Malfatti de Montereggio, *Études sur la mathèse ou anarchie et hiérarchie de la science,* Paris : Éditions du Griffon d Or, 1946.

« Dire et profils », in *Poésie 47*, N° 36, décembre 1946.

« Introduction » à Denis Diderot, *La Religieuse*, Paris : Éditions Marcel Daubin, 1947.

« *Descartes, l'homme et l'œuvre*, par Ferdinand Alquié », in *Cahiers du Sud*, N° 337, octobre 1956.

« Sens et valeurs », in *Arguments*, N° 15, 1959.「意味と諸価値」三輪誠一郎訳、『ドゥルーズ——没後10年、入門のために』所収、河出書房新社、2005.

« De Sacher-Masoch au masochisme », in *Arguments*, N° 21, 1961.「ザッヘル・マゾッホからマゾヒズムへ」國分功一郎訳、『みすず』2005年4月号所収、みすず書房.

« Lucrèce et le naturalisme », in *Études philosophiques*, N° 1, 1961. Nouvelle version en appendice à *Logique du sens*.「ルクレティウスと自然主義」大山載吉訳、『ドゥルーズ——没後10年、入門のために』所収、河出書房新社、2005（『意味の論理学』に加筆修正されて再録）.

« Mystère d'Ariane », in *Bulletin de la Société française d'Études nietzschéennes*, mars 1963. Rééd., in *Philosophie*, N° 17, hiver 1987. Nouvelle version in *Magazine littéraire*, N° 298, avril

1992. Nouvelle version in *Critique et Clinique*.「アリアドネの神秘」田中敏彦訳、『現代思想』1984年9月臨時増刊号所収（『批評と臨床』に加筆修正されて再録）.

« Unité de *A la recherche du temps perdu* », in *Revue de métaphysique et de morale*, N° 4, oct.-déc. 1963.「「失われた時を求めて」の統一性」堀千晶訳、本書所収；『早稲田現代文芸研究』vol. 5所収、2015.

« Pierre Klossowski, ou les corps-langage », in *Critique*, N° 214, mars 1965. Nouvelle version en appendice à *Logique du sens* (『意味の論理学』に加筆修正されて再録).

« Renverser le platonisme (les simulacres) », in *Revue de métaphysique et de morale*, N° 71-4, oct.-dec. 1966. Nouvelle version en appendice à *Logique du sens* (『意味の論理学』に加筆修正されて再録).

Discussion à propos d'une communication de Pierre Klossowski, in *Cahiers de Royaumont : Nietzsche*, Paris : Minuit, 1967.『ニーチェは、今日？』（林好雄、本間邦雄、森本和夫訳、ちくま学芸文庫、2002）の訳者解説にドゥルーズの発言の再録（九五-九六頁）.

« Une théorie d'autrui (Autrui, Robinson et le pervers) », in *Critique*, N° 241, 1967. Nouvelle version en appendice à *Logique du sens* (『意味の論理学』に加筆修正されて再録).

« Introduction » à Émile Zola, *La Bête humaine*, in *Œuvres complètes*, t.VI (éd. Henri Mitterand), Paris : Cercle du livre précieux, 1967. Nouvelle version en appendice à *Logique du sens*.「ゾラ『獣人』への序文」廣瀬純訳、『みすず』2004年9月号所収（『意味の論理学』に加筆修正されて再録）.

« Le Schizophrène et le mot », in *Critique*, N° 255-256, août-sept. 1968. Nouvelle version in *Logique du sens*.「精神分裂者と少女」中山元訳、『ポリロゴス』2000年11月号所収、冬弓舎（『意味の論理学』に加筆修正されて再録）.

« Schizologie », préface à Louis Wolfson, *Le Schizo et les langues*, Paris : Gallimard. Nouvelle version in *Critique et Clinique*. (『批評と臨床』に加筆修正されて再録).

« Un nouvel archiviste », in *Critique*, N° 274, mars 1970. Nouvelle version in *Foucault*.「新たなるアルシヴィスト」蓮實重彦訳、『海』1973年3月号 所収；再録『フーコーそして／あるいはドゥルーズ』小沢書店、1984（『フーコー』に加筆修正されて再録）.

DELEUZE, Gilles, GUATTARI, Félix. « La Synthèse disjonctive », in *L'Arc*, N° 43, 1970.「選言綜合」田中敏彦訳、『ユリイカ』1994年07月号所収.

« Le Troisième chef-d'œuvre », in *Le Monde*, 11 juin 1971. Nouvelle version in *Critique et clinique*.(『批評と臨床』に加筆修正されて再録)
「ドゥルーズの解答」(質問・翻訳、蓮實重彦)、『海』1973年1月号所収；再録、蓮實重彦『批評あるいは仮死の祭典』せりか書房、1974.

Discussion à propos d'une communication de Pierre Klossowski, in *Nietzsche aujourd'hui*, t.I, *Intensités*, Paris : 10/18, 1973.『ニーチェは、今日？』(林好雄、本間邦雄、森本和夫訳、ちくま学芸文庫、2002) の訳者解説に部分的に再録 (八七‐八八、一一七‐一一八頁).

Réponses à un questionnaire sur « La belle vie des gauchistes » élaboré par Guy Hocquenghem et Jean-François Bizot, in *Actuel*, N° 29, mars 1973. Rééd. in G. Hocquenghem, *L'Après-Mai des faunes*, Paris : Grasset, 1974.

DELEUZE, Gilles, GUATTARI, Félix. « 14 mai 1914. Un seul ou plusieurs loups ? », in *Minuit*, N° 5, sept. 1973. Nouvelle version in *Mille Plateaux* (『千のプラトー』に加筆修正されて再録).

DELEUZE, Gilles, GUATTARI, Félix. « Le Nouvel arpenteur. Intensités et blocs d'enfance dans *Le Château* », in *Critique*, N° 318, novembre 1973.

DELEUZE, Gilles, GUATTARI, Félix. « 28 novembre 1947——Comment se faire un corps sans organes ? », in *Minuit*, N° 10, sept. 1974. Nouvelle version in *Mille Plateaux* (『千のプラトー』に加筆修正されて再録).

« Écrivain non : un nouveau cartographe », in *Critique*, N° 343, décembre 1975. Nouvelle version in *Foucault* (『フーコー』に加筆修正されて再録).

DELEUZE, Gilles, DELEUZE, Fanny. « Nietzsche et saint Paul, Lawrence et Jean de Patmos », préface à D.H. Lawrence, *Apocalypse*, Paris : Balland, 1978. Nouvelle version in *Critique et clinique*.『情動の思考——ロレンス『アポカリプス』を読む』鈴木雅大訳、朝日出版社、1986 (『批評と臨床』に加筆修正されて再録).

« Spinoza et nous » et discussion, in *Revue de synthèse*, III:89-91, janv.-sept. 1978. Nouvelle version in *Spinoza. Philosophie pratique*, 1981 (『スピノザ——実践の哲学』に加筆修正されて再録).

« Philosophie et minorité », in *Critique*, N° 369, février 1978.

ジル・ドゥルーズ、宇野邦一「リゾームによる詩学のデッサン」、『現代思想』1982年12月号所収 (『狂人の二つの体制』に部分的に再録).

« Godard et Rivette », in *La Quinzaine littéraire*, N° 404, 1er

novembre 1983. Nouvelle version in *L'Image-temps*.(『時間イメージ』に加筆修正されて再録).

« La Philosophie perd une voix » (entretien sur la mort de Vladimir Jankélévitch), in *Libération*, 8-9 juin 1985, p.34.

« Le Plus grand film irlandais », in *Revue d'esthétique*, Numéro spécial hors-série, Toulouse : Privat, 1986. Nouvelle version in *Critique et clinique* (『批評と臨床』に加筆修正されて再録).

« Un critère pour le baroque », in *Chimères*, N° 5-6, 1988. Repris in *Le pli : Leibniz et le baroque* (『襞』に加筆修正されて再録)

« Postface. Bartleby, ou la formule », in Herman Melville, *Bartleby. Les Îles enchantées. Le Campanile*, Paris : Flammarion, 1989. Nouvelle version in *Critique et clinique* (『批評と臨床』に加筆修正されて再録).

« Les Conditions de la question : qu'est-ce que la philosophie ? », in *Chimères*, N° 8, mai 1990. Nouvelle version in *Qu'est-ce que la philosophie ?* (『哲学とは何か』に加筆修正されて再録).

« Lettre-Préface » à Mireille Buydens, *Sahara : l'esthétique de Gilles Deleuze*, Paris : Vrin, 1990. ミレイユ・ビュイダン『サハラ——ジル・ドゥルーズの美学』阿部宏慈訳、法政大学出版局、2001.

« Lettre du 7 février 1990 à James Miller », in J. Miller, *The passion of Michel Foucault*, New York : Simon & Schuster, 1993. ジェイムズ・ミラー『ミシェル・フーコー／情熱と受苦』田村俶ほか訳、筑摩書房、1998.

DELEUZE, Gilles, GUATTARI, Félix. « Secret de fabrication. Deleuze-Guattari : Nous deux » (entretien avec Robert Maggiori), in *Libération*, 12 septembre 1991, pp.17-19. Rééd. in R. Maggiori, *La Philosophie au jour le jour*, Paris : Flammarion, 1994.

« Remarques » en réponse aux essais d'Éric Alliez et Francis Wolff sur Deleuze et Jacques Derrida, in Barbara Cassin (dir.), *Nos Grecs et leurs modernes : les stratégies contemporaines d'appropriation de l'Antiquité*, Paris : Seuil, 1992. Nouvelle version in *Critique et clinique* (『批評と臨床』に加筆修正されて再録).

DELEUZE, Gilles, ALQUIÉ, Férdinand, GUILLERMIT, Louis, VINSON, Alain. « La Chose en soi chez Kant », in *Lettres philosophiques*, N° 7, Reims : Lettres philosophiques, 1994.

« Le "Je me souviens" de Gilles Deleuze » (entretien avec Didier Éribon), in *Le Nouvel Observateur*, N° 1619, 16-22 novembre

1995.「思い出すこと」(聞き手ディディエ・エリボン) 鈴木秀旦訳、『批評空間』II-9、1996年4月号所収.

« L'Actuel et le virtuel », partie I et II en appendice à l'édition en livre de poche de Gilles Deleuze et Claire Parnet, *Dialogue*, Paris : Flammarion, 1996. 前掲『ダイアローグ——ドゥルーズの思想』所収.

Citations de lettres à René Schérer in R. Schérer, « Retour sur et à Deleuze, un ton d'amitié », in *Libération*, 8 mars 1996, p.5.

Citation d'une lettre à Philip Goodchild in P. Goodchild, *Gilles Deleuze and the question of philosophy*, Madison : Fairleigh Dickinson University Press, 1996, p.185, note 8.

Citation d'une lettre à Timothy S. Murphy in T.S. Murphy, *Wising up the marks : the amodern William Burroughs*, Berkeley : University of California Press, 1997, p.7.

Citations de lettres à Arnaud Villani (lettres du 17 août 1984 et du 29 décembre 1986), in A. Villani, « Méthode et théorie dans l'œuvre de Gilles Deleuze », in *Les Temps modernes*, N° 586, janv.-févr. 1996. Repris in A. Villani, *La Guêpe et l orchidée*, Paris : Belin, 1999.

« Extraits de correspondance » de Gilles Deleuze à A. Villani, in A. Villani, *La Guêpe et l orchidée*, Paris : Belin, 1999.

« Réponse à une série de questions (novembre 1981) » de Gilles Deleuze à A. Villani, in A. Villani, *La Guêpe et l orchidée*, Paris : Belin, 1999.

« Francis Bacon », in Adnen Jdey(dir), *Gilles Deleuze, la logique du sensible : esthetique & clinique,* Grenoble : De l'incidence éditeur, 2013.

また、ドゥルーズとガタリの伝記である François Dosse, *Gilles Deleuze et Félix Guattari : Biographie croisée*, Paris : La Découverte, 2007(フランソワ・ドス『ドゥルーズとガタリ——交差的評伝』杉村昌昭訳、河出書房新社、2009)には、ドゥルーズの未刊の手紙が多数掲載されている。

6. ドゥルーズの講義
ドゥルーズのパリ第8大学での講義の大部分は以下のインターネット・サイトで公開されている。

http://www.webdeleuze.com
http://www.univ-paris8.fr/deleuze/

公刊されている講義(からの抜粋)には、つぎのものがある。
« Cours inédit de Gilles Deleuze sur le chapitre III de *L'Évolution Créatrice* (École Normale Supérieure de Saint-Cloud, 1960) », présenté par Anne Sauvagnargues, in *Annales bergsoniennes II : Bergson, Deleuze, la phénoménologie*, édité et présenté par Frédéric Worms, Paris : P.U.F., 2004.
« Extraits de conférences inédites données par Gilles Deleuze à l'École Normale Supérieure de la rue d'Ulm et à l'Université de Vincennes en 1970-1971, et de L'intervention de Deleuze au colloque *Proust* à l'ENS (22 janvier 1972), cités par France Berçu, « Sed perseverare diabolicum », in *L'Arc*, No. 49, mai 1972; rééd. 1980 ; rééd. Paris : Inculte, 2005.
« Sur la musique (cours de Vincennes, 8 mars 1977) », in *Nomad's Land*, N° 2, automne-hiver,1997.「音楽について――ヴァンセンヌでの講義、一九七七年三月八日」森田祐三訳、『批評空間』II-18、1998年7月号所収.

ドゥルーズの講義はCDにもなっている。
Spinoza : immortalité et éternité, 2 CD, Paris : Gallimard, 2001.
Leibniz : âme et damnation, 2 CD, Paris : Gallimard, 2003.
Cinéma, 6 CD, éd. de Claire Parnet et Richard Pinhas, Paris : Gallimard, 2006.

また、1979年から1987年までのドゥルーズの講義の主題、言及される哲学者などを、講義ごとにリスト化したのが、つぎの書物である。
ASTIER, Frédéric. *Les Cours enregistrés de Gilles Deleuze 1979-1987*, Mons : Sils Maria, 2006.

7. ドゥルーズのヴィデオ／DVD
L'Abécédaire de Gilles Deleuze, mis en scène par Pierre-André Boutang, 3 cassettes (Vidéo), Paris : Édition Montparnasse, 1996 ; rééd. 3DVD, 2004.
かつての教え子、クレール・パルネによるabc順の質問(たとえば「a」な

ら「animal」)にドゥルーズが答えたもの。撮影は、『襞』出版後の1988年末から1989年にかけて三度に分けて行われた。ドゥルーズの死後にテレビ放映するために製作されたが、彼の生前に一部が放映された。詳しい経緯については、パルネ自身による「思考の鞭打ち――ジル・ドゥルーズ『アベセデール (L'abécédaire)』について　聞き手エルヴェ・オヴロン、シリル・ネラ」廣瀬純訳、『ドゥルーズ――没後10年、入門のために』所収、河出書房新社、2005を参照。

8. ドゥルーズのデッサン
« Sept dessins », in *Chimères*, N° 21, hiver 1994.「七つのデッサン」、『ドゥルーズ横断』所収、宇野邦一編、河出書房新社、1994.

9. ドゥルーズの写真集
Deleuze, un album, préface d'Hubert Damisch, Paris : Centre Pompidou, 2005.

10. ドゥルーズの絵本
DELEUZE, Gilles, DUHÊME, Jacqueline. *L'Oiseau philosophie*, Paris : Seuil, 1997.
『ドゥルーズの思想』と『哲学とは何か』からの抜粋に、ドゥルーズの友人であるデュエムの絵を添えた本。

II. ドゥルーズ、そしてドゥルーズとガタリをめぐる文献

ドゥルーズ、そしてドゥルーズとガタリの研究の近年の動向については、鈴木泉「ドゥルーズ／ガタリ研究・活用の現在」(『ドゥルーズ／ガタリの現在』所収、小泉義之、鈴木泉、檜垣立哉編、平凡社、2008) が、日本でのドゥルーズ受容のあり方から、日本と海外での近年の研究まで、コンパクトにまとめている。また、『ドゥルーズ——没後10年、入門のために』(河出書房新社、2005) の末尾には「ドゥルーズを読むためのブックガイド」が付されており、そこにはドゥルーズ自身が頻繁に引用する重要な文献に加え、ドゥルーズの思考を独自の仕方で伸ばしていった著作群が紹介されている。以下では上記の二つのビブリオグラフィを参照しながら、ドゥルーズ、そしてドゥルーズとガタリをめぐる文献を、「1. ドゥルーズとガタリの伝記」「2. 日本語で読めるドゥルーズへの入門書」「3. 日本語文献」「4. フランス語文献」「5. 英語文献」の順に記載する。

1. ドゥルーズとガタリの伝記

DOSSE, François. *Gilles Deleuze et Félix Guattari : biographie croisée*, Paris : Découverte, 2007. フランソワ・ドス『ドゥルーズとガタリ——交差的評伝』杉村昌昭訳、河出書房新社、2009.

また、ドゥルーズについての証言を含むものとして主につぎのものが知られている。

Deleuze épars, textes recueillis par André Bernold et Richard Pinhas, Paris : Hermann, 2005.

BEAUBATIE, Yannick (dir.). *Tombeau de Gilles Deleuze*, Paris : Mille sources, 2000.

CHÂTELET, François. *Chronique des idées perdues,* conversations avec André Akoun, Paris : Stock, 1977.

SCHÉRER, René. *Regards sur Deleuze*, Paris : Kimé, 1998. ルネ・シェレール『ドゥルーズへのまなざし』篠原洋治訳、筑摩書房、2003.

TOURNIER, Michel. *Le Vent paraclet*, Gallimard, 1977. ミシェル・トゥルニエ『聖霊の風』諸田和治訳、国文社、1986.

——. « Gilles Deleuze », in *Critique*, N° 591/592, août-septembre 1996.

——. *Célébrations*, Paris : Gallimard, 2002.

ドゥルーズが亡くなったあとに寄せられた「追悼文」の多く(フランスではデリダ、ナンシー、リオタールなど)は、『現代思想』1996年1月号に掲載されている。

2. 日本語で読めるドゥルーズへの入門書
『ドゥルーズ――没後10年、入門のために』河出書房新社、2005.
宇野邦一『ドゥルーズ――流動の哲学』講談社、2001.
小泉義之『ドゥルーズの哲学――生命・自然・未来のために』講談社現代新書、2000.
國分功一郎『ドゥルーズの哲学原理』岩波書店、2013.
クレア・コールブック『ジル・ドゥルーズ』國分功一郎訳、シリーズ・現代思想ガイドブック、青土社、2006. COLEBROOK, Claire. *Gilles Deleuze,* London : Routledge, 2002.
澤野雅樹『ドゥルーズを「活用」する!――自分で考える道具としての哲学』彩流社、2009.
篠原資明『ドゥルーズ――ノマドロジー』現代思想の冒険者たち25、講談社、1997;新装版、2005.
フランソワ・ズーラビクヴィリ『ドゥルーズ――ひとつの出来事の哲学』小沢秋広訳、河出書房新社、1997. ZOURABICHVILI, François. *Deleuze. Une philosophie de l'événement*, P.U.F., 1994 ; repris in *La philosophie de Deleuze*, par François Zourabichvili, Anne Sauvagnargues, Paola Marrati, P.U.F., 2004.
千葉雅也『動きすぎてはいけない――ジル・ドゥルーズと生成変化の哲学』河出書房新社、2013.
檜垣立哉『ドゥルーズ――解けない問いを生きる』シリーズ・哲学のエッセンス、日本放送出版協会、2002.
――『ドゥルーズ入門』ちくま新書、2009.
船木亨『ドゥルーズ』Century Books 人と思想123、清水書院、1994.
松本潤一郎、大山載吉『ドゥルーズ――生成変化のサブマリン』哲学の現代を読む2、白水社、2005.

*

フランス語の入門書では、上にあげたズーラビクヴィリ『ドゥルーズ――ひとつの出来事の哲学』に加え、2007年に出版されたブアニシュのものの評判が高い。
BOUANICHE, Arnaud. *Gilles Deleuze, une introduction*, Paris :

Pocket, 2007.

3. 日本語参考文献

ドゥルーズ特集の論集・雑誌
宇野邦一編『ドゥルーズ横断』河出書房新社、1994.
宇野邦一、芳川泰久、堀千晶編『ドゥルーズ 千の文学』せりか書房、2011.
小泉義之、鈴木泉、檜垣立哉編『ドゥルーズ／ガタリの現在』平凡社、2008.
ロベルト・デ・ガエターノ編『ドゥルーズ、映画を思考する』廣瀬純、増田靖彦訳、勁草書房、2000.

*

『現代思想』vol.10-15、1982年12月号.
『現代思想』vol.12-11、1984年9月臨時増刊号.
『現代思想』vol.24-1、1996年1月号.
『現代思想』vol.30-10、2002年8月号.
『現代思想』vol. 36-15、2008年12月号.
『現代思想』vol. 41-8、2013年6月号.
『建築文化』vol.602、1996年12月号.
『シネティック』vol. 1、1993.
『情況』第三期第四巻第三号、2003年4月号.
『情況』第三期第四巻第七号、2003年8月号
『情況』第三期第四巻第十一号、2003年12月号.
『情況』第三期第五巻第七号、2004年7月号.
『情況』第三期第五巻第十一号、2004年12月号.
『情況』第三期第十一巻第一号、2010年1月号.
『批評空間』II-9、1996年4月号.
『批評空間』II-18、1998年7月号.
『批評空間』II-20、1999年1月号.
『表象』vol. 4、2010.
『表象』vol. 8、2014.
『フランス哲学・思想研究』vol.1、1996年9月号.
『文芸』vol.28-1, 1989年2月号.
『文芸』vol.33-3, 1994年8月号.

『文芸』vol. 35-1, 1996年2月号.
『ユリイカ』vol. 28-12, 1996年10月号.
『GS』vol. 4、1986.
『Vol』vol. 2、以文社、2006.

ドゥルーズ、そしてドゥルーズとガタリをめぐる著作
浅田彰『構造と力』勁草書房、1983.
——『逃走論——スキゾ・キッズの冒険』筑摩書房、1984；新版、ちくま文庫、1986.
市倉宏祐『現代フランス思想への誘い——アンチ・オイディプスのかなたへ』岩波書店、1986.
市倉宏祐、伊吹克己、菊地健三『ジル・ドゥルーズの試み』北樹出版、1994.
今村仁司『現代思想の系譜学』ちくま学芸文庫、1993.
宇波彰『引用の想像力』冬樹社、1991.
宇野邦一『意味の果てへの旅——境界の批評』青土社、1985.
——『風のアポカリプス』青土社、1985.
——『外のエティカ——多様体の思想』青土社、1986.
——『D——死とイマージュ』青土社、1996.
——『〈単なる生〉の哲学——生の思想のゆくえ』平凡社、2005.
——『映像身体論』みすず書房、2008
——『ドゥルーズ——群れと結晶』河出書房新社、2012.
宇野邦一、野谷文昭編『マイノリティは創造する』せりか書房、2001.
江川隆男『存在と差異——ドゥルーズの超越論的経験論』知泉書館、2003.
——『死の哲学』河出書房新社、2005.
——『超人の倫理——〈哲学すること〉入門』河出書房新社、2013.
——『アンチ・モラリア——〈器官なき身体〉の哲学』河出書房新社、2014.
萱野稔人『国家とはなにか』以文社、2005.
——『権力の読みかた——状況と理論』青土社、2007.
柄谷行人『隠喩としての建築』講談社、1983.
郡司ペギオ幸夫『いきものとなまものの哲学』青土社、2014.
小泉義之『生殖の哲学』河出書房新社、2003.
——『生と病の哲学——生存のポリティカルエコノミー』青土社、2012.
——『ドゥルーズと狂気』河出書房新社、2014.
國分功一郎『暇と退屈の倫理学』朝日出版社、2011.

小林徹『経験と出来事——メルロ゠ポンティとドゥルーズにおける身体の哲学』水声社、2014.
近藤和敬『数学的経験の哲学——エピステモロジーの冒険』青土社、2013.
佐伯守『〈場所的〉ということ——ドゥルーズ/西田幾多郎を読む』晃洋書房、1999.
佐藤嘉幸『権力と抵抗——フーコー・ドゥルーズ・デリダ・アルチュセール』人文書院、2008.
――『新自由主義と権力——フーコーから現在性の哲学へ』人文書院、2009.
澤野雅樹『記憶と反復——歴史への問い』青土社、1998.
――『死と自由——フーコー、ドゥルーズ、そしてバロウズ』青土社、2000.
篠原資明『漂流思考』弘文堂、1987；新版、講談社学術文庫、1998.
杉村昌昭『分裂共生論——グローバル社会を越えて』人文書院、2005.
西川アサキ『魂と体、脳——計算機とドゥルーズで考える心身問題』講談社、2011.
丹生谷貴志『光の国——あるいはvoyage en vain』朝日出版社、1984.
――『ドゥルーズ・映画・フーコー』青土社、1996；増補新版、2007.
――『死体は窓から投げ捨てよ』河出書房新社、1996.
蓮實重彦『批評あるいは仮死の祭典』せりか書房、1974.
――『フーコー・ドゥルーズ・デリダ』朝日出版社、1978.
――『表層批評宣言』筑摩書房、1979.
檜垣立哉『瞬間と永遠——ジル・ドゥルーズの時間論』岩波書店、2010.
――『ヴィータ・テクニカ——生命と技術の哲学』青土社、2012.
廣瀬純『美味しい料理の哲学』河出書房新社、2005.
――『絶望論——革命的になることについて』月曜社、2013.
前田英樹『言語の闇をぬけて』書肆山田、1994.
――『映画＝イマージュの秘蹟』青土社、1996.
宮川淳『宮川淳著作集』第一巻、美術出版社、1980.
山森裕毅『ジル・ドゥルーズの哲学——超越論的経験論の生成と構造』人文書院、2013.
芳川泰久『闘う小説家バルザック』せりか書房、1999.
――『書くことの戦場』早美出版社、2004.
――『横断する文学——〈表象〉臨界を超えて』ミネルヴァ書房、2004.
森田裕之『ドゥルーズ＝ガタリのシステム論と教育学——発達・生成・再生』学術出版会、2012.

守中高明『終わりなきパッション——デリダ、ブランショ、ドゥルーズ』未来社、2012.

山内志朗『「誤読」の哲学——ドゥルーズ、フーコーから中世哲学へ』青土社、2013.

*

ジョルジュ・アガンベン『思考の潜勢力——論文と講演』高桑和巳訳、月曜社、2009. AGAMBEN, Giorgio. *La potenza del pensiero. Saggi e conferenze*, Vicenza : Neri Pozza, 2005.

エリック・アリエズ『現代フランス哲学——フーコー、ドゥルーズ、デリダを継ぐ活成層 ブックマップ』毬藻充訳、松籟社、1999. ALLIEZ, Eric. *De l'Impossibilité de la phénoménologie : sur la philosophie française contemporaine*, Paris : J. Vrin, 1995.

フランソワ・キュセ『フレンチ・セオリー——アメリカにおけるフランス現代思想』桑田光平、鈴木哲平、畠山達、本田貴久訳、NTT出版、2010. CUSSET, François. *French theory : Foucault, Derrida, Deleuze & Cie et les mutations de la vie intellectuelle aux États-Unis*, Paris : La Découverte, 2003.

ルネ・シェレール『ノマドのユートピア』杉村昌昭訳、松籟社、1998. SCHÉRER, René. *Utopies nomades : En attendant 2002*, Séguier, 1996.

スラヴォイ・ジジェク『身体なき器官』長原豊訳、河出書房新社、2004. ŽIŽEK, Slavoj. *Organs without bodies : Deleuze and consequences*, New York : Routledge, 2004.

モニク・ダヴィド=メナール『ドゥルーズと精神分析』財津理訳、河出書房新社、2014. DAVID-MÉNARD, Monique. *Deleuze et la psychanalyse: l'altercation*, Paris : P.U.F., 2005.

ヴァンサン・デコンブ『知の最前線——現代フランスの哲学』高橋允昭訳、TBSブリタニカ、1983. DESCOMBES, Vincent. *Le Même et l'autre : quarante-cinq ans de philosophie française : 1933-1978*, Paris : Minuit, 1979.

ライダー・デュー『ドゥルーズ哲学のエッセンス——思考の逃走線を求めて』中山元訳、新曜社、2009. DUE, Reidar. *Deleuze*, Cambridge : Polity , 2007.

ジャック・デリダ『ジャック・デリダ講義録 獣と主権者Ⅰ』西山雄二、郷原佳以、亀井大輔、佐藤朋子訳、白水社、2014. DERRIDA, Jacques. *Séminaire La bête et le souverain I (2001-2002)*, Paris :

Galilée, 2008.

ステファヌ・ナドー『アンチ・オイディプスの使用マニュアル』信友建志訳、水声社、2010. NADAUD, Stéphane. *Manuel à l'usage de ceux qui veulent réussir leur [anti] œdipe*, Paris : Fayard, 2006.

マイケル・ハート『ドゥルーズの哲学』田代真ほか訳、法政大学出版局、1996. HARDT, Michael. *Gilles Deleuze : an apprenticeship in philosophy*, Minneapolis : University of Minnesota Press, 1993.

マイケル・ハート、アントニオ・ネグリ『〈帝国〉——グローバル化の世界秩序とマルチチュードの可能性』水嶋一憲、酒井隆史、浜邦彦、吉田俊実訳、以文社、2003. HARDT, Michael, NEGRI, Antonio. *Empire*, Cambridge : Harvard University Press, 2000.

——『マルチチュード——〈帝国〉時代の戦争と民主主義』上下巻、水嶋一憲、市田良彦監修、幾島幸子訳、日本放送出版協会、2005. *Multitude : war and democracy in the age of Empire*, New York : The Penguin Press, 2004.

アラン・バディウ『ドゥルーズ——存在の喧騒』鈴木創士訳、河出書房新社、1998. BADIOU, Alain. *Deleuze : « la clameur de l'être »*, Paris : Hachette, 1997 ; rééd. Hachette Littératures, 2007.

ミレイユ・ビュイダン『サハラ——ジル・ドゥルーズの美学』阿部宏慈訳、法政大学出版局、2001. BUYDENS, Mireille. *Sahara : l'esthétique de Gilles Deleuze*, Lettre-Préface de Gilles Deleuze, Paris : J. Vrin, 1990 ; rééd. 2005.

ピーター・ホルワード『ドゥルーズと創造の哲学——この世界を抜け出て』松本潤一郎訳、青土社、2010. HALLWARD, Peter. *Out of this world : Deleuze and the philosophy of creation*, London : Verso, 2006.

ジャン=クレ・マルタン『ドゥルーズ——変奏♪』毬藻充、黒川修司、加藤恵介訳、松籟社、1997. MARTIN, Jean-Clet. *Variations : la philosophie de Gilles Deleuze*, Lettre-Préface de Gilles Deleuze, Paris : Payot, 1993 ; rééd. 2005.

——『ドゥルーズ——経験不可能の経験』合田正人訳、河出文庫、2013. MARTIN, Jean-Clet. *Deleuze*, Paris : Éclat, 2012.

マウリツィオ・ラッツァラート『〈借金人間〉製造工場』杉村昌昭訳、作品社、2012. LAZZARATO, Maurizio. *La Fabrique de l'homme endetté : Essais sur la condition néolibérale*, Paris : Amsterdam, 2011.

ジャック・ランシエール『言葉の肉——エクリチュールの政治』芳川泰久監訳、堀千晶、西脇雅彦、福山智訳、せりか書房、2013.

RANCIÈRE, Jacques. *La chair des mots : politiques de l'écriture*, Paris : Galilée, 1998.
ジャン＝フランソワ・リオタール『リビドー経済』杉山吉弘、古谷啓次訳、法政大学出版局、1997．LYOTARD, Jean-François. *Économie libidinale*, Paris : Minuit, 1974.

ドゥルーズを主題的に取り扱った論文
相沢哲「ドゥルーズ、フーコー、《倫理》の主題」『神戸国際大学紀要』通号52、1997年6月号所収．
青木重明「ドゥルーズ哲学入門——新しい文明のための超思考の試みについて」『政経研究』通号72、1999年3月号所収、政治経済研究所．
青山勝「映画における運動と時間——ベルクソンとドゥルーズに拠って」『京都大学研究紀要』通号14所収、1993．
赤木真通「ドゥルーズにおける生の肯定の問題——存在のアナーキズムのために」『早稲田大学大学院文学研究科紀要』第1分冊、vol. 55、2009．
――「力と身体のアナーキズム——ドゥルーズのスピノザ論における倫理の問題」『哲学世界』vol. 32、2009．
――「戦争と革命——ドゥルーズ／ガタリにおけるミクロ政治学的観点から」『哲学世界』vol. 34、2011．
赤間啓之「『千のプラトー』G．ドゥルーズ、F．ガタリ：将軍の眠り、部下の目覚め——天皇の国のドゥルーズ - ガタリ」『新潮』1994年12月号所収．
上利博規「記号と論理、一九六十年代のドゥルーズ」『人文論集．静岡大学人文学部人文学科研究報告』vol.53-2所収、2003．
朝倉友海「ドゥルーズ『差異と反復』における時間論とシステム論」『流砂』vol. 3、2010．
――「ドゥルーズと「人間の死」」『流砂』vol. 4、2011．
浅田彰「襞のトポロジー——ドゥルーズ／フーコーを読む」、『現代詩手帖』1986年11月号所収．
浅田彰、柄谷行人、財津理、蓮實重彦、前田英樹「共同討議 ドゥルーズと哲学」『批評空間』1996年4月号所収．
浅野俊哉「スピノザ主義の経験主義的解釈——ジル・ドゥルーズ『スピノザ 実践の哲学』を巡って」『筑波哲学』通号5、1994年3月号所収、筑波大学哲学・思想研究会．
新井英永「小説の情動論的読解に向けて——D・H・ロレンス「小説と感情」とドゥルーズ＝ガタリ『哲学とは何か』」『言語文化学研究』vol. 7、

2012.

荒谷大輔「出来の論理学──『アンチ・オイディプス』の哲学的基礎づけ」『情況』2003年7月号所収.

──「刻まれる差異──ドゥルーズ＝ガタリとラカンにおける創設の機能をめぐって」『差異のエチカ』所収、熊野純彦、吉澤夏子編、ナカニシヤ出版、2004.

石岡良治「抽象からテリトリーへ──ジル・ドゥルーズと建築のフレーム」『Ten plus one』vol. 40所収、INAX出版、2005.

石川義正「映画の分類学と（複数の）映画史──書評：ジル・ドゥルーズ『シネマ1＊運動イメージ』」『述』vol. 3所収、2009年6月.

市田良彦「マルチチュードとは何か ドゥルーズとネグリ、二つの思考：豊かさとチャンス 市田良彦からズーラビクヴィリへの問い」佐野元直訳、『現代思想』2003年2月号所収.

稲垣諭「経験の記述──働きの存在論 ドゥルーズ・ガタリとオートポイエーシスの分岐（1）」『「エコ・フィロソフィ」研究』vol. 6、2012.

稲田晴年「ドゥルーズの意味論へのアプローチ」『静岡県立大学国際関係学部研究紀要』通号14所収、2001.

──「ドゥルーズで読むサルトル」『国際関係・比較文化研究』vol. 8(1)、2009.

稲田祐貴「前期ドゥルーズの学習論」『研究室紀要』vol. 39、東京大学大学院教育学研究科基礎教育学研究室、2013.

稲見博明「対極性と差異──D．H．ロレンス、G．ドゥルーズと忘却されたコスモロジー」『女子美術大学紀要』通号26所収、1996.

──「感性と理論の綜合としての批評学（批評智）に向けて──D．H．ロレンスとドゥルーズ＆ガタリとの綜合」『女子美術大学研究紀要』通号31所収、2001.

今橋大輝「ドゥルーズのニーチェ解釈──「主人と奴隷」の観点から」『哲学年誌』vol. 44、2012.

岩城覚久「平均的イメージとフォトグラム──ドゥルーズ『シネマ』の出発点と映画原理への一考察」『美学論究』通号20所収、関西学院大学文学部美学研究室、2005.

──「ディープ・フォーカスとイメージの深さ──ドゥルーズ『シネマ』の奥行き論への一考察」『人文論究』vol.56-3、2006年12月号所収、関西学院大学人文学会.

上野修「出来事の時間──ドゥルーズ的コンセプト」『時間学研究』vol. 2、2008.

鵜飼哲、田崎英明、平沢剛「ドゥルーズ『シネマ』をめぐって」『Vol』

vol. 2所収、2007.
宇波彰「ドゥルーズの『映画』への通行路」『Cinema 101』創刊準備号、1995年8月号所収、映像文化研究連絡協議会.
宇野邦一「指令と逃走——流れの言語学スケッチ」『ユリイカ』1985年6月号所収.
——「しるしと機械——プルーストからドゥルーズへ」『ユリイカ』1987年12月号所収.
——「なぜ〈襞〉なのか」『文芸』vol.28-1、1989年2月号所収.
——「ジル・ドゥルーズの戦場」『現代思想』1996年1月号所収.
——「講演 ドゥルーズ、死とイマージュ」『現代詩手帖』1996年3月号所収.
——「ジル・ドゥルーズ——リゾーム」『大航海』1999年6月号所収.
——「アレンジメント、表層、言語行為——ドゥルーズと記号論」『現代思想』2000年7月号所収.
——「来るべき民衆のためのエチカ——自然主義者ジル・ドゥルーズ」『情況』2003年12月号所収.
——「カフカと機械」『大航海』通号50所収、2004.
——「大航海インタビュー ドゥルーズ/ガタリの批判に精神分析はどう応えたか」『大航海』通号51所収、2004.
——「映像身体論ノート」1-8、『みすず』2005年7月号から2006年12月号まで隔月掲載.
宇野邦一、浅田彰「再びドゥルーズをめぐって」『批評空間』Ⅱ-15、1997年10月号所収.
宇野邦一、保坂和志「奇妙でないものはつまらない(〈特集〉「千のプラトー」を読む)」『文芸』1994年8月号所収.
宇野邦一、松本潤一郎「映像・脳・言語——間隙を俯瞰する」『現代思想』vol. 36-15所収、2008年12月.
江川隆男「批判と創造の円環——ドゥルーズにおける超越論的経験論の問題構制について」『哲学誌』通号40、1998年3月号所収、東京都立大学哲学会編.
——「存在の一義性の〈実在的定義〉——ドゥルーズにおける一義性の哲学の問題構制について」『哲學』通号50所収、1999、日本哲学会.
——「内在〈反-実現〉論の前哨——或る反時代的なアダムのために」『現代思想』2002年8月号所収.
——「〈エチカ〉と一義性の哲学——ドゥルーズのスピノザ主義について」『スピノザーナ』通号4所収、2003、スピノザ協会.
——「スピノザと分裂分析的思考——その三つの哲学的問題群」『情況』第三期第五巻第七号、2004年7月号所収.

――「分裂的総合について――ドゥルーズ=ガタリ論」『思想』通号997、2007年5月号所収、岩波書店.

――「脱地層化のエチカ‐‐ドゥルーズ=ガタリ論（2）」『思想』通号1030、2010年2月号所収、岩波書店.

江川隆男、安藤礼二、松井賢太郎「図式から共通概念へ――ドゥルーズのカント論をめぐって」『情況』2005年3月号所収.

大石和久「ドゥルーズの黒澤論について――〈問いの形而上学〉としての黒澤映画」『北海学園大学人文論集』通号22所収、2002.

大崎晴美「ドゥルーズにおけるスピノザとニーチェの同一性――哲学における実践と批判の結合の試み」『哲学論文集』通号30、1994年9月号所収、九州大学哲学会.

――「ドゥルーズにおける批判哲学――カントからニーチェへ」『哲學年報』通号56、1997年3月号所収、九州大学文学部.

――「ドゥルーズにおける経験論的着想――『経験論と主体性』と『差異と反復』を中心に」『フランス哲学・思想研究』通号3所収、1998.

――「ドゥルーズの哲学における主体の死と再生」『哲學』通号305所収、1998.

――「ドゥルーズにおける実践哲学――無神論者としてのスピノザ」『哲學年報』通号57所収、1998、九州大学文学部.

――「『千のプラトー』における内在平面――ドゥルーズ『スピノザ：実践哲学』との関係から」『哲學年報』通号58所収、1999、九州大学文学部.

――「法の閾――ドゥルーズによるバートルビー」『現代思想』vol.29-16, 2001年12月号所収.

太田純貴「ドゥルーズの芸術論における時間と身体の問題についての一考察」『京都美学美術史学』vol. 7、2008.

――「Haptiqueとは何か――『感覚の論理』を中心としたドゥルーズの感覚論」『美學』vol. 59(1)、2008.

大塚直子「存在および芸術の一義性――ドゥルーズの時間論」『美學』2000年6月号所収、美学会編.

――「生成する主体――ドゥルーズとともにミショーを読む」『人間・環境学』通号10所収、2001、京都大学大学院人間・環境学研究科編.

大坪裕幸「ドゥルーズと(反)メタ演劇――ブレヒトの読みかえを基軸にして」『立教大学フランス文学』vol. 43、2014.

大西宗夫「ドゥルーズとマゾッホ」『高知大学学術研究報告．人文科学』通号47所収、1998.

大山載吉「ジル・ドゥルーズにおける知覚と主体性――『経験論と主体性』と『襞』をめぐって」『立教大学フランス文学』通号34所収、

2005.
──「ジル・ドゥルーズにおける『表現』という概念をめぐって」『立教大学フランス文学』通号35所収、2006.
──「沈黙と饒舌──ソシュールとドゥルーズの出会い（損ね）」『思想』通号1003、2007年11月号所収、岩波書店.
──「重なり合う哲学──ドゥルーズとヒューム」『現代思想』vol. 36-15所収、2008年12月.
──「書評 ドゥルーズとガタリ交差的評伝」『情況』2010年1月号所収.
緒方洋平「ジル・ドゥルーズ「ルクレティウスとシミュラクル」をめぐって」『L'Arche』vol. 23、2013.
小河原あや「ジャン・ルーシュ監督映画『人間ピラミッド』の創造性──ドゥルーズの「偽なるものの力能」を手がかりに」『美學』vol. 59(1)、2008.
小倉拓也「ドゥルーズ哲学における「他者」の問題」『フランス哲学・思想研究』vol. 16、2011.
──「ドゥルーズの言語論における連鎖と時間性」『年報人間科学』vol. 32、2011.
──「ドゥルーズにおける「倒錯」の問題──1960年代におけるその展開と帰結」『年報人間科学』vol. 33、2012.
織田年和「ドゥルーズのベルクソン解釈について──『ベルクソンの哲学』から『シネマ』へ」『京都産業大学論集. 人文科学系列』通号26所収、1999.
小野康男「ドゥルーズ『感覚の論理』を巡って」『芸術学芸術史論集』通号9所収、神戸大学文学部芸術学芸術史研究会、2002.
面一也「ソクラテスとソフィストの区別について──ドゥルーズにおける『ソピステス』解釈の再検討」『思想』通号1047所収、2011年7月.
嘉悦勲「前頭葉と側頭葉（その5）ドゥルーズについて」『文理シナジー』vol. 13(1)、2009.
垣谷浩史「ハイデガーの芸術観とドゥルーズの芸術観との差異」『哲学世界』vol. 31、2008.
加藤彰彦「アンドレ・ブルトンの『ナジャ』とジル・ドゥルーズの思想」『四天王寺大学紀要』vol. 58、2014.
角田あさな「『アリス』のパラドクス解釈の試み：マクタガートとドゥルーズの時間論を中心に」『Core ethics』vol. 9、2013.
兼子正勝、丹生谷貴志「対談 映画は決して死なない──ジル・ドゥルーズ『CINEMA』を語る」『シネティック』通号1所収、洋々社、1993.
上倉庸敬「ドゥルーズの映画論」『映像学』通号55、1995年11月号所収、

日本映像学会.
加茂英臣「ジル・ドゥルーズ「差異と反復」(Gilles Deleuze, Différence et répétition, 1968)」『哲学誌』通号16所収、東京都立大学哲学会、1973.
河津邦喜「ジル・ドゥルーズの理論の内的論理」『哲学』通号46所収、日本哲学会、1995.
――「ジル・ドゥルーズの哲学」『言語文化研究．中部大学女子短期大学紀要』通号7、1996.
――「ドゥルーズの方法論」『フランス哲学・思想研究』通号1、1996年9月号所収.
――「ジル・ドゥルーズの哲学（No. 2）」『言語文化研究．中部大学女子短期大学紀要』通号8所収、1997.
――「哲学をどう教えるか？――ジル・ドゥルーズの哲学（No. 3）」『言語文化研究．中部大学女子短期大学紀要』通号9所収、1998.
――「フランスにおけるニーチェ受容――ジル・ドゥルーズのニーチェ解釈を中心に」『唯物論研究年誌』通号5、2000年10月号所収、唯物論研究協会.
菊地健三「『内包量（強度量）』をめぐるG．ドゥルーズのカント批判」『専修人文論集』通号47、1991年2月号所収、専修大学学会.
――「ジル・ドゥルーズにおける『感覚の論理』と『思考の理論』」『哲学』通号46所収、日本哲学会、1995.
Kim Jae-Jeong「映像の絵画的表現要素としての時間性について――ジル・ドゥルーズの時間イメージに関係して」『芸術学研究』vol. 15、2010.
木村建哉「ジル・ドゥルーズの映画論――映画のイマージュの二元性と一元性」『美學』1995年12月号所収、美学会.
――「ドゥルーズ『シネマ』の全体像」『ユリイカ』1996年10月号所収.
――「映画における自己反省作用――ジル・ドゥルーズの『クリスタル-イマージュ』の概念に拠りつつ」『映像学』通号66所収、日本映像学会、2001.
木村春奈「『差異と反復』における第三の時間への導入」『立命館文學』vol. 625、2012.
清塚明朗「持続の一義性――ドゥルーズ『ベルクソニスム』における時間論」『東京大学大学院人文社会系研究科・文学部哲学研究室論集』vol. 31、2012.
草野真奈「群集の力能――ドゥルーズ／ガタリのミクロ政治学」『聖心女子大学大学院論集』通号25所収、2003年7月号.

久米宗隆「鳥になること、歌を歌うこと——『しあわせな日々』における生成変化を巡って」『演劇映像学』2010年3月号.

黒石晋「自己組織論の現段階」『自己組織性とはなにか』所収、吉田民人、鈴木正仁編、ミネルヴァ書房、1995.

——「閉鎖系の平衡から解放系の過程へ、そしてリゾームへ」『複雑系を考える』所収、今田高俊ほか編、ミネルヴァ書房、2001.

黒木秀房「ジル・ドゥルーズにおける「フィギュール」概念について」『日本フランス語フランス文学会関東支部論集』vol. 21、2012.

——「プラトニズムの転倒と哲学的スタイル——ドゥルーズにおける三つの「仲介者」」『立教大学フランス文学』vol. 41、2012.

——「芸術における真理とは何か——ドゥルーズのfêlureとハイデガーのRiß」『立教大学フランス文学』vol. 43、2014.

郡司ペギオ=幸夫「存在論としてのウィトゲンシュタイン／方法論としてのドゥルーズ=ベルグソン」『現代思想』1998年1月号所収.

小泉義之「ドゥルーズにおける普遍数学——『差異と反復』を読む」『現代思想』1997年8月号所収.

——「ドゥルーズにおける意味と表現」1-3、『批評空間』1999年10月号、2000年4月号、2001年10月号所収.

——「ドゥルーズと『自然』」『情況』2003年4月号所収.

——「『千のプラトー』の読み方・使い方 戦争機械を発明するために」『情況』2003年12月号所収

——「生命理論と生命哲学——ドゥルーズ／ガタリを参照して」『フランス哲学・思想研究』通号10所収、2005.

——「直観空間と脳空間——戸坂潤とドゥルーズ」『現代思想』2006年7月号所収.

——「脳表面の動的発生——ドゥルーズ『意味の論理学』に即して」『現代思想』2006年10月号所収.

——「ドゥルーズ／ガタリの過去・現在・未来」『月刊百科』vol. 545、2008年3月.

——「思考も身体もままならぬとき——ドゥルーズ『シネマ』から」『表象』vol. 4所収、2010.

——「出来事（事象）としての人生——ドゥルーズ『意味の論理学』における」『哲学雑誌』第128巻第800号所収、2013.

小泉義之、米虫正巳、檜垣立哉「鼎談 ドゥルーズ哲学をエピステモロジーとして読む」『Vol』No 5、2011.

小泉義之、千葉雅也「思弁的展開とポスト思考の哲学」、『現代思想』vol. 41-1所収、2013年1月.

小泉義之、檜垣立哉「来るべきドゥルーズ」『現代思想』vol. 36-15所収、2008年12月.

小泉義之、松本潤一郎「『千のプラトーの読み方・使い方——戦争機械を発明するために』『情況』第三期第四巻第十一号所収、2003年12月.

合田正人「オイディプスたちの墓に」『建築文化』1996年12月号所収、彰国社.

——「超越論的経験論とは何か——ドゥルーズによるヒューム」『人文学報』通号294、1998年3月号所収、東京都立大学人文学部.

——「他者なき哲学へ向けて」『文化継承学論集』vol. 7、2010.

——「縁から縁——デリダ/ドゥルーズの岬から」『現代思想』vol. 43-2所収、2015年2月臨時増刊号.

合田正人、安藤礼二「超越論的経験論とは何か——ドゥルーズのヒューム論がひらく地平」『情況』2004年12月号所収.

古賀徹「デザインにおけるコンセプト——ドゥルーズ/ガタリの概念論をもとにして」『芸術工学研究』九州大学大学院芸術工学研究院紀要、vol. 18、2013.

國分功一郎「無人島と砂漠——ジル・ドゥルーズ『無人島、その原因と理由』から出発して」『批評空間』2002年7月号所収.

——「総合的方法の諸問題——ドゥルーズとスピノザ」『思想』通号950、2003年6月号所収.

——「特異性、出来事、共可能性——ライプニッツとドゥルーズ」1-2、『情況』2004年7月号、8/9月号所収.

——「抽象性と超越論性——ドゥルーズ哲学の中のブランショ」『思想』通号999、2007年7月号所収、岩波書店.

——「自然主義者の運命——シュトラウス、ドゥルーズ」『思想』通号1014所収、2008年10月.

——「欲望と権力——ドゥルーズの「逆説的保守主義」を巡って」『表象』vol. 4所収、2010.

——「沈黙させる問い——初期ドゥルーズにおけるキルケゴール」『現代思想』vol. 42-2、2014年2月号所収.

國分功一郎、佐藤嘉幸、千葉雅也「共同討議　ドゥルーズの逆説的保守主義」『表象』vol. 4所収、2010.

國分功一郎、千葉雅也、堀千晶、佐藤嘉幸（司会）「共同討議『ドゥルーズの哲学原理』と『動きすぎてはいけない』」『表象』vol. 8、2014.

國分俊宏「流転する言葉の歌, または統合を拒否する非オイディプス——ドゥルーズ＝ガタリからゲラシム・ルカへ」『水声通信』通号20、2007年9/10月号所収.

小谷晴勇「ドゥルーズ＝ガタリと日本文化論——ポスト・モダンにおける西洋と日本」『筑波哲学』通号1所収、1989．
――「『アンチ・オイディプス』におけるスピノチスム」『哲学・思想論叢』通号7所収、筑波大学、1989．
――「ドゥルーズとスピノザ——生の哲学としてのスピノジスム」『哲学』通号40、1990年4月号所収、日本哲学会．
――「戴冠せるアナルシー——ドゥルーズ＝ガタリの哲学にかんする試論」『哲学・思想論集』通号19所収、1993、筑波大学哲学・思想学系．
――「ドゥルーズの『方法』について——ジル・ドゥルーズ論（1）」『筑波哲学』通号4所収、1993、筑波大学哲学・思想研究会．
――「ドゥルーズ＝ガタリの誕生——表層から多様性へ」『哲学・思想論集』通号20所収、1994．
――「『思考のイマージュ』から『イマージュなき思考』へ——ドゥルーズ＝ガタリの誕生（2）」『哲学・思想論集』通号21所収、1995．
――「スキゾ・アナリーズとは何か？」『哲学・思想論集』通号22所収、1996．
――「ドゥルーズ、ガタリ、芭蕉、浅田彰」『フランス哲学・思想研究』通号1、1996年9月号所収、日仏哲学会．
――「エコロジーからエコゾフィーへ」『哲学・思想論集』通号23所収、1997、筑波大学哲学・思想学系．
後藤浩子「『己』としての欲望と『と』としての欲望——ヘーゲル、ドゥルーズそしてバトラー」『現代思想』vol.35-9、2007年7月臨時増刊号所収．
小沼華子「ドゥルーズにおけるスピノザの「属性」概念」『聖心女子大学大学院論集』vol. 32-1、2010．
――「ジル・ドゥルーズの『スピノザと表現の問題』にみる〈包含する〉と〈内含する〉の機能」『聖心女子大学大学院論集』vol. 36(2)、2014．
小林敦子「蛙への生成変化——草野心平とドゥルーズ」『人文学の正午』vol. 4、2013．
小林卓也「書評James Williams, *Gilles Deleuze's difference and repetition: a critical introduction and guide*」『年報人間科学』通号26、大阪大学大学院人間科学研究科社会学・人間学・人類学研究室、2005．
――「ドゥルーズにおける構造主義再考」『年報人間科学』vol. 29、2008．
――「ドゥルーズ哲学と言語の問題——『千のプラトー』におけるイェルムスレウ言語学の意義と射程」『京都産業大学論集』人文科学系列、vol. 46、2013．
小林徹「絵画の自由——メルロ＝ポンティとドゥルーズ」『フランス哲学・

思想研究』通号12、2007.
米虫正巳「結果＝効果としての受動的な主体——ヒューム解釈から見たドゥルーズ哲学の発生と進展（1）」『関西学院哲学研究年報』vol. 44、2010.
——「非全体的な機械圏という自然——ドゥルーズと「自然」の概念」『現代思想』vol. 39-16、2011年11月号所収.
——「何をもって経験論と認めるか——ヒューム解釈から見たドゥルーズ哲学の発生と進展（2）」『関西学院哲学研究年報』vol. 46、2012.
——「情念の情況——ヒューム解釈から見たドゥルーズ哲学の発生と進展（3）」『関西学院哲学研究年報』vol. 47、2013.
近藤和敬「問い・身体・真理——カヴァイエスとドゥルーズの問題論」『現代思想』vol. 39-5所収、2011年4月号.
——「問題-認識論と問い-存在論——ドゥルーズからメイヤスー、デランダへ」『現代思想』vol. 42-1、2014年1月号.
——「存在論をおりること、あるいは転倒したプラトニズムの過程的イデア論——ポスト・バディウのドゥルーズ」『現代思想』vol. 43-1所収、2015年1月号.
今野真「二つの鏡——ジル・ドゥルーズと映画における自己反省作用」『映画学』vol. 23、2009.
財津理「ドゥルーズとニーチェ——力の意志あるいは創造のエレメント」『思想』通号855所収、1995、岩波書店.
——「ドゥルーズの思想の生成変化」『批評空間』1996年4月号所収.
——「差異の観点によるドゥルーズのベルクソン解釈——『ベルクソンにおける差異の概念』をめぐって」『武蔵大学人文学会雑誌』vol.31-1所収、1999.
——「ドゥルーズと哲学」『フィロソフィア』通号 87所収、1999、早稲田大学哲学会.
——「ドゥルーズ固有の哲学とは何か？」1-4、『情況』2003年4月号、2003年7月号、2003年12月号、2004年12月号所収.
財津理、江川隆男「時間の総合か、時間イメージか」『現代思想』vol. 36-15所収、2008年12月.
坂部恵「意味と感覚の基層——ドゥルーズ」『現代思想』1976年10月号所収.
佐藤嘉幸「生起から出来事へ——ハイデガーとドゥルーズにおける Ereignis/evenement」『文化交流研究』vol. 3、2008.
——「動的発生から生成変化へ——ドゥルーズ/ガタリにおける主体化と脱服従化」『現代思想』vol. 36-15所収、2008年12月.
——「結晶イメージに逃走線を引くこと——『時間イメージ』における反ベ

ルクソン主義」『思想』通号1028所収、2009年12月.
——「出来事から出来事の生産へ——『アンチ・オイディプス』におけるドゥルーズ＝ガタリ的政治」『思想』通号1087所収、2014年11月.
澤野雅樹「物質の眼差し、世界の欠伸」『ユリイカ』1996年10月号所収.
——「生成 少女——中間的なものへの感受性」『現代思想』2002年8月号所収.
——「『差異と反復』Différence et Répétition(1968) ジル・ドゥルーズ(1924-1995)」『現代思想』vol.32-11、2004年9月臨時増刊号所収.
鹿野祐嗣「ドゥルーズによるプラトニズムの反時代的な転倒——シミュラークルの叛乱、出来事としてのIdée」『表象・メディア研究』vol. 3、2013.
——「ドゥルーズ『意味の論理学』における出来事の形而上学と命題論理学の関係についての考察」『早稲田大学大学院文学研究科紀要』第3分冊、vol. 59、2014.
重光哲明「『ドゥルーズとガタリ交差的評伝』とフランスの新しい社会思想」『情況』2010年1月号所収.
篠原雅武「絡まり合いと自滅——ドゥルーズ＝ガタリのファシズム論の現代的意義の検討」『現代思想』vol. 41-7、2013年5月号.
嶋田久美「「装置」としての表現活動——ラ・ボルド病院、べてるの家を例として」『美學』vol. 63(1)、2012.
笙野頼子「三里塚、チベット、ネグリ、ドゥルーズ——虚構と想像とS・Y・U・J・M」『論座』vol. 157所収、2008年6月.
杉村昌昭「ドゥルーズ／ガタリのために——制度と欲望をめぐって」『インパクション』通号122所収、インパクト出版会、2000.
杉村昌昭、表三郎「ドゥルーズ・ガタリの使い方＋スペース研究会の大学生から」『情況』2010年1月号所収.
杉本隆久「ドゥルーズと≪その場での旅≫——ドゥルーズ哲学における逃走と創造」『流砂』vol. 3、2010.
鈴木泉「思考のイメージについて——ドゥルーズ覚書」『哲学雑誌』通号782所収、有斐閣、1995.
——「〈存在の一義性〉研究序説（1）——ドゥルーズの所説を手がかりに」『神戸大学文学部紀要』通号25所収、1998.
——「ドゥルーズ『意味の論理学』を読む」『神戸大学文学部五十周年記念論文集』2000年3月号所収.
——「雀斑と倒錯——ドゥルーズの最初期思想瞥見」『神戸大学文学部紀要』通号29所収、2002.
——「ドゥルーズ哲学の生成」『現代思想』2002年8月号所収.

──「潜在性の存在論――前期ドゥルーズ哲学の射程」、『情況』第三期第四巻第三号、2003年4月号所収.
──「差異哲学と哲学史のポリフォニー――ドゥルーズ没後一〇年に寄せて」『創文』通号478、2005年8月号所収、創文社.
──「『千のプラトー』Mille Plateaux(1980) ジル・ドゥルーズ (1925-1995) ＆フェリックス・ガタリ（1930-1992）（ブックガイド60）」『現代思想』2004年9月臨時増刊号所収.
──「スティルとリトルネロ――メルロ＝ポンティとドゥルーズ」『思想』通号1015所収、2008年11月.
──「リトルネロ／リフの哲学――ドゥルーズ＆ガタリの音楽論に寄せて」『現代思想』vol. 36-15所収、2008年12月.
──「ドゥルーズと発生の問題」『現代思想』vol. 37-16所収、2009年12月.
鈴木雅大、安藤礼二「心身並行論と実在的区別をめぐって――ドゥルーズのスピノザ論」『情況』2004年7月号所収.
鈴木創士「『千のプラトー』の黴のもとに 断食芸人」『情況』2003年12月号所収.
鈴木崇史「ドゥルーズ＋ガタリにおける概念創造とオートポイエーシス」『文理シナジー』2005年10月号所収.
鈴木啓文「「精神自動機械」としての映画／観客――ジル・ドゥルーズ『シネマ』における観客性についての試論」『映画学』vol. 24、2010.
──「気体状の知覚――ジル・ドゥルーズ『シネマ1　運動-イマージュ』におけるスクリーンとしての観客」『表象・メディア研究』vol. 1、2011.
──「顔・情動・前個体性――ドゥルーズ『シネマ』における感情イメージとしてのクロース・アップ」『演劇映像学』演劇博物館グローバルCOE紀要、2011年1月号.
──「出来事としての情動的なアクション――ジル・ドゥルーズ『シネマ』における行動イメージの小形式をめぐって」『早稲田大学大学院文学研究科紀要』第3分冊、vol. 58、2012.
──「任意空間と触覚性――ジル・ドゥルーズ『シネマ』における感情イメージをめぐって」『映像学』vol. 88、2012.
鈴木正道「スキゾフレニとしての『嘔吐』――サルトルとドゥルーズ-ガタリ」『言語と文化』2004年2月号所収、法政大学言語・文化センター編.
角尾宣信「記憶をめぐるウディ――《アニー・ホール》を中心に、ドゥルーズ『シネマ』におけるイマージュの変容を「呼吸」として捉える試み」『映画学』vol. 25、2011.
関未玲「プラトン、フッサール、ベンヤミン、ドゥルーズをめぐる一考察」『立

教大学ランゲージセンター紀要』vol. 26、2011.

髙野真理子「力・ヒステリー・時間——ドゥルーズのベーコン論をめぐって」『層——映像と表現』vol. 5、2012.

多田雅彦「反復者、反復そのもの、反復されるもの——ドゥルーズ『差異と反復』における反復の哲学の統一性について」『メタフュシカ』vol. 42、2011.

橘真一「書評　キース・アンセル・パースン『ジェルミナール・ライフ——ドゥルーズの差異と反復』」『年報人間科学』vol. 29、2008.

田中純「『？-建築』になること」『建築文化』1996年12月号所収、彰国社.

田中敏彦「戦争機械と国家装置——ドゥルーズの方法について」『GS』vol. 4所収、1986.

——「様々な他者——ドゥルーズの他者論をめぐって」『神戸外大論叢』vol.50-4所収、神戸市外国語大学研究所、1999.

——「個体論（2）ドゥルーズの個体過程観について」『神戸外大論叢』vol. 51-5所収、2000.

——「ドゥルーズと哲学史」『西洋哲学史の再構築に向けて』所収、渡邊二郎監修、昭和堂、2000.

——「ドゥルーズ哲学の地図」『神戸外大論叢』vol.52-6所収、神戸市外国語大学研究会、2001.

田中裕之「ニーチェ-ドゥルーズにおける『負債』概念の物質性について——非市場的共同体規制要因に関する試論」『経済学年誌』通号35、2000年3月号所収、法政大学大学院経済学会.

田中美代子「世界像の変換〔ジル・ドゥルーズ著『マゾッホとサド』を読んで〕（批評の批評）」『早稲田文学』1973年10月号所収.

谷昌親「クレオールの余白に——デリダ、ドゥルーズ、グリッサン」『人文論集』通号38所収、早稲田大学法学会、1999.

田母神顕二郎「現代思想の一潮流——ベルクソン、ドゥルーズ、ミショーにおける『一にして多なるもの』についての思考」『L'Arche』通号8所収、1997、明治大学大学院院生仏語仏文学研究会.

千葉雅也「死を知る動物——ジル・ドゥルーズの生成変化論における全体性の問題」『UTCP研究論集』vol. 2所収、東京大学21世紀「COE共生のための国際哲学交流センター、2005.

——「待ち伏せる存在——ジル・ドゥルーズのスピノザ／ライプニッツ解釈における動物の問題」『フランス哲学・思想研究』vol. 13、2008.

——「彼岸のエコノミー——ドゥルーズ『マゾッホ紹介』再読　デリダ、マラブーのフロイト解釈と比較しつつ」『現代思想』vol. 36-15所収、2008年12月.

――「トランスアディクション――動物-性の生成変化」『現代思想』vol. 37-8所収、2009年7月.
――「不気味でないもの――ラカン、ドゥルーズ、メイヤスーを介した自然哲学のスケッチ」『表象』vol. 6、2012.
中条省平「ドゥルーズによるゴダール――ヌーヴェル・ヴァーグ以後とはなにか」『ユリイカ』1996年10月号所収.
築地正明「ドゥルーズ映画論の本性――イマージュ、記号、言語の関係について」『思想』通号1077、2014年1月号所収.
寺田光徳「ドゥルーズの奇妙なゲーム」『文経論叢. 人文学科篇』通号5所収、弘前大学人文学部、1985.
田路貴浩「〈体験されている空間〉の諸相――ボルノウとの比較によるドゥルーズ＋ガタリ『1837年――リトゥルネルについて』の読解」『日本建築学会計画系論文集』通号537所収、2000.
仲正昌樹「ドゥルーズ＝ガタリと『資本主義』の運動」『情況』2001年12月号所収.
――「ドゥルーズのヒューム論の思想史的意味」『情況』2003年7月号所収.
長原豊「シネマ的価値形態論――素描」『現代思想』vol. 36-15所収、2008年12月.
長原豊、松本潤一郎「ドゥルーズ／ガタリにとって『資本』とは何か」『情況』2003年12月号所収.
夏目房之介、足立典子、佐藤守弘ほか「マルティン・トム・ディーク／イェンス・バルツァー作『ハロー、ドゥルーズ！』を読む」『東北ドイツ文学研究』通号48所収、東北ドイツ文学会、2004.
西川耕平「ドゥルーズにおける欺瞞の告発としての哲学」『哲学』第133集、三田哲學會、2014年3月.
丹生谷貴志「死者の汚辱――ドゥルーズ／ゴダール／フーコー」『現代思想』1995年10月号所収.
――「称讚し愛するもののために」『ユリイカ』1996年10月号所収.
――「『テリトリー』設営、あるいは『家』を建てること…」『建築文化』1996年12月号所収、彰国社.
野村俊一、田路貴浩「住む空間の諸相（2）――ドゥルーズ＋ガタリとボルノウの空間論」『学術講演梗概集. F-2、建築歴史・意匠』、1999、社団法人日本建築学会.
橋本由美子「ライプニッツの表現と所有――ドゥルーズ『襞』に定位して」『桐朋学園大学研究紀要』vol. 37、2011.
――「固体と不共可能な世界――ドゥルーズ『襞』から」『紀要. 哲学科』第53号、2011.

――「ピラミッドの頂点――ドゥルーズに照らしたライプニッツの世界と最善についての一考察」『理想』通号691所収、2013.
――「「セクストゥス」という形象」『人文研紀要』vol. 77、中央大学人文科学研究所、2013.
――「ライプニッツ『アルノーとの往復書簡』――『襞』と関連づけながら」『紀要. 哲学科』第55号、中央大学文学部、2013.
蓮實重彦「ジル・ドゥルーズと『恩寵』――あたかも、ギリシャ人のように」、『批評空間』1996年6月号所収；再録『表象の奈落』青土社、2006.
浜田邦裕「サイバー・アーキテクチャーをドゥルーズ風に考えるとどうなるか」『建築文化』1996年12月号所収、彰国社.
原一樹「ドゥルーズの『概念創造としての哲学』という着想について」『東京大学大学院人文社会系研究科・文学部哲学研究室論集』通号20所収、2001.
――「ドゥルーズ哲学と〈生〉の概念」『東京大学大学院人文社会系研究科・文学部哲学研究室論集』通号21所収、2002.
――「『社会』概念を巡る二つの基本問題とドゥルーズ＝ガタリ社会理論」『東京大学大学院人文社会系研究科・文学部哲学研究室論集』通号22所収、2003.
――「ドゥルーズによるベルクソンの哲学構想の継承と更新について」『哲学雑誌』通号791所収、有斐閣、2004.
原章二「差異と類似――ドゥルーズのベルクソン解釈をめぐって」『教養諸学研究』vol. 126、2009.
原田葉子「ドゥルーズにおける感覚と生成」『カリスタ』通号6所収、東京芸術大学美術学部美学研究室、1999.
半田広宣『21世紀はドゥルーズの世紀になるか』『武蔵野短期大学研究紀要』vol. 26、2012.
――「持続から襞へ――ドゥルーズの空間論の行方」『武蔵野短期大学研究紀要』vol. 27、2013.
――「「機械」のあとのドゥルーズ――超越論的唯物論へ」『武蔵野短期大学研究紀要』vol. 28、2014.
檜垣立哉「ベルクソンとドゥルーズ――生の哲学の帰趨」『フランス哲学・思想研究』通号6所収、2001.
――「『差異』の差異――デリダとドゥルーズ」『現象学年報』通号18所収、2002.
――「『差異』の差異――ドゥルーズとデリダ」『大阪大学大学院人間科学研究科紀要』通号28所収、2002.

――「『意味の論理学』における静的発生と動的発生について（1）」『年報人間科学』通号26所収、大阪大学大学院人間科学研究科社会学・人間学・人類学研究室、2005．
――「〈生の哲学〉における身体・空間論の展開」『年報人間科学』通号27、大阪大学大学院人間科学研究科社会学・人間学・人類学研究室、2006．
――「浮遊する個体――ドゥルーズ『差異と反復』第五章読解」『現代思想』vol. 37-5所収、2009年4月．
――「ドゥルーズにおけるヒューム――経験の超出と想像力＝構想力の役割」『思想』通号1052所収、2011年12月．
――「ドゥルーズにおけるヒューム〈増補版〉」『アルケー　関西哲学会年報』vol. 20、2012．
――「単独的なものの様相――偶然性・一回性・反復性」『哲学』vol. 63、2012．
――「バロックの哲学（第2章）　ジル・ドゥルーズにおけるバロック」『思想』通号1077、2014年1月号所収．
――「書評　ドゥルーズにおけるヒューム主義について――千葉雅也『動きすぎてはいけない』」『思想』通号1079、2014年3月号所収．
平井靖史「概念創造としての出逢い――ドゥルーズと生の哲学」『理想』通号664、2000年1月号所収、理想社．
平倉圭「書評　識別不可能性の〈大地〉――ジル・ドゥルーズ『シネマ2＊時間イメージ』」『思想』通号999、2007年7月号所収、岩波書店．
――「接続詞内部のランドスケープ――ドゥルーズ以降のゴダール」『カリスタ　美学・藝術論研究』vol. 19、2012．
廣瀬浩司「個体化の作用からアナーキーな超越論的原理へ――シモンドンとドゥルーズ」『情況』2003年4月号所収．
――「思想・社会・技術――デリダ、ドゥルーズ、そしてメルロ＝ポンティ」『現象学と二十一世紀の知』所収、長滝祥司編、ナカニシヤ出版、2004．
廣瀬純「ジル・ドゥルーズの映画理論について――思考すること、映画-芸術、映画理論-哲学」『映画学』通号11所収、映画学研究会、1997．
――「マキノ雅弘から金融危機へ――あるいは、二〇〇八年一〇月に『運動イメージ』を読むということ」『現代思想』vol. 36-15所収、2008年12月．
――「文化・思想時評　ドゥルーズの言っていることを真に受けるとはいかなることか：HAPAXによる『絶望論』批判への応答」『情況』第四期第二巻第六号所収、2013年11月．
藤田尚志「ドゥルーズか、ベルクソンか――何を生気論として認めるか」『思

想』通号1028所収、2009年12月.
藤本一勇「存在のアナーキズムと肯定の思考」『情況』第三期第四巻第三号、2003年4月号所収.
舩橋淳「Cinemascape(5) 覚えてしまう映像──ドゥルーズの『任意の空間』について」『Ten plus one』vol.30所収、INAX出版、2003.
古永真一「精神分析と現代思想（1）ライヒからドゥルーズ＝ガタリへ」『Phases』第5号所収、首都大学東京大学院人文科学研究科表象文化論分野、2014.
保坂和志「『リトルネロについて』に接ぎ木する」『早稲田文学』1995年2月号所収.
堀千晶「ドゥルーズと形式──ある布置編成の記録」、『早稲田大学大学院文学研究科紀要』第53輯第2分冊、2007.
──「カルパチアの誘惑──ドゥルーズによるヴェルヌ読解考」『水声通信』vol. 4-6所収、2008年11月.
──「ドゥルーズ『経験論と主体性』における「想像力」と「軽薄さ」の問題」『フランス語フランス文学研究』vol. 96、2010.
──「シーニュの眼──ドゥルーズにおける事物、記号、機械」『早稲田現代文芸研究』vol. 5、2015.
前田茂「ドゥルーズ『シネマ』紹介」『FB』通号6、1995年12月号所収、行路社.
──「ドゥルーズ『シネマ』にみるイメージの分類学」『映像学』通号56、1996年5月号所収、日本映像学会.
──「ジル・ドゥルーズにおける芸術の位置づけ──『フランシス・ベーコン 感覚の論理』の読解より」『フィロカリア』通号14所収、大阪大学、1997.
──「二つのイマージュ──ドゥルーズ『シネマ』にみるベルクソン解釈の展開」『芸術研究』通号11所収、広島芸術学研究会年報編集委員会、1998.
──「映画における存在者としての身体──ドゥルーズ『シネマ』をてがかりに」『美學』vol. 52-2所収、2001、美学会.
──「ドゥルーズと美学」『大阪大學文學部紀要』通号39、1999.
──「ドゥルーズ『シネマ』におけるショットの存在論から」『美學』vol. 50-3所収、美学会、1999.
──「レヴュー ドゥルーズ『シネマ』の英米圏における受容（1）哲学的理解から映画論の再考に向けて スティーヴン・シャヴィロ『The Cinematic Body』D.N.ロドウィック『Gilles Deleuze's Time Machine』」『映像学』通号70所収、日本映像学会、2003.

——「レヴュー ドゥルーズ『シネマ』の英米圏における受容（2）新たな映画論の基礎付けに向けて バーバラ・M・ケネディ『Deleuze and Cinema』グレゴリー・フラックスマン編『The Brain Is the Screen』」『映像学』通号71所収、2003.
前田保「事の論理・意味の論理――廣松哲学とG．ドゥルーズの哲学」1-2、『東洋大学紀要　教養課程篇』通号27-28所収、1988-1989.
前田英樹「悟性と感性の『性質の差異』について」『批評空間』1996年4月号所収.
増田靖彦「哲学におけるカントの契機」『情況』2003年4月号所収.
——「イメージのリアリティ」『現代思想』vol. 36-15所収、2008年12月.
——「ドゥルーズとガタリの思想の同一性と差異：プルースト『失われた時を求めて』の解釈をめぐって（前）」『龍谷紀要』vol. 35(2)、2014.
松浦寿輝「宇宙へ向かうリトルネロ（デュアル・クリティック）」『早稲田文学』1995年2月号所収.
松谷容作「ジル・ドゥルーズ『シネマ』と映画研究史――『シネマ』が映画研究にあたえるものについての研究ノート」『美学芸術学論集』通号3、神戸大学文学部芸術学研究室、2007.
松本浩治「『起源』と『発生』の問題を巡って――ドゥルーズとデリダに見られる方法論的類似について」『哲学年誌』通号28所収、法政大学大学院人文科学研究科哲学専攻、1996.
松本潤一郎「マルクス・リローデッドまたは肯定と逃走――ドゥルーズ／ガタリの偶発性唯物論素描」『情況』第三期第四巻第十一号所収、2003年12月.
——「無意識と政治――ドゥルーズ・ジジェク・バディウ」『Vol』vol. 1所収、2006.
——「サブ（プ）ライム！　サブ（プ）ライム！――諸ジャンルのアレゴリー」『現代思想』vol. 36-15所収、2008年12月.
松本靖彦「フロイトとドゥルーズ経由のディケンズ――『互いの友』にみる統御、動揺、具現」『東京理科大学紀要　教養篇』vol. 42、2009.
丸川哲史、國分功一郎、白井聡「『交差的評伝』から"交差する思想"へ」『情況』2010年1月号所収.
三ツ野陽介「ドゥルーズ哲学における自由」『現象学年報』vol. 24、2008.
宮内広利「自意識の場所を探して――ドゥルーズと働くこと」『流砂』vol. 3、2010.
宮川淳「ふたたびG・ドゥルーズの余白に――荒川修作によせて」『みづゑ』通号842、1975年5月号所収、美術出版社.

三脇康生「日本の精神保健福祉と制度論の関係性について――ガタリとドゥルーズ＝ガタリのために」『情況』2001年12月号.
――「日本の現代美術批評とアンチ・オイディプス」『批評誌クアトロガトス』vol. 2、2007年4月号所収.
村瀬鋼「出来事と言語についての覚書――ドゥルーズに沿って」『福岡大学人文論叢』1997年6月号所収.
森正司「永遠回帰による差異の肯定について――ドゥルーズのニーチェ解釈にもとづいて」『メタフュシカ』通号33所収、大阪大学大学院文学研究科哲学講座、2002.
森元斎、堀尾真理「ジル・ドゥルーズと土方巽における超越論的経験論に関する一考察」『京都造形芸術大学紀要』vol. 14、2009.
森田裕之「欲望する諸機械の中で生きる子ども――ドゥルーズ＝ガタリ『アンチ・オイディプス』を手がかりとして」『京都大学大学院教育学研究科紀要』通号46所収、2000.
――「原始社会における教育――ドゥルーズ＝ガタリ『アンチ・オイディプス』に基づいて」『京都大学大学院教育学研究科紀要』通号47所収、2001.
――「ドゥルーズ＝ガタリの理論にもとづく子ども理論の試み」『フランス教育学会紀要』通号14所収、2002.
――「遊びとは何か――ドゥルーズとガタリの理論にもとづいて」『日仏教育学会年報』通号31所収、2002.
――「ドゥルーズ＝ガタリの思想にもとづく制度」『フランス教育学会紀要』通号16所収、2004.
――「ドゥルーズは思想的にどこに位置づけられるのか」『名古屋芸術大学研究紀要』vol. 30、2009.
――「ドゥルーズ＝ガタリのシステム論の教育学的再構築のための総括とプログラム」『名古屋芸術大学研究紀要』vol. 33、2012.
――「生成変化を思考することの教育学的意味――ドゥルーズ＝ガタリの生成変化のシステム論にもとづいて」『名古屋芸術大学研究紀要』vol. 35、2014.
森村修「表層の現象学――シモンドンとドゥルーズにおける「個体発生＝存在生成」の哲学」『思索』vol. 38、2005.
――「G・ドゥルーズの「多様体の哲学」（1）――「多様体の哲学」の異端的系譜（3）」『異文化』vol. 12、法政大学国際文化学部、2011.
――「「種の論理」におけるメタフィジックス――ドゥルーズ哲学から見た田辺の実践哲学」『比較思想研究』vol. 39、2012.
箭内匡「21世紀を見つめるドゥルーズの思想」『月刊論座』1997年6月号

所収、朝日新聞社.
──「映像について何を語るか──G．ドゥルーズ『シネマ』をめぐる考察」『アゴラ』vol. 1、2003、天理大学地域文化研究センター.
山内志朗、安藤礼二「『存在の一義性』をめぐって──ドゥルーズからイスラームへ（1）」『情況』2004年10月号所収.
山県熙「ドゥルーズの映画論」『映像学』通号40、1990年3月号所収、日本映像学会.
山口和彦「現代アメリカ小説におけるカフカ的モード研究のための予備的考察──ドゥルーズ＆ガタリの『変身』考をめぐって」『英學論考』vol. 37、2008.
山城雅江「バートルビーのパラドクス：メルヴィルの短編「書記官バートルビー」に対する批評と新しい批評的前提」『埼玉県立大学紀要』vol. 13、2011.
山本練「ジル・ドゥルーズによる文学」『共栄学園短期大学研究紀要』通号6所収、1990.
山森裕毅「ドゥルーズの動的発生論における出来事と身体──「もの」から「こと」への移行について」『年報人間科学』vol. 29、2008.
──「どうすれば再び思考し始めることができるのか──ドゥルーズの「思考の実在的経験の条件」について」『フランス哲学・思想研究』vol. 13、2008.
──「ドゥルーズ『差異と反復』におけるコギト論」『年報人間科学』vol. 31、2010.
──「強度と制度──『アンチ・オイディプス』における罪責性の歴史」『流砂』vol. 7、2014.
──「過程の語彙で語ること──『アンチ・オイディプス』のスギゾ分析について」『現代思想』vol. 42-1所収、2014年1月.
湯山光俊「二重の論理学、溢れ出る生──ジル・ドゥルーズについて」『ポリロゴス』vol. 1、2000年3月号所収、冬弓舎.
吉澤保「ドゥルーズにおける個体化──ホワイトヘッドとの関連で」『仏語仏文学研究』vol. 37、2008.
──「ドゥルーズにおける個体化──『差異と反復』から『意味の論理学』へ」『仏語仏文学研究』vol. 38、2009.
──「ドゥルーズにおける出来事──ホワイトヘッドとともに」『津田塾大学紀要』vol. 43、2011.
──「ドゥルーズの個体化──ライプニッツを中心に」『仏語仏文学研究』vol. 45、2012.
芳村優希「ドゥルーズのスピノザ主義的な物質主義」『神戸市外国語大学

研究科論集』vol. 14、2011.
米村健司「『二重の襞』としての四肢的構造論——自己差異化の円環」『情況』2003年7月号所収.
——「共軛性と閾——ジル・ドゥルーズの哲学と廣松渉の哲学」『社会理論研究』2005年11月号所収.
四方田犬彦「思考の不能と映像体験——アルトーが映画を信じていたころ」『ユリイカ』1996年10月号所収.
渡辺洋平「プラトニスムの転倒再考——ドゥルーズと内在性の思想」『人間・環境学』vol. 20、2011.
——「無意志的記憶から機械圏へ——ドゥルーズにおけるプルースト」『美學』vol. 63-2所収、2012.

　　　＊

エリック・アリエズ「ドゥルーズにおけるベルクソニスムについて」大原理志訳、『批評空間』1997年10月号所収.
——「仮想画像（ヴァーチュアル・イメージ）の現実的（リアル）な現象学のために」松葉祥一、西川浩樹訳、『批評空間』1998年7月号所収.
パオロ・ヴィルノ「超個体性、技術的活動、物象化——ジルベール・シモンドンを読む」廣瀬純訳、『情況』2004年12月号所収.
ベルナール・シシェール「バディウがドゥルーズを読む」守中高明訳、『批評空間』1998年7月号所収.
フランソワ・ズーラビクヴィリ「ドゥルーズと可能的なもの——政治における非主意主義について」大山載吉訳、『Vol』vol. 1所収、以文社、2006.
エリー・デューリング「アンリ・ベルクソンからジル・ドゥルーズへの三つの手紙」小林卓也訳、『現代思想』vol. 36-15所収、2008年12月.
マヌエル・デランダ「ドゥルーズ、ダイアグラム、形態の起源」杉田敦訳、『批評空間』1999年7月号所収.
——「ドゥルーズの存在論——ひとつのスケッチ」近藤和敬、小倉拓也訳、『現代思想』vol. 36-15所収、2008年12月.
——「ドゥルーズ、数学、実在論的存在論」近藤和敬訳、『現代思想』vol. 42-1、2014年1月号所収.
ジャック・デリダ「ドゥルーズにおける人間の超越論的「愚かさ」と動物への生成変化」西山雄二、千葉雅也訳、『現代思想』vol. 37-8所収、2009年7月.
エティエンヌ・バリバール「構造主義——主体の罷免？」福井和美訳、『環』vol. 13, 2003年春号所収.

ジャン=リュック・ナンシー「思考のドゥルーズ的襞」安川慶治訳、『批評空間』1998年7月号所収.

――「パラレルな差異――ドゥルーズ&デリダ」大池惣太郎、柿並良祐訳、『現代思想』vol. 43-2所収、2015年2月臨時増刊号.

アラン・バディウ「〈存在〉の名としての〈生〉について」守中高明訳、『批評空間』1999年1月号所収.

――「前線に立つドゥルーズ」堀潤之訳、『批評空間』2002年7月号所収.

ミシェル・フーコー「劇場としての哲学」蓮實重彦訳、『ミシェル・フーコー思考集成Ⅲ』所収、蓮實重彦、渡辺守章監修、筑摩書房、1999.

――「ドゥルーズ=ガタリ『アンチ・オイディプス』への序文」松浦寿輝訳、『ミシェル・フーコー思考集成Ⅵ』所収、蓮實重彦、渡辺守章監修、筑摩書房、2000.

メアリー・ブライデン「ベケット/ドゥルーズ/ガタリ」田尻芳樹訳、『ユリイカ』1996年2月号所収.

ティモシー・マレー「読み方次第であなたが決まる:シェイクスピア、グリーナウェイ、ドゥルーズにおけるバロックの無秩序的逸脱」『思想』通号914所収、岩波書店、2000.

クァンタン・メイヤスー「減算と縮約――ドゥルーズ、内在、『物質と記憶』」岡嶋隆佑訳、『現代思想』vol. 41-1、2013年1月号所収.

ピエール・モンテベロ「いかに自然を思考するか?――ドゥルーズの自然哲学」鈴木泉訳、『死生学研究』vol. 9、2008.

――「ドゥルーズ、反-現象学」小倉拓也訳、『年報人間科学』vol. 32、2011.

ダヴィッド・ラプジャード「インタヴュー ルーザーたちの映画――ドゥルーズ、アメリカ映画、そして革命」『現代思想』vol 30-10、2002年8月号所収.

ジャック・ランシエール「あるイメージから別のイメージへ? ドゥルーズと映画の諸時代」三輪誠一郎訳、『Vol』vol. 2所収、以文社、2007.

――「ドゥルーズは美学の運命を成就した」(聞き手ダヴィド・ラブワン)松葉祥一訳、『批評空間』2002年7月号所収.

ジャン=ジャック・ルセルクル「統辞法の強度――内包的線」大山載吉訳、『現代思想』vol. 36-15所収、2008年12月.

ピエール・ロドリゴ「現れと装飾――メルロ=ポンティとドゥルーズにおける身体性と動物性」服部李江子訳、『年報人間科学』vol. 32、2011年.

4. フランス語文献

ドゥルーズ特集の論文集・雑誌

ALLIEZ, Éric (dir.). *Gilles Deleuze : une vie philosophique*, Le Plessis-Robinson : Synthélabo, 1998.

Annales bergsoniennes II : Bergson, Deleuze, la phénoménologie, Paris : P.U.F., 2004.

ANTONIOLI, Manola, ASTIER, Frédéric, FRESSARD, Olivier (dir.). *Gilles Deleuze et Félix Guattari : une rencontre dans l'après Mai 68*, Paris : L'Harmattan, 2009.

ANTONIOLI, Manola, CHARDEL, Pierre-Antoine, REGNAULD, Hervé (éd.). *Gilles Deleuze, Félix Guattari et le politique*, Paris : Éd. du Sandre, 2006.

BATT, Noëlle (dir.). *Penser par le diagramme : de Gilles Deleuze à Gilles Châtelet*, Théorie, littérature, enseignement, N° 22, Saint-Denis : PUV, 2004.

BEAULIEU, Alain (éd.). *Gilles Deleuze, héritage philosophique*, Paris : P.U.F., 2005.

BERNOLD, André, PINHAS, Richard (éd.). *Deleuze épars*, Paris : Hermann, 2005.

Bêt(is)es. Entre Derrida, Deleuze-Guattari et Sloterdijk, Chimères, N°81, 2013.

Cahiers critiques de philosophie, N°1. Autour de Gilles Deleuze, mai 2005.

Cahiers critiques de philosophie, N°2. Multiplicités deleuziennes, avril 2006.

CARBONE, Maur, BROGGI, Paride, Laura Turarbek (éd.). *La géophilosophie de Gilles Deleuze : entre esthétiques et politiques*, Paris : Mimesis, 2012.

Ce que l'art fait à la philosophie : le cas Deleuze, Revue d'esthétique, N°45, préface d'Anne Cauquelin, Paris : Jean-Michel Place, 2004.

CHASSEGUET-SMIRGEL, J. (éd.). *Les chemins de l'Anti-Œdipe,* Toulouse: Privat, 1974.

CHERNIAVSKY, Axel, JAQUET, Chantal (dir.). *L'Art du portrait conceptuel : Deleuze et l'histoire de la philosophie,* Paris : Classiques Garnier, 2013.

Deleuze, Revue internationale de philosophie, N°241, 2007.

Deleuze-Chantier, Saint-Denis : Presses universitaires de Vincennes, 2001.
Deleuze/Guattari, Actuel Marx, N°52, Paris : P.U.F., 2012.
Esprit, N° 40, décembre 1972.
DOSSE, François, FRONDON, Jean-Michel (dir.). *Gilles Deleuze et les images*, Paris : Cahiers du Cinéma et I.N.A., 2008.
Europe, N°996, avril 2012.
FAHLE, Oliver, ENGELL, Lorenz (dir.). *Der Film bei Deleuze. Le cinéma selon Deleuze*, Paris : Presses de la Sorbonne-Nouvelle, 1997.
Formes et forces - topologies de l'individuation, Deleuze, Simondon, La Part de l'oeil, N°27/28, Bruxelles : La Part de l'Œil, 2013.
Futur antérieur, N°43, avril 1998.
GELAS, Bruno, MICOLET, Hervé (éd.). *Deleuze et les écrivains : litterature et philosophie*, Nantes : Editions Cécile Defaut, 2007.
Gilles Deleuze, L'Arc, N°49, mai 1972; réed. 1980 ; réed. Paris : Inculte, 2005.
Gilles Deleuze : immanence et vie, Rue Descartes, N°20, Paris : P.U.F., 1998.
Gilles Deleuze : l'intempestif, Rue Descartes, N°59, Paris : P.U.F., 2008.
Gilles Deleuze et Félix Guattari : territoires et devenir, Le Portique : philosophie et sciences humaines, N°20, Strasbourg : Editions du Portique, 2007.
Gilles Deleuze politique, Cités, N°40, Paris : PUF, 2009.
GIROUX, Dalie, LEMIEUX René, CHÉNIER, Pierre-Luc (dir.). *Contr' hommage pour Gilles Deleuze : nouvelles lectures, nouvelles écritures*, Quebec : Presses de l'Université Laval, 2009.
Groupe de la Riponne. *Gilles Deleuze, peut-être*, Paris : Van Dieren, 2012.
Hegel-Deleuze, Philosophique 2012, Besançon : Presses Universitaires de Franche-Comté, 2012.
JDEY, Adnen (dir.). *Les styles de Deleuze : esthétique et philosophie*, Bruxelles : Impressions nouvelles, 2011.
——. *Gilles Deleuze, la logique du sensible : esthetique & clinique,* Grenoble : De l'incidence éditeur, 2013.
LECLERCQ, Stéfan (dir.). *Gilles Deleuze*, Concepts, hors série, Mons : Sils Maria, 2002

——. *Gilles Deleuze 2*, Concepts, hors série, Mons : Sils Maria, 2003.
——. *Gilles Deleuze-Michel Foucault, continuité et disparité*, Concepts, N°8, Mons : Sils Maria, 2004.
——. *Aux sources de la pensée de Gilles Deleuze*, Mons : Sils Maria, 2005.
LENAIN, Thierry (coordination scientifique). *L'Image : Deleuze, Foucault, Lyotard*, Paris : J. Vrin, 1997.
Lendemains, N°53, 1989.
Magazine littéraire, N°257, septembre 1988.
Magazine littéraire, N°406, février 2002.
Masoch / Deleuze, Multitudes, N° 25, 2006.
Philosophie, Minuit, N° 47, 1995.
SASSO, Robert, VILLANI, Arnaud (dir.). *Le vocabulaire de Gilles Deleuze*, Les Cahiers de Noesis, N°3, Nice : Centre de recherches d'histoire des idées, 2003.
SERRANO, Jacques (dir.). *Après Deleuze : philosophie et esthétique du cinéma*, Paris : Dis voir, 1997.
TIMMERMANS, Benoît (coordination scientifique). *Perspective : Leibniz, Whitehead, Deleuze*, Paris : J. Vrin, 2006.
VERSTRAETEN, Pierre, STENGERS, Isabelle (coordination scientifique). *Gilles Deleuze*, Paris : J. Vrin, 1998.

ドゥルーズ、そしてドゥルーズとガタリをめぐる著作・論文
ALAMI, Ahmed. « Deleuze et Avicenne », in *Chimères*, N°31, 1997.
ALLIEZ, Éric. « Ontologie et logographie : le pharmacie, Platon et le simulacre », in *Nos grecs et leurs modernes*, B. Cassin (dir.), Paris : Seuil, 1992.
——. *La signature du monde, ou, Qu'est-ce que la philosophie de Deleuze et Guattari?*, Paris : Éditions du Cerf, 1993.
——. *Deleuze : philosophie virtuelle*, Le Plessis-Robinson : Synthélabo, 1996.
——. « Badiou/Deleuze », in *Futur antérieur,* N°43, 1998.
——. « *L'anti-Œdipe* : trente ans et quelques après », in *Radical philosophy*, N°124, mars-avril 2004.
——. « Deleuze avec Masoch », in *Multitudes*, N°25, 2006.
ANTONIOLI, Manola. *Deleuze et l'histoire de la philosophie : ou, de*

la philosophie comme science-fiction, Paris : Kimé, 1999.

——. *Géophilosophie de Deleuze et Guattari*, Paris : L'Harmattan, 2004.

——. « Gilles Deleuze et Félix Guattari : pour une géophilosophie », in *Le territoire des philosophes*, Paris : La Découverte, 2009.

BADIOU, Alain. « Le Flux et le parti (dans les marges de *L'anti-Œdipe*) », in *Théorie et politique*, N°6, mars 1976. Repris in *Cahiers Yanan*, N°4, 1977.

——. *Deleuze : la clameur de l'être*, Hachette, 1997.

——. *Logiques des mondes : l'être et l'événement 2*, Seuil, 2006.

——. « Existe-t-il quelque chose comme une politique deleuzienne ? », in *Cités*, N°40, Paris : PUF, 2009.

BARTHÉLÉMY, Jean-Hugues. « Penser après Simondon et par-delà Deleuze », in *Cahiers Simondon*, N°2, 2010.

BEAULIEU, Alain. *Gilles Deleuze et la phénoménologie*, Mons : Sils Maria, 2005.

——. *Gilles Deleuze et ses contemporains*, Paris : L'Harmattan, 2011.

BELHAJ KACEM, Mehdi. *Événement et répétition*, préface d'Alain Badiou, Auch : Tristram, 2004.

——. *Être et sexuation*, Paris : Stock, 2013.

BÉNATOUIL, Thomas. « Deleuze : Spinoza pratique », in *Magazine littéraire*, N°370, novembre 1998.

——. « Deux usages du stoïcisme : Deleuze et Foucault », in *Foucault et la philosophie antique*, sous la direction de Frédéric Gros et Carlos Lévy, Paris : Éd. Kimé, 2003.

BENMAKHLOUF, Ali. « Deleuze : désir limité ou désir contredit ? », in *Critique*, N°720, 2007.

BENNETT, Jane. « Matérialismes métalliques », in *Gilles Deleuze : l'intempestif*, Rue Descartes, N°59, Paris : P.U.F., 2008.

BERGEN, Véronique. *L'Ontologie de Gilles Deleuze*, Paris : L'Harmattan, 2001.

——. « Visages de l'esthétique chez Jacques Rancière et Gilles Deleuze », in Jérôme Game, Aliocha Wald Lasowski (dir.), *Jacques Rancière : Politique de l'esthétique*, Paris : Éditions des Archives Contemporaines, 2009.

BERNOLD, André. *Introduction à l'oeuvre de Gilles Deleuze*, Paris : Hermann, 2007.

BIDENT, Christophe. *Reconnaissances : Antelme, Blanchot, Deleuze*, Paris : Calmann-Lévy, 2003.

BOUDINET, Gilles. *Deleuze et l'anti-pédagogue : vers une esthétique de l'éducation*, Paris : L'Harmattan, 2012.

CARDINAL, Serge. *Deleuze au cinéma : Une introduction à l'empirisme supérieur de l'image-temps*, Quebec : Presses de l'Université Laval, 2010.

CARON, Didier. « Le Cinéma expérimental : une ignorance entretenue », in *Critique*, N°469/470, juin-juillet 1986.

CASTRO, Eduardo Viveiros de. *Métaphysiques cannibales : Lignes d'anthropologie post-structurale*, trad. Oiara Bonilla, Paris : PUF, 2010.

CHARBONNIER, Sebastien. *Deleuze pédagogue : la fonction transcendantale de l'apprentissage et du problème*, Paris : Harmattan, 2009.

CHARTIER, Jean-Paul. « La Rencontre Lacan-Dleuze ou une soirée de Lacan à Lyon à l'automne 1967 », in *Le Croquant*, N°24, automne-hiver 1998-1999.

CHERNIAVSKY, Axel. *Concept et méthode : la conception de la philosophie de Gilles Deleuze*, Paris : Publications de la Sorbonne, 2012.

——. « Les sources bergsonienne et kantienne de la théorie du concept de Gilles Deleuze », in *Revue philosophique de la France et de l'étranger*, N°137, 2012.

CHOPLIN, Hugues, SOULIER, Eddie. « Le mi-lieu de l'événement innovant – À partir de Levinas et Deleuze », in *Revue de métaphysique et de morale*, N°83, 2014.

COLOMBAT, André. *Deleuze et la littérature*, New York : P. Lang, 1990.

COLSON, Daniel. *Petit lexique philosophique de l'anarchisme : de Proudhon à Deleuze*, Librairie Générale Française, 2001.

CONNOLLY, William E. « Gilles Deleuze : le philosophe comme voyant », in *Gilles Deleuze : l'intempestif,* Rue Descartes, N° 59, Paris : P.U.F., 2008.

COTTET, Serge. « Les Machines psychanalytiques de Gilles Deleuze », in *La Cause freudienne, revue de psychanalyse*, N°32, février 1996.

CRESSOLE, Michel. *Deleuze*, Paris : Éd. Universitaires, 1973.

CULL, Laura. « Schizo-théâtre : Guattari, Deleuze, performance et « folie » », Traduit de l'anglais par Flore Garcin-Marrou, in *Chimères*, N°80, 2013.

DAVID-MÉNARD, Monique. « Agencements deleuziens, dispositifs foualdiens », in *Gilles Deleuze : l'intempestif*, Rue Descartes, N° 59, Paris : P.U.F., 2008.

DE MARTELAERE, Patricia. « Gilles Deleuze, interprète de Hume », in *Revue philosophique de Louvain*, N°54, mai 1984.

DEL BUFALO, Erik. *Deleuze et Laruelle : de la schizo-analyse a la non-philosophie*, Paris : Kimé, 2003.

DESCAMPS, Christian. *Quarante ans de philosophie en France : la pensée singulière de Sartre à Deleuze*, Paris : Bordas, 2003.

DORISMOND, Edelyn. « Comment Deleuze et Derrida voyagent dans la pensée glissantienne de la créolisation », in *Rue Descartes*, N°78, 2013.

DOSSE, François. « Les engagements politiques de Gilles Deleuze », in *Cités*, N°40, Paris : PUF, 2009.

——. « Deleuze et Guattari et la contestation italienne dans les années 1970 », in *L'Italie des années de plomb. Le terrorisme entre histoire et mémoire*, Autrement, 2010.

DUMONCEL, Jean-Claude. « Deleuze, Platon et les poètes », in *Poétique*, N°59, septembre 1984.

——. *Le symbole d'Hécate : philosophie deleuzienne et roman proustien*, Orléans : HYX, 1996.

——. *Le pendule du docteur Deleuze : une introduction à l'Anti-Oedipe*, Paris : EPEL, 1999.

——. *Deleuze face à face*, Paris : Éditions M-éditer, 2009.

DURING, Elie. « Deleuze et après », in *Critique*, N°623, avril 1999.

——. « Politiques de l'accent : Rancière entre Deleuze et Derrida », in *Jacques Rancière : politique de l'esthétique*, Paris : Éditions des Archives Contemporaines, 2009.

DURING, Elie, DURING, Jean. « De l'espace lisse au temps troué : à propos des musiques nomades », in Pascale Criton, Jean-Marc Chouvel (dir.), *Deleuze et la musique*, Paris : CDMC, 2015.

FABRE, Michel. *Philosophie et pédagogie du problème*, Paris : Vrin, 2009.

FÉDIDA, Pierre. « Le concept et la violence (psychanalyse des perversions) », in *Critique*, N°249, février 1968.

FERREYRA, Julian. *L'ontologie du capitalisme chez Gilles Deleuze*, Paris : Harmattan, 2010.

FORTHOMME, Bernard. *Une logique de la folie : reprise de Gilles Deleuze*, Paris : Orizons, 2014.

FUKUDA, Daisuke. « Le deuil et la mélancolie dans Cinéma de Deleuze : analyse de Profession reporter d'Antonioni », in *Savoirs et clinique*, N°12, 2010.

——. « La fragile surface du verre pénultième: Deleuze et lalcoolisme », in *Savoirs et clinique*, N°13, 2011.

FURTOS, Jean, ROUSSILLON, René. «*"L'Anti- Œdipe"*, essai d'explication », in *Esprit*, N°418, novembre 1972.

GARO, Isabelle. *Foucault Deleuze Althusser & Marx : la politique dans la philosophie*, Paris : Demopolis, 2011.

GARO, Isabelle, SAUVAGNARGUES, Anne. « Deleuze, Guattari et Marx », in *Actuel Marx*, N°52, 2012.

GABARRON-GARCIA, Florent. « « L'anti-oedipe », un enfant fait par Deleuze-Guattari dans le dos de Lacan, père du « Sinthome » », in *Chimères*, N°72, 2010.

——. « Pensée magique et inconscient réel : jouissance et politique dans la psychanalyse chez Lacan et chez Deleuze/Guattari », in *Cliniques méditerranéennes*, N°85, 2012.

——. « Psychanalyse du Cuirassé Potemkine : désir et révolution, de Reich à Deleuze et Guattari », in *Actuel Marx*, N°52, 2012.

GASTALDI, Juan Luis. « La politique avant l'être. Deleuze, ontologie et politique », in *Cités*, N°40, Paris : PUF, 2009.

GIL, Marie. « Péguy et Deleuze, ou Péguy en mai 68 », in *Revue d'histoire littéraire de la France*, vol. 110, 2010.

GIOVANNANGELI, Daniel. « Le Philosophe et le cinéma. Remarques sur Deleuze et la phénoménologie », in *Art&fact, Mélanges Philippe Minguet*, N°18, 1999.

GIRARD, René. « Système du délire », in *Critique*, N°306, novembre 1972.

GLUCKSMANN, André. « Préméditations nietzschéennes », in *Critique*, N°18, février 1965.

GODDARD, Jean-Christophe. *Violence et subjectivité : Derrida, Deleuze, Maldiney*, Paris : Vrin, 2008.

——. « Deleuze et le cinéma politique de Glauber Rocha. Violence révolutionnaire et violence nomade », in *Cités*, N°40, Paris : PUF, 2009.

GREISCH, Jean. « Les Métamorphoses de la narrativité : le récit de fiction selon Paul Ricœur et le cinéma selon Gilles Deleuze », in *Revue des sciences philosophiques et théologiques*, N°69 et 70, 1985.

GROS, Frédéric. « Le Foucault de Deleuze : une fiction métaphysique », in *Philosophie*, N°47, septembre 1995.

GROSSMAN, Évelyne. « Logiques du l'incorporel chez Deleuze (est-on sûr d'exister ?) », in *Europe*, N° 996, avril 2012.

GROSSMAN, Évelyne, ROGOZINSKI, Jacob. « Deleuze lecteur d'Artaud – Artaud lecteur de Deleuze », in *Gilles Deleuze : l'intempestif*, Rue Descartes, N° 59, Paris : P.U.F., 2008.

GUALANDI, Alberto. *Deleuze*, Paris : Les Belles Lettres, 1998.

——. *Le problème de la vérité scientifique dans la philosophie française contemporaine*, Paris : L'Harmattan, 1998.

HAARSCHER, Guy. « Compte rendu de L'anti-Œdipe », in *Annales de l'Institut de Philosophie*, 1973.

HALPERN, Catherine. *Pensées rebelles : Foucault, Derrida, Deleuze*, Auxerre : Sciences humaines, 2013.

HÊME DE LACOTTE, Suzanne. *Deleuze : philosophie et cinéma : le passage de l'image-mouvement à l'image-temps*, Paris : L'Harmattan, 2001.

——. « Deleuze et la critique », in *Mouvements*, N°27-28, 2003.

HONMA, Kunio. « Lire Dogen aujourd'hui : essai sur le croisement des pensées de Dogen et de celles de Deleuze et Lyotard en 1972 », in *Surugadai University Studies*, N°28, 2004.

INDERMUHLE, Christian. *Cristallographie(s) : Montesquieu, Deleuze, Foucault, Valéry*, Paris : Van Dieren, 2007.

JAEGLÉ, Claude. *Portrait oratoire de Gilles Deleuze aux yeux jaunes*, Paris : P.U.F., 2005.

JANVIER, Antoine. « De la réciprocité des échanges aux dettes d'alliance : *L'Anti-Œdipe* et l'économie politique des sociétés « primitives » », in *Actuel Marx*, N°52, 2012.

JUDE, Ismaël. *Gilles Deleuze, théâtre et philosophie : la méthode de dramatization*, Mons : Sils Maria, 2013.

KERSLAKE, Christian. « Insectes et inceste : Bergson, Jung, Deleuze », in *Multitudes*, N°25, 2006.

KOENIG, Gaspard. *Leçons sur la philosophie de Gilles Deleuze : un système kantien, une politique anarcho-capitaliste*, Paris : Ellipses Marketing, 2013.

KREMER-MARIETTI, Angèle. « Différence et qualité », in *Revue de métaphysique et de morale*, N°3, juillet-septembre 1970.

KRTOLICA, Igor. « Deleuze, entre Nietzsche et Marx : l'histoire universelle, le fait moderne et le devenir-révolutionnaire », in *Actuel Marx*, N°52, 2012.

LAPORTE, Roger. « Capitalisme et schizophrénie », in *Les Cahiers du chemin*, N°16, octobre 1972.

LAPORTE, Yann. *Gilles Deleuze, l'épreuve du temps*, Paris : L'Harmattan, 2005.

LAPOUJADE, David. *Deleuze, les mouvements aberrants*, Paris : Minuit, 2014.

LARDREAU, Guy. *L'exercice différé de la philosophie : à l'occasion de Deleuze*, Lagrasse : Ed. Verdier, 1999.

LARUE, Anne. *Le surréalisme : de Duchamp à Deleuze*, Soignies : Éditions Talus d'approche, 2003.

LARUELLE, François. *Les Philosophies de la différence*, Paris : P.U.F., 1986.

——. *La Non-philosophie des contemporains*, Paris : Kimé, 1995.

LAZZARATO, Maurizio. *Expérimentations politiques*, Paris : Amsterdam, 2009.

LE BLANC, Guillaume. « Mai 68 en philosophie. Vers la vie alternative », in *Cités*, N°40, Paris : PUF, 2009.

LECERCLE, Jean-Jacques. « Machinations deleuzo-guattariennes », in *Actuel Marx*, N°52, 2012.

LECLERCQ, Stéfan. *Gilles Deleuze, immanence, univocité et transcendantal*, Mons : Sils Maria, 2001.

——. *Gilles Deleuze et les bébés et autres textes*, Mons : Sils Maria, 2014.

LECOURT, Dominique. *Les Piètres penseurs*, Paris : Flammarion, 1999.

LÈBRE, Jérôme. *Hegel à l'épreuve de la philosophie contemporaine : Deleuze, Lyotard, Derrida*, Paris : Ellipses, 2002.

LLERES, Stephane. *La philosophie transcendantale de Gilles Deleuze*,

Paris : L'Harmattan, 2011.

LOI, Emmanuel. *Une dette : Deleuze, Duras, Debord*, Paris : Seuil, 2007.

LYOTARD, Jean-François. « Capitalisme énergumène », in *Critique*, N°306, novembre 1972.

MACHEREY, Pierre. « Foucault avec Deleuze. Le retour éternel du vrai », in *Revue de synthèse*, avril-juin 1987.

——. « Deleuze dans Spinoza », in *Avec Spinoza*, P.U.F., 1992.

MADELRIEUX, Stéphane. « Le platonisme aplati de Gilles Deleuze », in *Philosophie*, N°97, 2008.

MANIGLIER, Patrice. « Deleuze, un métaphysicien dans le siècle », in *Magazine littéraire*, N°406, février 2002.

MARRATI, Paola. « L'animal qui sait fuir. G. Deleuze : politique du devenir, ontologie de l'immanence », in *L'Animal autobiographique : autour de Jacques Derrida,* Paris : Galilée, 1999.

——. *Gilles Deleuze : Cinéma et philosophie*, Paris : P.U.F., 2003 ; repris in *La philosophie de Deleuze*, par François Zourabichvili, Anne Sauvagnargues, Paola Marrati, P.U.F., 2004.

——. « La nouveauté de la vie », in *Gilles Deleuze : l'intempestif,* Rue Descartes, N° 59, Paris : P.U.F., 2008.

MARTIN, Jean-Clet. « Gilberte : le nom d'un amour », in *Chimères*, N°30, printemps 1997.

——. *Constellation de la philosophie*, Paris : Kimé, 2007.

——. « Deleuze et Derrida, ce n'est pas le même mouvement... », propos recueillis par Élias Jabre, in *Chimères*, N°81, 2013.

MAUZI, Robert. « Les complexes et les signes », in *Critique*, N°225, février 1966.

MATTÉI, Jean-François. « Question de l'être ou question de lettre », in *Cités*, N°40, Paris : PUF, 2009.

MENDELSOHN, Sophie. « J. Lacan-G. Deleuze. Itinéraire d'une rencontre sans lendemain », in *L'Évolution psychiatrique*, vol. 69, avril-juin 2004.

MENGUE, Philippe. *Gilles Deleuze ou le système du multiple*, Kimé, 1994.

——. *Deleuze et la question de la démocratie*, Paris : L'Harmattan, 2003.

——. *Utopies et devenirs deleuziens*, Paris : Harmattan, 2009.

——. *Proust-Joyce, Deleuze-Lacan : lectures croisées*, Paris : Harmattan, 2010.

——. *Faire l'idiot : la politique de Deleuze*, Meaux : Germina 2013.

MENGUE, Philippe, CAVAILLEZ, Aleksi. *Comprendre Deleuze*, Paris : Max Milo, 2012.

MICHEL, Régis. « L'anti-masoch : Essai sur les errements de la maso(miso)analyse », in *Multitudes*, N°25, 2006.

MILISAVLJEVIĆ, Vladimir. « Une violence qui se présuppose : la question de la violence de Benjamin à Deleuze et Guattari », in *Actuel Marx*, N°52, 2012.

MIRANDA, Luis de. *Une vie nouvelle est-elle possible ? : Deleuze et les lignes*, Caen : Nous 2009.

MONTEBELLO, Pierre. *Deleuze : la passion de la pensée*, Paris : J. Vrin, 2008.

——. *Deleuze, philosophie et cinéma*, Paris : J. Vrin, 2008.

MORI, Motonao, « Expérience et sujet: : La philosophie de Whitehead et de Deleuze, la différence entre elles », in *Annals of Human Sciences*, vol. 32, Osaka University, 2011.

MOZÈRE, Liane. « Devenir-femme chez Deleuze et Guattari », in *Cahiers du Genre*, N°38, 2005.

MURAISHI, Asako. « Le récit nietzschéen de trois métamorphoses envoûta les hommes soixante-huitards : les cas Gilles Deleuze et Marguerite Duras », in *Cahiers d'études françaises Université Keio*, Vol.7, 2002.

NANCY, Jean-Luc. « Les différences parallèles. (Deleuze & Derrida) », in Marc Crépon, Frédéric Worms (dir.), *Derrida, la tradition de la philosophie*, Paris : Galilée, 2008.

OTSUKA, Naoki. « Univocité de l'être et de l'art : théorie du temps selon Deleuze », in *Aesthetics*, Vol.10, 財団法人学会誌刊行センター, 2002.

OULAHBIB, Lucien-Samir. *La philosophie cannibale : la théorie du mensonge, de la mutilation, ou l'appropriation totalitaire chez Derrida, Deleuze, Foucault, Lyotard*, Paris : La Table Ronde, 2006.

PÁL PELBART, Peter. « Cartographies du dehors », in *Gilles Deleuze : l'intempestif*, Rue Descartes, N°59, Paris : P.U.F., 2008.

——. « De la pollinisation en philosophie », in *Europe*, N°996, avril

2012.

PAMART, Jean-Michel. *Deleuze et le cinéma : l'armature philosophique des livres sur le cinéma*, Paris : Kimé , 2012.

PATTON, Paul. « Deleuze, Rawls et la philosophie politique utopique », in *Cités*, N°40, Paris : PUF, 2009.

PEYROL, Georges. « Le Fascisme de la pomme de terre », in *Cahier Yénan*, N°4, 1977.

PINHAS, Richard. *Les larmes de Nietzsche : Deleuze et la musique*, Paris : Flammarion, 2001.

——. « Deleuze, le dehors entre les murs » in *Europe*, N°996, avril 2012.

POMBO NABAIS, Catarina. *Gilles Deleuze : philosophie et littérature*, préface de Jacques Rancière, Paris : L'Harmattan, 2013.

POTTE-BONNEVILLE, Mathieu. « Versions du platonisme : Deleuze, Foucault, Jullien », in *Critique*, N°766, 2011.

POTTE-BONNEVILLE, Mathieu, ZAOUI, Pierre. « Deleuze : portrait du philosophe en ami », in *Critique*, N°679, décembre 2003.

RABANT, Claude. « Sacher-Masoch ou l'échange fou », in *Critique*, N°273, novembre 1970.

RABOUIN, David. « Entre Deleuze et Foucault : penser le désir », in *Critique*, N°637/638, juin-juillet 2000.

——. « Un calcul différentiel des idées ? Note sur le rapport de Deleuze aux mathématiques », in *Europe*, N°996, avril 2012.

RAMOND, Charles. « La politique, une langue nouvelle ? », in *Cités*, N°40, Paris : PUF, 2009.

——. « Deleuze : schizophrénie, capitalisme et mondialisation », in *Cités*, N°41, 2010.

RANCIÈRE, Jacques. « Deleuze, Bartleby et la formule littéraire », in *La chair des mots*, Galilée, 1998.

——. « D'une image à l'autre? Deleuze et les âges du cinéma », in *La fable cinématographique*, Seuil, 2001.

REGNAULD, Hervé. « Les concepts de Félix Guattari et Gilles Deleuze et l'espace des géographes » , in *Chimères*, N°76, 2012.

REVEL, Judith. « Foucault lecteur de Deleuze : de l'écart à la différence », in *Critique*, N°591/592, août-septembre 1996.

RIGAL, Élisabeth. *Du strass sur un tombeau*, Toulouse : Éd. T.E.R., 1987.

RIQUIER, Camille. « Bergson (d')après Deleuze », in *Critique*, N°732, 2008.

ROGER, Alain. « Ce que je dois à Gilles Deleuze », in *Perspectives critiques, la Revue 3*, PUF, 2007.

ROSANVALLON, Jérôme, PRETESEILLE, Benoît. *Deleuze & Guattari à vitesse infinie, vol. 1*, Paris : Ollendorff & Desseins, 2009.

RUBY, Christian. *Les Archipels de la différence : Foucault, Derrida, Deleuze, Lyotard*, Paris : Éd. du Félin, 1990.

SARDINHA, Diogo. « L'émancipation, de Kant à Deleuze : devenir majeur, devenir mineur », in *Les Temps Modernes*, N°665, 2011.

SAUVAGNARGUES, Anne. *Deleuze, de l'animal à l'art*, in *La philosophie de Deleuze*, par François Zourabichvili, Anne Sauvagnargues, Paola Marrati, P.U.F., 2004.

——. *Deleuze et l'art*, Paris : P.U.F., 2005.

——. *Deleuze : l'empirisme transcendantal*, Paris : P.U.F., 2009.

——. « Simondon et la construction de l'empirisme transcendantal », in *Cahiers Simondon*, N°3, 2011.

——. « Proust selon Deleuze : Une écologie de la littérature », in *Les Temps Modernes*, N°676, 2013.

SATO, Yoshiyuki. *Pouvoir et résistance : Foucault, Deleuze, Derrida, Althusser*, préface d'Étienne Balibar, Paris : L'Harmattan, 2007.

SERGEANT, Philippe. *Deleuze, Derrida, du danger de penser*, Paris : Différence, 2009.

SHIRANI, Takashi. *Deleuze et une philosophie de l'immanence*, préface de Jacques Rancière, Paris : L'Harmattan, 2006.

SIBERTIN-BLANC, Guillaume. « Pour un naturalisme vitaliste : les devenirs et la culture », in *Méthodos*, Villeneuve-d'Ascq : Presses Universitaires du Septentrion, 2002.

——. « Les impensables de l'histoire. Pour une problématisation vitaliste, noétique et politique de l'anti-historicisme chez Gilles Deleuze », in *Le Philosophoire*, N° 19, Paris : Le lisible et l'illisible, 2003.

——. « Deleuze et les minorités : quelle « politique » ? », in *Cités*, N°40, Paris : PUF, 2009.

——. *Deleuze et l'anti-Œdipe : la production du désir*, Paris : P.U.F., 2010.

——. « D'une conjoncture l'autre : Guattari et Deleuze après-coup », in *Actuel Marx*, N°52, 2012.

———. *Politique et état chez Deleuze et Guattari : essai sur le matérialisme historico-machinique*, Paris : P.U.F., 2013.

SIMONT, Juliette. « Le stoïcisme chez Sartre et Deleuze », in *Études sartriennes*, N°6, 1995.

———. *Essai sur la quantité, la qualité, la relation chez Kant, Hegel, Deleuze : les "fleurs noires" de la logique philosophique*, Paris : L'Harmattan, 1997.

TARBY, Fabien. *Matérialismes d'aujourd'hui : de Deleuze à Badiou*, Paris : L'Harmattan, 2005.

VALDINOCI, Serge. « Vers l'autre démarche. Ruyer, Merleau-Ponty, Deleuze », in *Raymond Ruyer, de la science à la théologie*, sous la direction de Louis Vax et Jean-Jacques Wunenburger, Paris : Kimé, 1995.

VAUDAY, Patrick. « Écrit à vue : Deleuze-Bacon », in *Critique*, N°426, novembre 1982.

VEDEL, Stéphane. *Nos désirs font désordre : lire l'Anti-Œdipe*, Paris : Harmattan, 2013.

VERSTRAETEN, Pierre. « Qui parle en philosophie ? », in *L'Affect philosophe, Annales de l'Institut de Philosophie de l'Université de Bruxelles*, Paris : Vrin, 1990.

———. « Philosophies de l'événement : Badiou et quelques autres », in *Les Temps modernes*, N°529-530, août-septembre 1990.

VILLANI, Arnaud. « Deleuze et Whitehead », in *Revue de métaphysique et de morale*, avril-juin 1996.

———. *La guêpe et l'orchidée : essai sur Gilles Deleuze*, Belin, 1999.

———. *Logique de Deleuze*, Paris : Hermann, 2013.

WAHL, Jean. « Nietzsche et la philosophie », in *Revue de métaphysique et de morale*, juillet-septembre 1963.

WHITE, Kenneth. *Dialogue avec Deleuze : politique, philosophie, géopoétique*, Paris : Éd. Isolato, 2007.

WOLFE, Charles T. « Matérialisme et monstres », in *Chimères*, N°31, été 1997.

WOLFF, Francis. « Trois : Deleuze, Derrida, Foucault, historien du platonisme », in *Nos Grecs et leurs modernes*, textes réunis par Barbara Cassin, Paris : Seuil, 1992.

YOUSFI, Louisa. « Gilles Deleuze et Félix Guattari : pour la pensée

rhizomatique », in *Les Grands Dossiers des Sciences Humaines*, N°29, 2012.
ZABUNYAN, Dork. *Gilles Deleuze : voir, parler, penser au risque du cinéma*, Paris : Presses Sorbonne Nouvelle, 2006.
——. « Deleuze fait cours : une pédagogie du concept cinématographique », in *Critique*, N°715, 2006.
——. *Les cinémas de Gilles Deleuze*, Montrouge : Bayard, 2011.
ZAGANIARIS, Jean. « Pour en finir avec les filiations en histoire des idées : hommage à Gilles Deleuze », in *Mouvements*, N°42, 2005.
ZARKA, Yves Charles. « Deleuze et la philosophie », in *Cités*, N°40, Paris : PUF, 2009.
ZOURABICHVILI, François. « Deleuze et Spinoza », in *Spinoza au XXe siècle*, sous la direction d'Olivier Bloch, Paris : P.U.F., 1993.
——. *Le vocabulaire de Deleuze*, Paris : Ellipses, 2003.
——. « Kant avec Masoch », in *Multitudes*, N°25, 2006.
——. *La littéralité et autres essais sur l'art*, Paris : P.U.F., 2011.
——. « Six notes sur le percept. Sur le rapport de la critique et la clinique chez Deleuze », in *Gilles Deleuze, la logique du sensible : esthetique & clinique*, Adnen Jdey (dir.), Grenoble : De l'incidence éditeur, 2013.

5. 英語参考文献

ドゥルーズ論集

ANSELL-PEARSON, Keith (ed.). *Deleuze and philosophy : the difference engineer*, New York : Routledge, 1997.
BECKMANN, Frida (ed.). *Deleuze and sex*, Edinburgh : Edinburgh University Press, 2011.
BELL, Jeffrey A., COLEBROOK, Claire (ed.). *Deleuze and history*, Edinburgh : Edinburgh University Press, 2009.
BIGNALL, Simone, PATTON, Paul (ed.). *Deleuze and the postcolonial*, Edinburgh : Edinburgh University Press, 2010.
BLEYEN, Mieke (ed.). *Minor photography : connecting Deleuze and Guattari to photography theory*, Leuven : Leuven University Press, 2012.
BOUNDAS, Constantin V. (ed.). *The Deleuze reader*, New York :

Columbia University Press, 1993.

———. *Deleuze and philosophy*, Edinburgh : Edinburgh University Press, 2006.

———. *Gilles Deleuze : the intensive reduction*, London : Continuum, 2009.

BOWDEN, Sean, BIGNALL, Simone, PATTON, Paul (ed.). *Deleuze and pragmatism*, New York : Routledge, 2015.

BRAIDOTTI, Rosi, COLEBROOK, Claire, HANAFIN, Patrick (ed.). *Deleuze and law : forensic futures*, Basingstoke : Palgrave Macmillan, 2009.

BRAIDOTTI, Rosi, PISTERS, Patricia (ed.). *Revisiting normativity with Deleuze*, London : Bloomsbury, 2012.

BRYDEN, Mary (ed.). *Deleuze and religion*, London : Routledge, 2001.

BRYDEN, Mary, TOPPING, Margaret (ed.). *Beckett's Proust/Deleuze's Proust*, Basingstoke : Palgrave MacMillan, 2009.

BUCHANAN, Ian (ed.). *A Deleuzian century?*, Durham : Duke University Press, 1999.

BUCHANAN, Ian, COLEBROOK, Claire (ed.). *Deleuze and feminist theory,* Edinburgh : Edinburgh University Press, 2000.

BUCHANAN, Ian, COLLINS, Lorna (ed.). *Deleuze and the schizoanalysis of visual art,* London : Bloomsbury Academic, 2014.

BUCHANAN, Ian, LAMBERT, Gregg (ed.). *Deleuze and space*, Edinburgh : Edinburgh University Press, 2005.

BUCHANAN, Ian, MACCORMACK, Patricia (ed.). *Deleuze and the schizoanalysis of cinema*, London : Continuum, 2008.

BUCHANAN, Ian, MARKS, John (ed.). *Deleuze and literature*, Edinburgh : Edinburgh University Press, 2000.

BUCHANAN, Ian, PARR, Adrian (ed.). *Deleuze and the contemporary world*, Edinburgh : Edinburgh University Press, 2006.

BUCHANAN, Ian, SWIBODA, Marcel (ed.). *Deleuze and music*, Edinburgh : Edinburgh University Press, 2004.

BUCHANAN, Ian, THOBURN, Nicholas (ed.). *Deleuze and politics,* Edinburgh : Edinburgh University Press, 2008.

BURNS, Lorna, KAISER, Birgit M. (ed.). *Postcolonial literatures and Deleuze : colonial pasts, differential futures,* Basingstoke :

Palgrave Macmillan, 2012.

CALARCO, Matthew, ATTERTON, Peter (ed.). *Animal philosophy : essential readings in continental thought*, London : Continuum, 2004.

CALCAGNO, Antonio, VERNON, Jim, LOFTS, Steve G. (ed.). *Intensities and lines of flight : Deleuze/Guattari and the arts*, London : Rowman & Littlefield International, 2014.

CARLIN, Matthew, WALLIN, Jason (ed.). *Deleuze & Guattari, politics and education : for a people-yet-to-come*, London : Bloomsbury Academic, 2014.

COLEBROOK, Claire, WEINSTEIN, Jami (ed.). *Deleuze and gender*, Deleuze Studies, Vol. 2, Edinburgh : Edinburgh University Press, 2009.

COLEMAN, Rebecca, RINGROSE, Jessica (ed.). *Deleuze and research methodologies*, Edinburgh : Edinburgh University Press, 2013.

CULL, Laura (ed.). *Deleuze and performance*, Edinburgh : Edinburgh University Press, 2009.

DUFFY, Simon (ed.). *Virtual mathematics : the logic of difference*, Manchester : Clinamen press, 2006.

FABER, Roland, STEPHENSON, Andrea M. (ed.), *Secrets of becoming : negotiating Whitehead, Deleuze, and Butler,* New York : Fordham University Press, 2010.

FRICHOT, Helene, LOO, Stephen (ed.) *Deleuze and Architecture*, Edinburgh : Edinburgh University Press, 2013.

FUGLSANG, Martin, SORENSEN, Bent Meier (ed.). *Deleuze and the social*, Edinburgh : Edinburgh University Press, 2006.

GAFFNEY, Peter (ed.). *Force of the virtual : Deleuze, science, and philosophy*, Minneapolis : University of Minnesota Press, 2010.

GENOSKO, Gary (ed.). *Deleuze and Guattari*, 3 vol., London : Routledge, 2001.

GONTARSKI, S. E., ARDOIN, Paul, MATTISON, Laci (ed.). *Understanding Deleuze, understanding modernism*, London : Bloomsbury Academic, 2014.

GUILLAUME, Laura, HUGHES, Joe (ed.). *Deleuze and the body*, Edinburgh : Edinburgh University Press, 2011.

HERZOGENRATH, Bernd (ed.), *An [un]likely alliance: Thinking environment(s) with Deleuze/Guattari,* Newcastle : Cambridge

Scholars Publishing, 2008.
—. *Deleuze/Guattari & ecology*, Basingstoke : Palgrave Macmillan, 2009.
—. *Time and history in Deleuze and Serres*, London : Continuum, 2013.
HOLLAND, Eugene W., SMITH, Daniel W., STIVALE, Charles J. (ed.). *Gilles Deleuze : image and text*, London : Continuum, 2009.
HOULE, Karen, VERNON, Jim (ed.). *Hegel and Deleuze : together again for the first time,* Evanston : Northwestern University Press, 2013.
HULSE, Brian, NESBITT, Nick (ed.). *Sounding the virtual : Gilles Deleuze and the theory and philosophy of music,* Aldershot : Ashgate, 2010.
JAGODZINSKI, jan (ed.). *Psychoanalyzing cinema : a productive encounter with Lacan, Deleuze, and Žižek*, Basingstoke : Palgrave Macmillan, 2012.
JAIN, Dhruv (ed.). *Deleuze and Marx*, Deleuze Studies, vol. 3, Edinburgh : Edinburgh University Press, 2010.
JUN, Nathan, SMITH, Daniel W. (ed.). *Deleuze and ethics*, Edinburgh : Edinburgh University Press, 2011.
KAUFMAN, Eleanor, HELLER, Kevin Jon (ed.). *Deleuze & Guattari : new mappings in politics, philosophy, and culture*, Minneapolis : University of Minnesota Press, 1998.
KHALFA, Jean (ed.). *Introduction to the philosophy of Gilles Deleuze*, London : Continuum, 2002.
LEE, Alex Taek-Gwang (ed.). *Deleuze and the non-West,* Deleuze Studies, vol. 7. 1, Edinburgh : Edinburgh University Press, 2015.
LEE, Matt, WILLATT, Edward (ed.). *Thinking between Deleuze and Kant : a strange encounter*, Loondon : Continuum, 2012.
MARTIN-JONES, David, BROWN, William (ed.). *Deleuze and film*, Edinburgh : Edinburgh University Press, 2012.
MASSUMI, Brian (ed.). *A shock to thought : expression after Deleuze and Guattari*, London : Routledge, 2002.
NIGIANNI, Chrysanthi, STORR, Merl (ed.). *Deleuze and queer theory*, Edinburgh : Edinburgh University Press, 2009.
O'SULLIVAN, Simon, ZEPKE, Stephen (ed.). *Deleuze, Guattari and the production of the new,* London : Continuum, 2011.

PARR, Adrian (ed.). *The Deleuze dictionary*, Edinburgh : Edinburgh University Press, 2005.

PATTON, Paul (ed.). *Deleuze: a critical reader*, Oxford : Blackwell, 1996.

PATTON, Paul, PROTEVI, John (ed.). *Between Deleuze and Derrida*, New York : Continuum, 2003.

PETERS, Michael, OLSSEN, Mark, LANKSHEAR, Colin (ed.). *Futures of critical theory : dreams of difference*, Lanham : Rowman & Littlefield, 2003.

PISTERS, Patricia (ed.), LORD, Catherine M. (with assistance of). *Micropolitics of media culture : reading the rhizomes of Deleuze and Guattari*, Amsterdam : Amsterdam University Press, 2001.

POSTER, Mark, SAVAT, David (ed.). *Deleuze and new technology*, Edinburgh : Edinburgh University Press, 2009.

REHBERG, Andrea, JONES, Rachel (ed.). *The matter of critique : readings in Kant's philosophy*, Manchester : Clinamen Press, 2000.

ROBERTS, Phillip, RUSHTON, Richard (ed.). *Schizoanalysis and visual cultures,* Deleuze Studies, vol. 5. 2, Edinburgh : Edinburgh University Press, 2011.

ROBINSON, Keith (ed.). *Deleuze, Whitehead, Bergson : rhizomatic connections*, New York : Palgrave Macmillan, 2009.

RODOWICK, D. N. (ed.). *Afterimages of Gilles Deleuze's film philosophy*, Minneapolis : University of Minnesota Press, 2010.

SALDANHA, Arun, ADAMS, Jason Michael Adams (ed.). *Deleuze and race,* Edinburgh : Edinburgh University Press, 2013.

SCHWAB, Gabriele (ed.), FERRIS, Erin (with the assistance of). *Derrida, Deleuze, psychoanalysis*, New York : Columbia University Press, 2007.

SEMETSKY, Inna, MASNY, Diana (ed.). *Deleuze and education*, Edinburgh : Edinburgh University Press, 2013.

SMITH, Daniel W., SOMERS-HALL, Henry (ed.). *The Cambridge companion to Deleuze*, New York : Cambridge University Press, 2012.

STIVALE, Charles J. (ed.). *Gilles Deleuze : key concepts*, Montreal : McGill-Queen's University Press, 2005; 2nd ed., 2011.

SUTTER, Laurent de, McGEE, Kyle (ed.). *Deleuze and law*, Edinburgh

: Edinburgh University Press, 2012.
SVIRSKY, Marcelo (ed.). *Deleuze and political activism*, Deleuze Studies, Vol. 4, Edinburgh : Edinburgh University Press, 2010.
TUINEN, Sjoerd van, McDONNELL, Niamh (ed.). *Deleuze and the fold : a critical reader*, Basingstoke : Palgrave Macmillan, 2010.
ZEPKE, Stephen, O'SULLIVAN, Simon (ed.). *Deleuze and contemporary art*, Edinburgh : Edinburgh University Press, 2010.

ドゥルーズ、そしてドゥルーズとガタリをめぐる著作
ABOU-RIHAN, Fadi. *Deleuze and Guattari : a psychoanalytic itinerary*, London : Continuum, 2009.
ADKINS, Brent. *Death and desire in Hegel, Heidegger and Deleuze*, Edinburgh : Edinburgh University Press, 2007.
ADKINS, Brent, HINLICKY, Paul R. *Rethinking philosophy and theology with Deleuze*, London : Continuum, 2013.
ALDEA, Eva. *Magical realism and Deleuze: the indiscernibility of difference in postcolonial literature*, London : Continuum, 2012.
ANGELUCCI, Daniela, *Deleuze and the concept of cinema,* translated by Sarin Marchetti, Deleuze Studies, vol. 8. 3, Edinburgh : Edinburgh University Press, 2014.
ANSELL-PEARSON, Keith. *Germinal life : the difference and repetition of Deleuze*, London : Routledge, 1999.
BALKE, Friedrich. *Gilles Deleuze,* Frankfurt am Main : Campus-Verlag, 1998.
BALLANTYNE, Andrew. *Deleuze & Guattari for Architects*, London : Routledge, 2007.
BARBER, Daniel Colucciello. *Deleuze and the naming of God: postsecularism and the future of immanence*, Edinburgh : Edinburgh University Press, 2014.
BEARN, Gordon C. F. *Life drawing : a Deleuzean aesthetics of existence*, New York : Fordham University Press, 2013.
BECKMANN, Frida. *Between desire and pleasure : a deleuzian theory of sexuality*, Edinburgh : Edinburgh University Press, 2013.
BEISTEGUI, Miguel de. *Truth and genesis : philosophy as differential ontology*, Bloomington : Indiana University Press, 2004.
——. *Immanence : Deleuze and philosophy*, Edinburgh : Edinburgh

University Press 2012.

BELL, Jeffrey A. *Philosophy at the edge of chaos : Gilles Deleuze and the philosophy of difference*, Toronto : University of Toronto Press, 2006.

——. *Deleuze's Hume : philosophy, culture and the scottish enlightenment*, Edinburgh : Edinburgh University Press, 2008.

BIGNALL, Simone. *Postcolonial agency : critique and constructivism*, Edinburgh : Edinburgh University Press 2010.

BOGUE, Ronald. *Deleuze and Guattari*, London : Routledge, 1989.

——. *Deleuze on Literature*, London : Routledge, 2003.

——. *Deleuze on Cinema*, London : Routledge, 2003.

——. *Deleuze on Music, Painting and the Arts*, London : Routledge, 2003.

——. *Deleuze's wake : tributes and tributaries*, Albany : State University of New York Press, 2004.

——. *Deleuze's way : essays in transverse ethics and aesthetics*, Aldershot : Ashgate, 2007.

——. *Deleuzian fabulation and the scars of history*, Edinburgh : Edinburgh University Press, 2010.

BOLJKOVAC, Nadine. *Untimely affects : Gilles Deleuze and an ethics of cinema*, Edinburgh : Edinburgh University Press, 2013.

BONTA, Mark, PROTEVI, John. *Deleuze and geophilosophy : a guide and glossary*, Edinburgh : Edinburgh University Press, 2004.

BORG, Ruben. *The measureless time of Joyce, Deleuze and Derrida*, London : Continuum, 2007.

BOUNDAS, Constantin. *The theory of difference of Gilles Deleuze*, Ann Arbor : University Microfilms International, 1985.

BOWDEN, Sean. *The priority of events : Deleuze's Logic of sense*, Edinburgh : Edinburgh University Press, 2011.

BRAIDOTTI, Rosi. *Nomadic subjects : embodiment and sexual difference in contemporary feminist theory*, New York : Columbia University Press, 1994 ; 2nd ed., 2011.

——. *Metamorphoses : towards a materialist theory of becoming*, Cambridge : Polity, 2002.

——. *Transpositions : on nomadic ethics*, Cambridge : Polity Press, 2006.

BRUSSEAU, James. *Isolated experiences : Gilles Deleuze and the solitudes of reversed Platonism*, New York : State University of New York Press, 1998.

BRYANT, Levi R. *Difference and givenness : Deleuze's transcendental empiricism and the ontology of immanence,* Evanston : Northwestern University Press, 2008.

——. *The democracy of objects*, Ann Arbor : Open Humanities Press, 2011.

——. *Onto-cartography : an ontology of machines and media,* Edinburgh : Edinburgh University Press, 2014.

BRYDEN, Mary. *Gilles Deleuze: travels in literature,* Basingstoke : Palgrave Macmillan, 2007.

BUCHANAN, Ian. *Deleuzism : a metacommentary*, Edinburgh : Edinburgh University Press, 2000.

——. *Deleuze and Guattari's Anti-Oedipus : a reader's guide*, London : Continuum, 2008.

BURNS, Lorna. *Contemporary caribbean writing and Deleuze : literature between postcolonialism and post-continental philosophy*, London : Bloomsbury, 2014.

CAMPBELL, Edward. *Music after Deleuze*, London : Bloomsbury, 2013.

CLAY, Jon. *Sensation, contemporary poetry and Deleuze : transformative Intensities*, London : Continuum, 2010.

COLEBROOK, Claire. *Understanding Deleuze*, Crows Nest, N.S.W. : Allen & Unwin, 2002.

——. *Philosophy and post-structuralist theory : from Kant to Deleuze*, Edinburgh : Edinburgh University Press, 2005.

——. *Deleuze : a guide for the perplexed*, London : Continuum, 2006.

——. *Deleuze and the meaning of life*, London : Continuum, 2010.

——. *Essays on Extinction, Vol. 1. Death of the PostHuman*, Ann Arbor : Open Humanities Press, 2014.

——. *Essays on Extinction, Vol. 2. Sex after life*, Ann Arbor : Open Humanities Press, 2014.

COLMAN, Felicity. *Deleuze and cinema : the film concepts*, Oxford : Berg, 2011.

CONNOLLY, William E. *A world of becoming,* Durham : Duke University Press, 2011.

CONWAY, Jay. *Gilles Deleuze: affirmation in philosophy,* Basingstoke

: Palgrave Macmillan, 2010.

CROCKETT, Clayton. *Deleuze beyond Badiou : ontology, multiplicity, and event*, New York : Columbia University Press, 2013.

DAVIS, Nick. *The desiring-image : Gilles Deleuze and contemporary queer cinema*, Oxford : Oxford University Press, 2013.

DEAMER, David. *Deleuze, Japanese cinema, and the atom bomb : the spectre of impossibility*, New York : Bloomsbury, 2014.

DELANDA, Manuel. *Intensive science and virtual philosophy*, London : Continuum, 2002.

——. *A new philosophy of society : assemblage theory and social complexity*, London : Continuum, 2006.

——. *Deleuze : history and science*, New York : Atropos Press, 2010.

——. *Philosophy and simulation : the emergence of synthetic reason*, London : Continuum, 2011.

DOWD, Garin. *Abstract machines : Samuel Beckett and philosophy after Deleuze and Guattari*, Amsterdam : Rodopi, 2007.

DROHAN, Christopher M. *Deleuze and the sign*, New York : Atropos Press, 2009.

DUFF, Cameron, *Assemblages of health : Deleuze's empiricism and the ethology of life*, Berlin : Springer, 2014.

DUFFY, Simon. *The logic of expression : quality, quantity and intensity in Spinoza, Hegel and Deleuze*, Aldershot : Ashgate, 2006.

——. *Deleuze and the history of mathematics : in defense of the 'new'*, London : Bloomsbury Academic, 2013.

FAULKNER, Keith W. *Deleuze and the three syntheses of time*, New York : Peter Lang, 2006.

FLAXMAN, Gregory. *The brain is the screen : Deleuze and the philosophy of cinema*, Minneapolis : University of Minnesota Press, 2000.

——. *Gilles Deleuze and the fabulation of philosophy*, Minneapolis : University of Minnesota Press, 2012.

GARDNER, Colin. *Beckett, Deleuze and the televisual event : peephole art,* Basingstoke : Palgrave Macmillan, 2012.

GASCHÉ, Rodophe, *Geophilosophy : on Gilles Deleuze and Félix Guattari's What is philosophy?*, Evanston : Northwestern University Press, 2014.

GENDRON, Sarah. *Repetition, difference, and knowledge in the work of Samuel Beckett, Jacques Derrida, and Gilles Deleuze*, New York : Peter Lang, 2008.

GOLAN, Rea. *Contradictions in the philosophies of Gilles Deleuze and Alain Badiou*, Saarbrücken : LAP Lambert Academic Publishing, 2014.

GOODCHILD, Philip. *Deleuze and Guattari : an introduction to the politics of desire*, London : Sage publications, 1996.

——. *Gilles Deleuze and the question of philosophy*, New Jersey : Fairleigh Dickinson University Press, 1996.

GROSZ, Elizabeth. *Chaos, territory, art : Deleuze and the framing of the earth*, New York : Columbia University Press, 2008.

HALLWARD, Peter Marsham. *Writing in the singular immediate : Gilles Deleuze, Edouard Glissant, Nathalie Sarraute, Charles Johnson, Mohammed Dib, Severo Sarduy (France, Martinique, Algeria)*, Ann Arbor : UMI Dissertation Services, 1997.

HALSEY, Mark. *Deleuze and environmental damage : violence of the text*, Aldershot : Ashgate, 2006.

HAYDEN, Patrick. *Multiplicity and becoming : the pluralist empiricism of Gilles Deleuze*, New York : P. Lang, 1998.

HAYNES, Patrice. *Immanent transcendence : reconfiguring materialism in continental philosophy*, London : Continuum, 2014.

HOLLAND, Eugene W. *Deleuze and Guattari's Anti-Œipus : introduction to schizoanalysis*, London : Routledge, 1999.

——. *Deleuze and Guattari's A thousand plateaus*, London : Bloomsbury 2013.

HOWIE, Gillian. *Deleuze and Spinoza: aura of expressionism*, Palgrave, 2002.

HUGHES, Joe. *Deleuze and the genesis of representation*, London : Continuum, 2008.

——. *Deleuze's Difference and repetition : a reader's guide*, London : Continuum, 2009.

——. *Philosophy after Deleuze*, London : Bloomsbury, 2012.

HUGHES, John. *Lines of flight : reading Deleuze with Hardy, Gissing, Conrad, Woolf*, Sheffield : Sheffield Academic Press, 1997.

JUSTAERT, Kristien. *Theology after Deleuze*, London : Continuum, 2012.

KAUFMAN, Eleanor. *The delirium of praise : Bataille, Blanchot, Deleuze, Foucault, Klossowski*, Baltimore, Md. : Johns Hopkins University Press, 2001

——. *Deleuze, The dark precursor: dialectic, structure, being*, Baltimore : Johns Hopkins University Press, 2012.

KENNEDY, Barbara M. *Deleuze and cinema : the aesthetics of sensation*, Edinburgh : Edinburgh University Press, 2000.

KERSLAKE, Christian. *Deleuze and the Unconscious*, London : Continuum, 2007.

——. *Immanence and the vertigo of philosophy : from Kant to Deleuze*, Edinburgh : Edinburgh University Press, 2009.

LAMBERT, Gregg. *The non-philosophy of Gilles Deleuze*, New York : Continuum, 2002.

——. *Who's afraid of Deleuze and Guattari ?*, London : Continuum, 2008.

——. *In search of a new image of thought : Gilles Deleuze and philosophical expressionism,* Minneapolis : University of Minnesota Press, 2012.

LAMPERT, Jay. *Deleuze and Guattari's philosophy of history,* London : Continuum, 2011.

LECERCLE, Jean-Jacques. *Deleuze and language*, New York : Palgrave Macmillan, 2002.

——. *Badiou and Deleuze read literature*, Edinburgh : Edinburgh University Press, 2012.

LEFEBVRE, Alexandre. *The image of law : Deleuze, Bergson, Spinoza*, Stanford : Stanford University Press, 2008.

LEONARD, Philip. *Nationality between poststructuralism and postcolonial theory : a new cosmopolitanism*, London : Palgrave Macmillan, 2005.

LORRAINE, Tamsin E. *Irigaray & Deleuze : experiments in visceral philosophy*, Ithaca : Cornell University Press, 1999.

——. *Deleuze and Guattari's immanent ethics : theory, subjectivity, and duration,* New York : SUNY Press, 2012.

LUNDY, Craig. *History and becoming : Deleuze's philosophy of creativity,* Edinburgh : Edinburgh University Press, 2012.

MARKS, John. *Gilles Deleuze : vitalism and multiplicity*, London : Pluto Press, 1998.

MARKS, Laura U. *The skin of the film : intercultural cinema, embodiment, and the senses*, Durham, NC : Duke University Press, 2000.

MARTIN-JONES, David. *Deleuze, cinema and national identity : narrative time in national contexts*, Edinburgh : Edinburgh University Press, 2006.

——. *Deleuze and world cinemas*, London : Continuum, 2011.

MASNY, Diana, COLE, David R. *Mapping multiple literacies : an introduction to Deleuzian literacy studies*, London : Bloomsbury, 2014.

MASSUMI, Brian. *A user's guide to "Capitalism and schizophrenia" : deviations from Deleuze and Guattari*, Cambridge : MIT Press, 1993.

——. *Parables for the virtual : movement, affect, sensation*, Durham : Duke University Press, 2002.

——. *What animals teach us about politics*, Durham : Duke University Press, 2014.

MAY, Todd. *The moral theory of poststructuralism*, University Park, Pa. : Pennsylvania State University Press, 1995.

——. *Reconsidering difference : Nancy, Derrida, Levinas, and Deleuze*, University Park, Pa. : Pennsylvania State University Press, 1997.

——. *Gilles Deleuze : an introduction*, New York : Cambridge University Press, 2005.

MILLER, Christopher L. *Nationalists and nomads : essays on francophone African literature and culture*, Chicago : University of Chicago Press, 1998.

MOULARD-LEONARD, Valentine. *Bergson-Deleuze encounters : transcendental experience and the thought of the virtual*, Albany : State University of New York Press, 2008.

MULLARKEY, John. *Post-continental philosophy : an outline*, London : Continuum, 2006.

MURRAY, Jamie. *Deleuze & Guattari : emergent law*, Abingdon : Routledge, 2013.

NAIL, Thomas. *Returning to revolution : Deleuze, Guattari and*

Zapatismo, Edinburgh : Edinburgh University Press, 2012.

NORDQUIST, Joan. *Félix Guattari and Gilles Deleuze : a bibliography*, Santa Cruz Ca : Reference and research services, 1992.

OLKOWSKI, Dorothea. *Gilles Deleuze and the ruin of representation*, Berkeley : University of California Press, 1999.

——. *The universal (In the realm of the sensible): beyond continental philosophy*, Edinburgh : Edinburgh University Press, 2007.

O'SULLIVAN, Simon. *Art encounters Deleuze and Guattari : thought beyond representation*, London : Palgrave Macmillan, 2006.

PARR, Adrian. *Deleuze and memorial culture : desire, singular memory and the politics of trauma*, Edinburgh : Edinburgh University Press, 2008.

PATTON, Paul. *Deleuze and the Political*, London : Routledge, 2000.

——. *Deleuzian concepts : philosophy, colonization, politics,* Stanford : Stanford University Press, 2010.

PEDEN, Knox. *Spinoza contra phenomenology : french rationalism from Cavaillès to Deleuze*, Stanford : Stanford University Press, 2014.

PISTERS, Patricia. *The matrix of visual culture : working with Deleuze in film theory*, Stanford, Calif. : Stanford University Press, 2003.

——. *The neuro-image : a deleuzian film-philosophy of digital screen culture*, Stanford : Stanford University Press, 2012.

POWELL, Anna. *Deleuze and horror film*, Edinburgh : Edinburgh University Press, 2005.

——. *Deleuze, altered states and film*, Edinburgh : Edinburgh University Press, 2007.

PROTEVI, John. *Political physics : Deleuze, Derrida, and the body politic*, London : Athlone Press, 2001.

——. *Political affect : connecting the social and the somatic*, Minneapolis : University of Minnesota Press, 2009.

——. *Life, war, earth : Deleuze and the sciences*, Minneapolis : University of Minnesota Press, 2013.

RAE, Gavin. *Ontology in Heidegger and Deleuze : a comparative analysis,* Basingstoke : Palgrave Macmillan, 2014.

RAJCHMAN, John. *The Deleuze connections*, Cambridge : MIT

Press, 2000.

RAMEY, Joshua Alan. *The hermetic Deleuze : philosophy and spiritual ordeal*, Durham : Duke University Press, 2012.

RAWES, Peg. *Space, geometry and aesthetics : through Kant and towards Deleuze*, Basingstoke : Palgrave Macmillan, 2008.

REDNER, Gregg. *Deleuze and film music : building a methodological bridge between film theory and music*, Bristol : Intellect, 2010.

RELLA, Franco. *The myth of the other : Lacan, Deleuze, Foucault, Bataille*, English translation by Nelson Moe, Washington D.C. : Maisonneuve Press, 1994.

REYNOLDS, Jack. *Chronopathologies : time and politics in Deleuze, Derrida, analytic philosophy, and phenomenology*, Lanham : Lexington Books, 2012.

RIO, Elena del. *Deleuze and the cinemas of performance : powers of affection*, Edinburgh : Edinburgh University Press, 2008.

RIZZO, Teresa. *Deleuze and film : a feminist introduction*, London : Continuum, 2012.

RODOWICK, D. N. *Gilles Deleuze : philosopher of cinema*, Paris : Iris, 1997.

——. *Gilles Deleuze's time machine*, Durham, NC : Duke University Press, 1997.

ROFFE, Jon. *Badiou's Deleuze*, New York : Routledge, 2011.

ROY, Kaustuv. *Teachers in nomadic spaces : Deleuze and curriculum*, New York : P. Lang, 2003.

RUSHTON, Richard. *Cinema after Deleuze*, London : Continuum, 2012.

SAORSA, Jac. *Narrating the catastrophe : an artist's dialogue with Deleuze and Ricœur*, Bristol : Intellect, 2011.

SHAVIRO, Steven. *The cinematic body*, Minneapolis : University of Minnesota Press, 1993.

——. *Connected, or what it means to live in the network society*, Minneapolis : University of Minnesota Press, 2003.

——. *Without criteria : Kant, Whitehead, Deleuze, and aesthetics*, Cambridge : MIT Press, 2009.

SHAW, Spencer. *Film consciousness : From phenomenology to Deleuze*, Jefferson : McFarland & Co Inc, 2008.

SHEERIN, Declan. *Deleuze and Ricœur : disavowed affinities and the *narrative self*, London : Bloomsbury Academic, 2011.

SHULTS, F. LeRon. *Iconoclastic theology : Gilles Deleuze and the secretion of atheism*, Edinburgh : Edinburgh University Press, 2014.

SIMPSON, Christopher Ben. *Deleuze and theology*, London : Bloomsbury, 2012.

SMITH, Daniel W. *Essays on Deleuze*, Edinburgh : Edinburgh University Press, 2012.

SOMERS-HALL, Henry. *Deleuze's Difference and repetition : an Edinburgh philosophical guide*, Edinburgh : Edinburgh University Press, 2013.

STIVALE, Charles J. *The two-fold thought of Deleuze and Guattari : intersections and animations*, New York : Guilford Press, 1998.

——. *Gilles Deleuze's ABCs : the folds of friendship*, Baltimore : Johns Hopkins University Press, 2008.

SUTTON, Damian. *Deleuze reframed : a guide for the arts student*, London : I.B. Tauris, 2008.

THIELE, Kathrin. *The thought of becoming*, Berlin : Diaphanes, 2008.

THOBURN, Nicholas. *Deleuze, Marx and politics*, London : Routledge, 2003.

TOSCANO, Alberto. *The theatre of production : philosophy and individuation bewteen Kant and Deleuze*, Basingstoke : Palgrave Macmillan, 2006.

TYNAN, Aidan. *Deleuze's literary clinic : criticism and the politics of symptoms*, Edinburgh : Edinburgh University Press, 2012.

VOSS, Daniela. *Conditions of thought : Deleuze and transcendental ideas*, Edinburgh : Edinburgh University Press, 2013.

WAMMACK, Byrt Manfred. *Between Deleuze and Chaac : bodies, space, and power*, Ann Arbor : UMI Dissertation Services, 1998.

WIDDER, Nathan. *Political theory after Deleuze*, London : Continuum, 2012.

WILLATT, Edward. *Kant, Deleuze and architectonics*, London : Continuum, 2010.

WILLIAMS, James. *Gilles Deleuze's Difference and repetition : a critical introduction and guide*, Edinburgh : Edinburgh University Press, 2003.

——. *The transversal thought of Gilles Deleuze : encounters and influences*, Manchester : Clinamen Press, 2005.

——. *Gilles Deleuze's Philosophy of Time : a critical introduction and guide*, Edinburgh : Edinburgh University Press, 2011.

WINCHESTER, James J. *Nietzsche's aesthetic turn : reading Nietzsche after Heidegger, Deleuze, and Derrida*, Albany : State University of New York Press, 1994.

WYATT, Jonathan, GALE, Ken, GANNON, Susanne, DAVIES, Bronwyn. *Deleuze and collaborative writing : an immanent plane of composition*, New York : Peter Lang Publishing, 2011.

YOUNG, Eugene B., GENOSKO, Gary, WATSON, Janell. *The Deleuze and Guattari dictionary*, London : Bloomsbury, 2013.

ZAJAC, Marta. *The feminine of difference : Gilles Deleuze, Helene Cixous, and contemporary critique of the Marquis de Sade*, Frankfurt am Main : P. Lang, 2002.

ZAMBERLIN, Mary F. *Rhizosphere : Gilles Deleuze and minor American literature and thought*, New York : Routledge, 2006.

ZDEBIK, Jakub. *Deleuze and the diagram : aesthetic threads in visual organization*, London : Bloomsbury, 2013.

ZEPKE, Stephen. *Art as abstract machine : ontology and aesthetics in Deleuze and Guattari*, New York : Routledge, 2005.

ジル・ドゥルーズ略年譜

1925年：1月18日、父ルイと母オデットの子として、パリに生まれる（2歳年上の兄ジョルジュとの二人兄弟。ジョルジュはのちにレジスタンス活動により逮捕され、強制収容所に送られる列車内で死去)。

1940-48年：ドイツのフランス侵攻（40年5-6月）がはじまったため、ドーヴィルに1年間疎開。そこでジッド、ボードレールなどに触れる。のち占領下のパリに戻り、リセ・カルノ、リセ・ルイ・ル・グランの高等師範学校準備学級、そしてソルボンヌに進む。43年出版のサルトル『存在と無』に衝撃を受ける。この時代に、トゥルニエやビュトール、クロード・ランズマン、シャトレらと知り合い、また、クロソウスキーと出会う。ソルボンヌでは、アルキエやイポリットに加え、カンギレーム、バシュラール、ヴァール、ゲルーなどの講義に出席。47年、イポリットとカンギレームの指導の下で高等研究免状論文を執筆（53年に『経験論と主体性』として出版)。48年、哲学の教授資格取得。

1948-57年：リセで教える。48-52年、アミアン校。52-55年、オルレアン校。55-57年、パリのルイ・ル・グラン校。56年8月、ファニーと結婚。

1957-60年：ソルボンヌの哲学史科の助手（毎週火・土曜日に講義)。

1960-64年：CNRS（国立科学研究センター）の研究員。62年ごろ、フーコーと出会う。

1964-69年：リヨン大学の正教授。アンリ・マルディネらと出会う。

1967年：秋、リヨンに来たラカンを自宅に迎える。

1968年：68年5月の学生たちに対する支持を公に表明。リヨンで学生たちの集会に参加し、その声に積極的に耳を傾け、強く同調する（この姿勢は生涯変わらない)。

1969年：1月、国家博士論文の口頭審査。主論文『差異と反復』と副論文『スピノザ哲学における表現の観念』（『スピノザと表現の問題』と改題)。肺病が悪化、口頭審査ののち、片肺の摘出手術。リムーザンでの療養。

1969年：春、共通の友人であるジャン＝ピエール・ミュイヤールの仲介で、ガタリとの交流がはじまる。まず手紙を交わし、そののち6月にガタリが、ドゥルーズの療養地リムーザンに会いに行く。すぐに意気投合し、ドゥルーズが共同作業をもちかける。

1969-80年：ガタリとの共同作業。70年、ドゥルーズとガタリの共同の署名によるはじめてのテクスト「選言綜合」を発表。80年の『千のプラトー』

の刊行をもって、共同作業が一旦終了する。

1969-87年：1968年に創設されたパリ第8大学の教授。「探求のための実験室」としての講義を毎週火曜日に行う。

1971年：フーコーらが中心となって設立した監獄情報グループ（ＧＩＰ）に参加。

1975年：ニューヨーク、コロンビア大学でリゾームについて講演。アメリカでボブ・ディランのコンサートに行く。

1988年：1月、1984年に亡くなったフーコーをめぐるシンポジウムに参加。ドゥルーズが公の場で発言する最後の機会となる。88年末から89年にかけて、『アベセデール』の撮影。

1992年：8月29日、ドゥルーズに会いに行くはずであった日に、ガタリ心臓発作で急死。ドゥルーズは、重い呼吸障害を抱えている。

1995年：11月4日、パリの自宅アパルトマンより投身自殺。享年70歳。

Index 1 （アイウエオ順）

アイオーン／クロノス
　　Aiôn/Chronos 92
アレンジメント Agencement 148
一義性 Univocité 44
意味 Sens 76
運動イメージ
　　Image-Mouvement 178
永遠回帰 Éternel Retour 42
エクリチュール Écriture 128
概念 Concept 196
感覚 Sensation 174
簡素さ Sobriété 132
顔貌性 Visagéité 160
器官なき身体
　　Corps sans Organes 100
記号 Signes 20
強度 Intensité 52
愚鈍 Bêtise 54
結晶イメージ Image-Cristal 182
厳密な非正確さ
　　Anexactitude Rigoureuse 130
構造 Structure 72
肯定 Affirmation 16
個体 Individu 64
此性 Heccéité 188
差異 Différence 38
時間イメージ Image-Temps 180
識別不可能性ゾーン
　　Zone d'Indiscernabilité 162
思考のイメージ
　　Image de la Pensée 30
自然 Nature 124

持続 Durée 12
視点 Point de Vue 24
シミュラクル Simulacre 46
習得 Apprentissage 22
主体化 Subjectivation 190
消尽したもの L'Épuisé 202
触視的 Haptique 172
書物 Livre 102
スタイル Style 206
生 Vie 14
生成変化 Devenir 134
セリー Séries 80
線 Lignes 136
先験的経験論
　　Empirisme Transcendantal 50
先験的領野
　　Champ Transcendantal 68
潜在的なもの Le Virtuel 10
戦争 Guerre 88
戦争機械 Machine de Guerre 156
遭遇 Rencontre 56
その場での旅
　　Voyage sur Place 152
ダイアグラム（抽象機械）
　　Diagramme (Machine
　　Abstraite) 146
闘い Combat 208
多様体 Multiplicité 66
ダンサー（表象＝上演）Danseur
　　(Représentation) 90
断片 Fragments 104
力 Forces 18

地図作成 Cartographie 186
地層 Strates 144
出来事（非物体的なもの）
　　Événement (L'Incorporel) 82
哲学史
　　Histoire de la Philosophie 28
問い Question 36
逃走線 Ligne de Fuite 158
特異性 Singularité 70
内在 Immanence 210
流れ-切断 Flux-Coupure 110
ノマド Nomade 98
発散 Divergence 96
パラドックス Paradoxe 94
反復 Répétition 40
襞 Pli 194
批評と臨床
　　Critique et Clinique 204
表現 Expression 62
表面 Surface 78
不均衡 Disparité 48
二人で書くこと Écrire à Deux 106
プラトー Plateau 142
分子的なもの／モル的なもの
　　Le Moléculaire/Le Molaire 120
分裂分析 Schizo-Analyse 118
平滑空間／条里空間
　　Espace Lisse/Espace Strié 170
ペルセプト／アフェクト
　　Percept/Affect 198
マイナー文学
　　Littérature Mineure 126
マテリアル-フォルス
　　Matériau-Forces 164
無-意味 Non-Sens 74
問題 Problème 26
有機的なもの／非有機的なもの
　　L'Organique/L'Inorganique 122
ユーモア／アイロニー
　　Humeur/Ironie 34
幼年期のブロック
　　Bloc d'Enfance 154
欲望（欲望する機械）
　　Désir (Machines Désirantes) 108
リゾーム Rhizome 138
リトルネロ Ritournelle 200
領土／脱領土化
　　Territoire/Déterritorialisation 150
歴史 Histoire 184
歪形 Déformation 176

Index 2 （abc順）

Affect アフェクト 198
Affirmation 肯定 16
Agencement アレンジメント 148
Aiôn アイオーン 92
Anexactitude Rigoureuse
　厳密な非正確さ 130
Apprentissage 習得 22
Bêtise 愚鈍 54
Bloc d'Enfance
　幼年期のブロック 154
Cartographie 地図作成 186
Champ Transcendantal
　先験的領野 68
Chronos クロノス 92
Clinique 臨床 204
Combat 闘い 208
Concept 概念 196
Corps sans Organes
　器官なき身体 100
Coupure 切断 110
Critique 批評 204
Danseur ダンサー 90
Déformation 歪形 176
Désir 欲望 108
Déterritorialisation 脱領土化 150
Devenir 生成変化 134
Diagramme ダイアグラム 146
Différence 差異 38
Disparité 不均衡 48
Divergence 発散 96
Durée 持続 12
Écrire à Deux 二人で書くこと 106

Écriture エクリチュール 128
Empirisme Transcendantal
　先験的経験論 50
Épuisé (L') 消尽したもの 202
Espace Lisse 平滑空間 170
Espace Strié 条里空間 170
Éternel Retour 永遠回帰 42
Événement 出来事 82
Expression 表現 62
Flux 流れ 110
Forces 力（フォルス） 18, 164
Fragments 断片 104
Guerre 戦争 88
Haptique 触視的 172
Heccéité 此性 188
Histoire 歴史 184
Histoire de la Philosophie
　哲学史 28
Humeur ユーモア 34
Image-Cristal 結晶イメージ 182
Image de la Pensée
　思考のイメージ 30
Image-Mouvement
　運動イメージ 178
Image-Temps 時間イメージ 180
Immanence 内在 210
Incorporel (L') 非物体的なもの 82
Individu 個体 64
Inorganique (L')
　非有機的なもの 122
Intensité 強度 52
Ironie アイロニー 34

Lignes 線 136
Ligne de Fuite 逃走線 158
Littérature Mineure
　　マイナー文学 126
Livre 書物 102
Machine Abstraite 抽象機械 146
Machine de Guerre 戦争機械 156
Machines Désirantes
　　欲望する機械 108
Matériau マテリアル 164
Molaire (Le) モル的なもの 120
Moléculaire (Le)
　　分子的なもの 120
Multiplicité 多様体 66
Nature 自然 124
Nomade ノマド 98
Non-Sens 無-意味 74
Organique (L') 有機的なもの 122
Paradoxe パラドックス 94
Percept ペルセプト 198
Plateau プラトー 142
Pli 襞 194
Point de Vue 視点 24
Problème 問題 26
Question 問い 36
Rencontre 遭遇 56
Répétition 反復 40
Représentation 表象＝上演 90
Rhizome リゾーム 138
Ritournelle リトルネロ 200
Schizo-Analyse 分裂分析 118
Sens 意味 76
Sensation 感覚 174
Séries セリー 80
Signes 記号 20
Simulacre シミュラクル 46
Singularité 特異性 70

Sobriété 簡素さ 132
Strates 地層 144
Structure 構造 72
Style スタイル 206
Subjectivation 主体化 190
Surface 表面 78
Territoire 領土 150
Univocité 一義性 44
Vie 生 14
Virtuel (Le) 潜在的なもの 10
Visagéité 顔貌性 160
Voyage sur Place
　　その場での旅 152
Zone d'Indiscernabilité
　　識別不可能性ゾーン 162

人名索引（アルファベット表記はすべてフランス語）

アリス ALICE 95
アルトー ARTAUD, A. 55, 100, 209
イェルムスレウ HJELMSLEV, L. 113-115, 140
ウェルズ WELLS, O. 183
カフカ KAFKA, F. 58, 126, 128, 135, 153, 154, 201, 205
ガリレオ GALILEE, G. 146
カント KANT, I. 28, 31, 36, 50, 57, 180
キュヴィエ CUVIER, G. 140, 141
クレー KLEE, P. 165, 177
ゴッホ GOGH, V. 131
ザッヘル＝マゾッホ SACHER-MASOCH, L. 35, 126, 204
サド SADE, M. 35, 204
サルトル SARTRE, J.-P. 68, 69
ジーバーベルク SYBERBERG, H.J. 181
シモンドン SIMONDON, G. 48, 70, 164
ジョイス JOYCE, J. 97
ジョフロワ・サン＝ティレール GEOFFROY SAINT-HILAIRE, E. 140, 141
スピノザ SPINOZA, B. 14, 28, 45, 63-65, 113, 129, 154, 206, 207
ソシュール SAUSSURE, F. 72, 113, 114
タルド TARDE, G. 121
デカルト DESCARTES, R. 54
トインビー TOYNBEE, A.J. 152
ドゥンス・スコトゥス DUNS SCOT 188
ニーチェ NIETZSCHE, F. 14, 18-20, 28, 30, 34, 42, 97, 129, 208, 209
ハイデッガー HEIDEGGER, M. 55
バッハ BACH, J.S. 146
バンヴニスト BENVENISTE, E. 148
フーコー FOUCAULT, M. 114-117, 140, 144, 146, 149, 165, 184, 190, 191
プラトン PLATON 36, 46, 47, 197
プルースト PROUST, M. 20, 21, 25, 62, 97, 103, 104, 127, 160, 193, 205
フロイト FREUD, S. 143, 168
ベイトソン BATESON, G. 142
ヘーゲル HEGEL, G.W.F. 31, 122
ベーコン BACON, F. 80, 135, 165, 174, 176
ベートーヴェン BEETHOVEN, L. 146
ベーネ BENE, C. 132
ベケット BECKETT, S. 97, 133, 153, 202, 203
ヘラクレイトス HERACLITE 208
ベルクソン BERGSON, H. 11-13, 15, 26, 28, 33, 37, 39, 67, 85, 86, 137, 174, 175, 178, 179, 182, 198
ボルヘス BORGES, J.-L. 97
マグリット MAGRITTE, R. 146
マルクス MARX, K. 40, 184
ミレー MILLET, J.-F. 131
メルヴィル MELVILLE, H. 133,

192, 199
ユクスキュル UEXKULL, J. 125
ライプニッツ LEIBNIZ, G.W.F.
    24, 31, 87, 96, 97, 194, 195
ラカン LACAN, J. 72, 73, 168
リーグル RIEGL, A. 172
ロブ=グリエ
    ROBBE-GRILLET, A. 181
ロレンス LAWRENCE, D.H. 105,
    129, 208, 209

著者紹介

芳川泰久(よしかわ・やすひさ)

1951年生まれ、早稲田大学名誉教授(フランス文学・文学批評)。主な著書に『闘う小説家　バルザック』(せりか書房)、『謎とき「失われた時を求めて」』(新潮社)、『「ボヴァリー夫人」をごく私的に読む』(せりか書房)、『バルザック×テクスト論──〈あら皮〉から読む『人間喜劇』』(せりか書房)、『歓待』(水声社)、『坊ちゃんのそれから』(河出書房新社)、『吾輩のそれから』(河出書房新社)、『先生の夢十夜』(河出書房新社)、主な訳書に、クロード・シモン『農耕詩』(白水社)、バルザック『サラジーヌ他3篇』(岩波文庫)『ゴプセック・毬打つ猫の店』(岩波文庫)、リシャール『フローベールにおけるフォルムの創造』(山崎敦との共訳、水声社)、フローベール『ボヴァリー夫人』(新潮文庫)、プルースト『失われた時を求めて』(角田光代との共訳、新潮社)ほか多数。

堀 千晶(ほり・ちあき)

1981年生まれ、早稲田大学ほか非常勤講師(フランス文学・批評)
主な著書に『ドゥルーズ　思考の生態学』(月曜社)、『ドゥルーズ　千の文学』(共編著、せりか書房)、『ドゥルーズと革命の思想』(共著、以文社)、主な訳書に、ジャック・ランシエール『言葉の肉──エクリチュールの政治』(共訳、せりか書房)、ジル・ドゥルーズ『ザッヘル＝マゾッホ紹介──冷淡なものと残酷なもの』(河出文庫)、ロベール・パンジェ『パッサカリア』(水声社)、ダヴィッド・ラプジャード『ちいさな生存の美学』(月曜社)など。

増補新版　ドゥルーズ　キーワード89

2015年3月27日　第1刷発行
2023年4月14日　第3刷発行

著　者　芳川泰久＋堀 千晶
発行者　船橋純一郎
発行所　株式会社せりか書房
　　　　東京都文京区千石1-29-12　深沢ビル2F
　　　　電話 03-5940-4700　振替 00150-6-143601　http://www.serica.co.jp
印　刷　信毎書籍印刷株式会社
装　幀　奥定泰之

ⓒ 2015 Printed in Japan
ISBN 978-4-7967-0339-0